반환 교섭 막전 막후

외규장각 의궤의 귀환

반환 교섭 막전 막후

외규장각 의궤의 귀환

초판 1쇄 발행 2014년 10월 10일

지 은 이	박흥신
발 행 인	권선복
편집주간	김정웅
편 집	김정웅
디 자 인	김소영
전 자 책	신미경
마 케 팅	서선교
발 행 처	도서출판 행복에너지
출판등록	제315-2011-000035호
주 소	(157-010) 서울특별시 강서구 화곡로 232
전 화	0505-613-6133
팩 스	0303-0799-1560
홈페이지	www.happybook.or.kr
이 메 일	ksbdata@daum.net

값 18,000원

ISBN 979-11-5602-072-1   13340

도서출판 행복에너지는 독자 여러분의 아이디어와 원고 투고를 기다립니다. 책으로 만들기를 원하는 콘텐츠가 있으신 분은 이메일이나 홈페이지를 통해 간단한 기획서와 기획의도, 연락처 등을 보내주십시오. 행복에너지의 문은 언제나 활짝 열려 있습니다.

반환 교섭 막전 막후

외규장각 의궤의 귀환

박흥신 지음

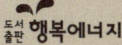

도서
출판 행복에너지

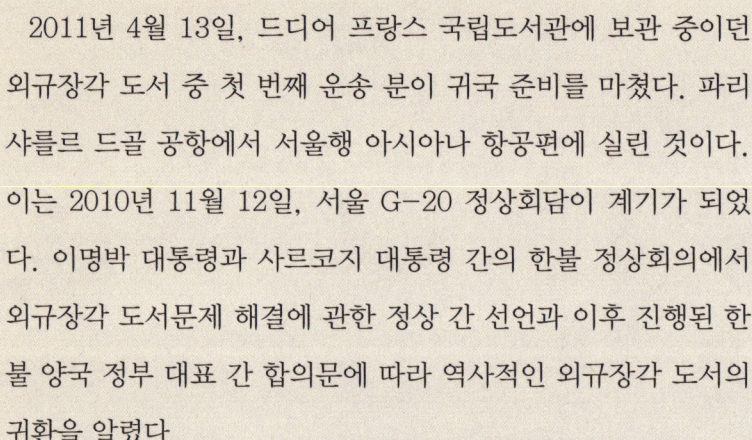

2011년 4월 13일, 드디어 프랑스 국립도서관에 보관 중이던 외규장각 도서 중 첫 번째 운송 분이 귀국 준비를 마쳤다. 파리 샤를르 드골 공항에서 서울행 아시아나 항공편에 실린 것이다. 이는 2010년 11월 12일, 서울 G-20 정상회담이 계기가 되었다. 이명박 대통령과 사르코지 대통령 간의 한불 정상회의에서 외규장각 도서문제 해결에 관한 정상 간 선언과 이후 진행된 한불 양국 정부 대표 간 합의문에 따라 역사적인 외규장각 도서의 귀환을 알렸다.

이후 네 번째이자 마지막 운송 분이 대한항공편으로 5월 27일, 인천국제공항에 도착함으로써 외규장각 도서 297권이 모두 고국 땅을 밟았다. 외규장각 도서가 네 차례에 걸쳐 운송된 것은 귀중한 문화재가 운송되는 과정에서 발생할 수 있는 위험을 분산한다는 차원의 '문화재 운송 관례'에 따라 이루어진 것이었다. 또한 프랑스에 취항하고 있는 우리 국적 사社들이 역사적인 외규장각 도서의 귀환에 참여를 제안하여 아시아나와 대한항공이 두 차례씩 나누어 운송을 맡았다. 물론 무료로. 1886년 병인양요로 고국 땅을 떠난 지 무려 145년 만에 정부

차원에서 반환 교섭을 시작한 지 20년 만의 쾌거였다. 필자가 2009년 12월 3일, 주프랑스 대사로 부임해서 반환 협상을 재가동한 지 일 년 반여 만이다.

2011년 6월 11일에는 경복궁 근정전에서 외규장각 도서 귀환을 환영하는 행사가 개최되었다. 문화관광부가 주관한 환영 행사에는 이명박 대통령을 비롯한 정부와 문화계 주요인사, 외규장각 도서를 프랑스 국립도서관에서 찾아내어 직지의 대모로 불리는 박병선 여사와 필자를 도와 외규장각 도서 반환 협상에 도움을 준 자크 랑 의원, 뱅상 베르제 파리7대학 총장 등 프랑스 인사들도 참석하였다.

필자도 외규장각 도서반환 정부협상대표 자격으로 참석하여 외규장각 도서귀환의 감격을 함께 나누었다. 우리 국민들이 소중한 우리 문화재의 귀환을 열렬하게 환영하는 모습을 보면서 지난 1년 반여 정부협상대표로서 겪었던 고초가 깨끗이 사라지는 것을 느낄 수 있었다.

외규장각 도서의 반환은 우리 정부가 1991년 공식으로 프랑

스 정부에 반환을 요구하여 외교적 노력을 기울인지 20년 만에 이루어진 것인데 필자가 외교적 마무리를 지을 수 있었던 것은 큰 행운이었다.

외규장각 도서의 반환은 비록 '문화재 불가양의 원칙'이라는 프랑스 문화재법을 우회하기 위하여 '5년 단위 갱신되는 대여'의 형식을 취하기는 했다. 하지만 프랑스 사르코지 대통령이 2010년 11월 12일, 서울 G-20 정상회의 계기 한불 정상회담에서 외규장각 도서문제 해결방안에 합의하면서 "비록 프랑스 국내법 규정에 따라 대여의 형식을 취했으나 다시 돌려받을 의사가 없음"을 분명히 밝혔기 때문에 사실상 우리 품에 영구히 돌아온 것이라고 할 수 있다. 그러나 국내 일부에서는 여전히 약탈 문화재를 반환이 아닌 대여 형식으로 돌려받은 데 대해 비판적인 시각이 크다. 여기서 우리는 과연 반환 주장에 대한 정당성 논리가 국제 사회에서 그리고 양국 관계에서 어느 정도의 효력을 발휘할 수 있는지에 대해 신중하고 냉철하게 생각해 볼 필요가 있다.

　양자 관계에서 한 나라가 내세우는 정당성은 때로는 상대 국
가의 입장과 정면으로 대치되는 상황이 종종 있다. 외규장각 도
서문제는 바로 그러한 서로의 정당성 논리가 팽팽히 맞서 교차
점을 찾을 수 없는 평행선을 달렸던 대표적인 사례라고 볼 수
있다. 외규장각 도서문제는 일본을 제외한 외국 정부를 상대로
정부 차원에서 반환 교섭을 시도한 첫 번째 사례이자, 유일하게
성공을 거둔 케이스다. 지난 20년간 이어온 양국과 프랑스 정
부 간의 힘겨운 줄다리기와 마지막 외교교섭 타결의 내막을 들
여다본다.

각고의 노력,
섭리의 결실인가?

서울대학교 명예교수, 한국사 **이태진**

박흥신 전 주불 대사의 『외규장각 의궤의 귀환 － 반환 교섭 막전 막후』를 접하니 감개가 무량하였다. 이 책은 박 대사가 2009년 12월에 주불 대사로 부임하여 한－불 간의 주요 외교 현안이던 외규장각 의궤도서의 '귀환'을 성사시킨 외교 노력을 고스란히 담은 책이다. 1991년 서울대학교 규장각도서 관리실 장으로서 이 도서 반환 문제를 처음 제기했던 사람으로서 감회 가 남다르지 않을 수 없다.

1865년 병인양요 때 프랑스 해군이 강화도에서 이 책들을 가 져갈 때, 그냥 가져간 것이 아니라 나머지 4천여 책을 모두 외 규장각 건물과 함께 방화하고 간 사실을 지휘관 로즈제독의 편 지에서 확인한 데서 반환운동이 시작되었다. 지금은 고인이 된 국제법 전공의 백충현 교수에게 의논하였더니 이런 사실을 안 이상 돌아오지 못하더라도 반환은 요청해 놓고 봐야 한다고 답 하였다. 그래서 함께 총장에게 건의하고 총장이 외무부 장관에 게 공한을 보내는 절차를 거쳐 우리 외무부가 나서 프랑스 정부 와 길고 긴 협상을 하게 되었던 것이다.

한국 정부의 요청에 대해 미테랑 대통령의 반응은 의외로 호의적이었다. 그러나 그가 1993년 9월, 한국을 방문하였을 때, 동행한 파리 국립도서관 사서의 반발로 그의 호의는 무색해지고 말았다. 그때 나는 반환 교섭이 장기화 될 것 같은 예감이 들어 그간의 사정을 기록으로 남겨 후일에 이바지하자는 생각으로 『왕조의 유산 – 외규장각 도서를 찾아서』(1994. 4. 지식산업사)를 냈다. 조선왕조의 의궤가 왕실의 주요 행사의 전 과정을 담은 기록이듯이 반환운동도 자체 기록을 가져야 한다는 의무감도 발동되었다. 그 후 프랑스 정부가 안 돌려 줄 생각에서 '등가교환'의 원칙, 민간대표에 의한 협상 등으로 지연작전을 폄으로써 협상은 장기화하였다. 그렇게 근 20년의 세월이 흘러 나는 그간에 새로 생겼던 일들을 담아 '증보신판'을 내기까지 하였다. 그런데 놀랍게도 이 책이 나온지 몇 달이 되지 않아 한–불 간의 협상이 타결되었다는 낭보가 나왔다. 그 낭보를 만들어낸 주역이 바로 박흥신 대사이다. 그가 부임 후 근 2년간 펼친 힘겨운 줄다리기 외교 협상을 담아 『외규장각 의궤의 귀환 – 반환 교섭 막전 막후』라는 서명을 붙였다. 내 책이 '판 벌이기'였다면 박 대사의 책은 '마무리'로서, 한국 출판사상 드문 책의 형제 탄생이다.

나는 박 대사의 요청을 받고 원고를 읽으면서 역시 세상에 공짜는 없다는 엄연한 진리를 새삼 느꼈다. 문제를 제기한 쪽에서도 요동하는 世波로부터 원칙 지키기가 쉽지 않았지만 현지에서 일을 성사시키기 위해 한국 문화에 생소한 프랑스 인사들을 설득하고 뿐더러 나중에는 그들이 나서 다른 관계자들을 설득하게 하는 성과를 거둔 사실들에 접하여 나는 큰 감동을 받았다. 외규장각 의궤 도서를 둘러싼 양국의 외교는 하나의 전쟁이었으며, '귀환'은 눈물겨운 승전이자 미담이었다고 해야 할까. 박 대사 이전에도 비슷한 노력을 아끼지 않은 외교관들이 많이 있을 것이지만, 최종적으로 20년의 숙제를 마무리한 박흥신 대사 팀에게 우리는 감사를 표해야 하겠다.

이 책에는 우리 대사관 직원 여러분의 노력뿐만 아니라, 공식 협상이 시작된 후 우리의 입장을 대변해 준 프랑스 측 인사로서 작크 랑 의원, 쿠쉬네르 외교부장관, 미테랑 문화부장관, 레비트 외교수석, 장-오르티즈 아시아대양주 국장, 파리7대학교의 뱅상 베르제 총장, 마틴 프로스트 교수(주한 프랑스대사관 문화원장 역임), 파리 13대 살즈만 총장, 쁘티지라르 예술원 부회장 등의 협조와 노력에 관한 일화도 많이 실려 있다. 박 대사는 최종적으로 사르코지 대통령이 보여준 호의와 선의에 대해 감사하고 있다.

널리 알려져 있듯이 프랑스 해군이 가져간 의궤도서는 박병선 박사가 1975년 파리 국립도서관 베르사이유 별관에서 처음 찾아내었다. 서울대학교 측이 반환운동을 시작하면서 파리의 박병선 박사는 현지의 큰 축이 되었다. 박흥신 대사는 책의 끝에 '박병선 박사를 기리며'를 실어 큰 수술을 받은 뒤에도 병인양요에 관한 저술에 여력을 쏟던 박 선생의 말년을 애틋한 정으로 보살폈던 얘기를 담아 명복을 빌고 있다. 같은 박 씨일 뿐더러 나중에 알고 보니 같은 전주 출신이더라고 밝힌 대목에 접하여 나는 세상의 큰일에는 섭리가 있는 것을 느꼈다.

불가능의 실현
– 의지와 타협으로 이룩한 외교적 업적

세종대학교 이사장, 전 외교통상부 장관 **유명환**

『외규장각 의궤의 귀환 – 반환 교섭 막전 막후』를 읽고 느낀 것은 문화와 역사가 다른 외국과의 교섭은 애국심에 기초한 '의지'와 상호합의를 도출할 수 있는 '타협'이 중요하다는 것이다. 약 150년 전 프랑스 해군이 약탈하여 간 우리 문화재를 다시 되돌려 받는 다는 것은 당초 불가능한 일 같이 보였었다. 그러나 우리 정부는 이를 훌륭히 이루어 냈다. 거기에는 박병선 박사 등 많은 사람들의 숨은 노고가 있었기 때문이라고 생각된다. 그러나 마지막에 두 나라 정부가 원칙적인 합의를 이룩하고 그에 따라 실제로 의궤를 반환하는 구체적 조치를 취한 것은 외교관의 역할이다. 우리 정부가 장기간에 걸쳐 일본을 제외하고 외국 정부와 외교교섭을 통해 약탈된 문화재를 되찾은 것은 이것이 최초의 사례인 것 같다. 앞으로 정부차원의 문화재 반환 노력에 중요한 선례와 교훈을 여기서 찾을 수 있을 것으로 생각된다.

이 책의 필자인 박흥신 대사가 그러한 역할을 담당한 것은 어떻게 보면 운명적인 면도 있다. 마침 그 시기에 프랑스 국립 행정학교ENA를 나오고 불어에 능통한 사람이 대사로서 현장을 지휘하게 된 것은 우연이라고 할 수 만은 없다. 당시 외교통상부 장관으로서 나 자신도 많은 고민을 한 것이 사실이다. 당초 1993년 미테랑 대통령의 방한 시 김영삼 대통령과 합의한 '등가 등량교환 방식'은 현실적으로 실현 불가능한 방안이라고 생각되었다. 실무 이행협상이 실패하고 사실상 의궤 반환이 힘들어 보였다. 그간 많은 노력에도 불구하고 협상은 교착상태였다.

지금도 그렇지만 당시 주 불란서 대사를 선정하는 데 있어 불어를 구사하는 것은 필수 조건이었다. 불어에 익숙한 대사가 아니면 사실상 파리에서 근무하기 어려운 환경이기 때문이다. 나는 박흥신 대사가 불어 구사 능력도 뛰어나지만, 프랑스 엘리트의 산실인 국립행정학교 출신이라는 점에서 교착 상태에 빠진 반환협상의 물꼬를 트는데 최적임자라고 판단하였다. 장관으로서 박 대사를 주불대사로 천거한 것은 그러한 점을 잘 알고 있었기 때문이다. 박 대사가 외규장각 의궤 반환 교섭을 이어나가는 데 있어 가장 적합한 사람이었다는 것을 스스로 증명한 것이 바로 이 책자라고 생각된다.

어려운 협상일수록 이를 성공시키는 데는 여러 가지 외교적 기회를 잘 활용하는 것이 중요하다. 한국이 G-20 의장국으로서 서울에서 정상회담을 개최하였던 계기는 동 의궤 반환을 성사시키는 데 있어 중요한 역할을 했다고 본다. 우리의 국력이 그만큼 향상되었기 때문이기도 하지만 이를 잘 이용할 수 있는 지혜가 있었던 것이다. 또한 외국과의 협상은 항상 상대방의 입장이 있기 때문에 최후의 순간에는 '타협'이 불가피하다. 외교교섭에 있어 완전한 승리는 전쟁을 통한 항복을 받아내는 것 이외에는 다른 방법이 없다. 불란서는 '문화재 불가양의 원칙'이라는 것이 국내법으로 확립되어 있어 그냥 돌려주고 싶어도 그렇게 할 수 없는 현실적 제약이 있다. 문화재를 담당하는 부서로서는 이를 끝까지 고수하려고 하는 것도 잘못된 것은 아닐 것이다.

협상이 막바지에 오른 2010년 여름, 박 대사는 어려운 결단을 본국에 건의하였다. 우리가 요구한 '영구대여'라는 형식은 불란서가 끝까지 받아들일 수 없다는 것을 확인하였고 이에 따라 본국정부에 차선책을 건의하였다. 그해 3월, 나는 불란서 쿠쉬너 외교장관의 방한 시 의궤 반환이 가지는 의미에 대하여 강조하고, 불란서 정부의 결심을 촉구한 바 있다. 그러나 타협을 거부하는 것은 불란서 담당기관뿐만이 아니었다. 우리 문화재청을 비롯한 문화관광부 등 관계부처의 완강한 반대로 박 대사는 끝까지 많은 고생을 한 바 있다. '타협의 시점'을 찾아야 하는 고통을 박 대사는 잘 견디어 내었고, 결국 우리에게 가장 유리한 협상을 성공시킨 것이다. 금번 책자의 출간을 축하하며 뒤늦게나마 다시 한 번 박 대사의 노고를 위로하고자 한다. 아울러 이 책자에서 밝힌 박 대사의 협상 경험은 후배 외교관들에게 많은 교훈이 될 것으로 믿어 의심치 않는다.

전 외교통상부 장관 **김성환**

2010년은 대한민국 외교에 있어 특별한 한해였다. 그해 11월, 서울에서는 세계 주요국 정상들이 한곳에 모여 '단군이래 최대 국제행사'라는 G-20 정상회의가 열려 국제적으로 높아진 대한민국의 위상이 확인되었다.

한편 G-20 정상회의가 열리는 동안 우리는 대한민국 외교사에 남는 또 다른 성과를 거두었다. 이명박 대통령과 방한 중인 사르코지 프랑스 대통령이 20년 동안 양국 간의 현안으로 남아 있던 프랑스 소재 외규장각 의궤 문서들을 한국으로 사실상 반환하기로 전격 합의한 것이다. 청와대 외교안보수석에 이어 당시 외교통상부장관으로서 G-20 회의와 의궤 반환 업무에 관여하였던 나로서도 2010년 11월은 외교부 근무 중 가장 보람 있었던 시기 중 하나가 되었다.

구한말 우리가 외규장각 의궤를 빼앗긴 것은 당시 우리 국력이 약하고 국론이 분열되었기 때문이었으며 오늘날 외규장각 의궤를 되찾아 올 수 있게 된 것은 우리 국력의 신장과 함께 고 박병선 박사를 비롯한 우리 국민과 정부 부처의 총력적이고 복합적인 노력의 결과라고 생각한다. 그러나 프랑스와의 막판 교섭과 의궤 반환이 이루어질 때까지 프랑스 현지에서 우리 대사관을 지휘하면서 고군분투한 박흥신 대사가 없었다면 의궤의 반환에 또다시 상당한 시간이 걸렸을 것이다.

이해관계가 첨예한 협상에 있어서는 큰 목소리로 자기주장을 반복하기보다는 상대방의 마음을 우리 쪽으로 움직이게 하는 고도의 '감성'과 '지성'이 필요하다.

박흥신 대사는 30여 년간 쌓아온 외교관 경험을 살려 주프랑스 대사 부임 직후부터 정·관계, 경제계, 문화계, 교육계 등의 주요 인사들과 긴밀한 인간관계를 구축하고, 의궤 반환이 중장기적으로 양국 모두에 이익이 될 수 있다는 '윈윈' 논리에 대한 이해와 지지를 넓혀 나갔다. 특히 박 대사가 프랑스 주요 인사들을 설득해 나갈 수 있었던 중요한 요인 중 하나는 유창한 프랑스어를 바탕으로 국립행정학교ENA 유학을 통해 구축된 프랑스 정관계의 주요 ENA 출신 인사들과의 인간적 유대관계를 적극 활용하였기 때문이다. 박 대사는 이들 ENA 출신 인사들을 설득하여 사르코지 대통령이 G-20 회의에 참여하는 계기에 한불 양국의 오랜 현안을 해결하는 용기 있는 결단을 이끌어 내는 데 결정적으로 기여하였다.

의궤 반환은 어느 한 국가의 일방적인 승리가 아니다. 한국과 프랑스 양국 모두가 승자가 된 것이다. 우리는 1866년 병인양요로 **빼앗겼던** 소중한 문화재를 우리 땅으로 다시 찾아 왔으며, 프랑스는 그동안 양국 관계 도약을 발목 잡았던 오랜 현안문제를 완전히 해소하게 된 것이다.

이번에 출간되는 박흥신 대사의 책은 의궤 반환에 있어 긴박했던 교섭과정과 함께 외교관의 역할의 중요성을 잘 보여주고 있다. 귀한 자료를 꼼꼼하게 정리하여 좋은 협상 성공 사례를 후대에도 귀감이 될 수 있도록 이 책을 낸 박 대사의 노고에 큰 박수를 보낸다.

조선일보 경제부 차장, 전 파리특파원 **김홍수**

2009년 12월, 프랑스 파리에서 박흥신 대사를 처음 봤을 때, 깐깐한 원칙주의자로 보였다. 언행이 너무 신중해 직업 외교관의 전형 같았다. 하지만 만남이 거듭될수록 다양한 층위의 면목을 보게 돼 박 대사의 본색(?)은 과연 뭘까 하는 생각도 했었다.

말도 많고 탈도 많았던 외규장각 반환 과제를 이행하는 과정에서 엿보게 된 박 대사의 진면목은 이런 것이다. 전략적 사고를 바탕에 깔되, 유연한 전술로 골리앗을 허물어뜨린 다윗 같은 인물, 불가능해 보이는 목표를 달성하기 위해 자기가 가진 자원을 120% 활용하는 기업 최고경영자CEO 같은 외교관, 프랑스 협상 파트너와 밀고 당기는 신경전에서 언제나 한 수 위의 내공을 보여준 심리전의 대가….

기자들이 많이 아는 것 같지만, 실상은 '반거들충이(무엇을 배우다가 중도에 그만두어 다 이루지 못한 사람)'라는 자괴감을 박 대사의 회고록을 읽고 재삼 확인하게 됐다. 당시 파리 특파원들 사이에서 외규장각 반환 이슈는 중요한 취재거리였고, 기자들도 많은 관심을 기울였지만, 당시 특파원으로서 보고 들은 얘기는 실제 스토리의 빙산의 일각에 불과했다는 점을 박 대사의 회고록을 보고 알게 됐다.

부끄러운 고백이지만, 외규장각 문제의 시발점이 됐던 사건, 1993년 한국을 찾은 프랑스 미테랑 대통령이 한국에 주고 간 의궤 한 권(정식 명칭은 휘경원 원소도감)이 '프랑스 내부에선 3년 단위로 갱신되는 대여 형식으로 처리됐다'는 사실을 박 대사의 설명을 보고 처음 알았다.

박 대사는 대사 부임 전부터 외규장각 문제 해결을 필생의 과업으로 설정했고, '명분'보다 '실리'에 초점을 두고 어떻게든 한국으로 가져오는 것을 최우선 과제로 삼았다. 이 목적을 달성하기 위해 프랑스 문화계의 거물인사 자크 랑 의원을 자기편으로 끌어들였고 서울과 프랑스 파리에서 연이어 열린 G20 회의를 최대한 활용해 프랑스를 압박했다. 프랑스 사르코지 대통령의 결단을 유도하기 위해 프랑스 재계 거물인사들, 문화계 인사들과 적극적으로 교류해 우군으로 삼았다.

프랑스가 제국주의 시절 약탈해간 외국의 문화재를 자발적으로 되돌려 준 일은 거의 전례가 없는 일이다. 명분만 따지는 문화계 인사들은 '반환'이 아니라 '대여'라는 데 방점을 찍고 그 의미를 평가절하 하지만, 박 대사는 '실효적 지배가 중요하다'고 생각하는 실용주의자다. 불가능해 보이던 일을 가능하게 만들었다는 점에서 박 대사의 성과는 높이 평가받아야 마땅하다.

잘 알려지지 않은 일이지만 박 대사는 K-POP이 글로벌 대중음악으로 부상하는 데도 지대한 공헌을 했다. 최준호 당시 파리 문화원장과 함께 K-POP 스타들의 파리 공연을 이끌어, 파리뿐 아니라 유럽 전역의 K-POP 열풍을 이끌었다.

또 퇴임 이후까지 전력을 다한 끝에 프랑스 교민 및 유학생들 사이에 수십 년간 숙원으로 남아있던 국제 기숙관에서의 한국관 설립 문제도 풀었다. 역대 파리 대사 중에 박 대사 같은 업적을 남긴 이를 나는 알지 못한다. 그의 집념과 노력에 경의를 보낸다.

contents

제1장

외규장각 도서
문제 협상과정

外奎章閣圖書

1866년 병인양요 당시 강화도에 침입한 프랑스 함대는 외규장각에 소장되어 있던 왕실 의궤 도서를 비롯하여 많은 문화재를 약탈하고 퇴각하면서 외규장각을 불태워 5,000여 점의 도서 및 사료들을 전소시켰다.

1. 역사적 배경

1866년 병인양요 당시 강화도에 침입한 프랑스 함대는 외규장각에 소장되어 있던 왕실 의궤 도서를 비롯하여 많은 문화재를 약탈하고 퇴각하면서 외규장각을 불태워 5,000여 점의 도서 및 사료들을 전소시켰다.

당시 조선은 천주교 탄압정책에 따라 병인박해로 9명의 프랑스 신부를 포함한 수많은 신자들을 처형하였다. 그때 프랑스 정부는 자국민 처형에 대한 보복으로 중국에 주둔해 있던 로즈제독이 이끄는 해군 함대를 파견하였고, 로즈제독은 강화도 퇴각시 노획물에 대해 본국 해군성 장관에게 보고했다. 동 보고서에 의하면 의궤 340권을 비롯하여 지도, 족자, 대리석판, 갑옷, 은괴 등이 기록되어 있었다고 한다. 이렇게 프랑스로 건너온 외규장각 소재 문화재 중에서 소재가 확인된 것은 박병선 여사가 1975년 프랑스 국립도서관에서 찾아낸 의궤도서 297권뿐이었다. 이 297권의 도서들은 모두 국왕이 친히 열람하기 위해 제작된 어람용으로서 도서의 표지편철과 종이의 재질 그리고 그림에 사용된 물감이 뛰어나 일반 의궤와 크게 구별되었다. 그중에서 30권은 한국에 전혀 복본이 존재하지 않는 유일본으로서 역사적 문화재적 가치가 매우 높은 것이었다.

1991년 10월 18일 서울대학교와 교육부는 외무부에 외규장 각 도서 반환을 위한 외교교섭을 의뢰하여 왔다. 외무부는 같은 해 11월 17일 프랑스 국립도서관 소장 외규장각 도서의 반환을 프랑스 정부에 공식 요청하는 공한을 송부하였다. 이후 1992년 부터 양국 정부는 기나긴 협상의 장정에 나서기 시작했다.

2. 1993년 한불 정상회담의 오해와 진실

한국과 프랑스 간에 별다른 진전을 보이지 않던 협상이 급물살을 타게 된 것은 1993년 9월 미테랑 대통령이 국빈방문을 앞두고서였다. 당시 프랑스 정부는 고속철TGV 사업의 입찰을 따내기 위해 대통령이 직접 나서서 세일즈 외교를 전개하고 있었다. 우리 정부로서도 이러한 기회를 외규장각 도서의 반환을 위한 절호의 계기로 삼고자 한 것은 당연한 것이었다.

방한을 며칠 앞두고 미테랑 대통령은 "개인적으로 이 의궤들이 한국문화와 역사에 보다 중요하고 필요한 만큼 한국에 돌려줄 수 있기를 기대한다."는 입장을 표명했고 이러한 분위기에서 우리 외무부는 미테랑 대통령이 방한 시에 우선 의궤 한두 권을 가져와서 정상회담 시 보여주기를 희망한다는 의사를 전달하였다. 미테랑 대통령은 국립도서관 측에 『휘경원 원소도감』 상·하권을 가져오도록 지시했다.

당시 프랑스는 좌파 대통령에 우파내각이 함께하는 소위 동거 정부cohabitation라는 기이한 상황에 놓여 있었다. 이원 집정부 제도를 채택하고 있는 프랑스에서 좌파가 총선에서 패배하여, 우파총리가 집권하고 내각 구성권이 있는 총리가 우파각료들로 내각을 구성한 상황에서 좌파 대통령의 권한이 우파내각에 의해 강하게 견제를 받고 있었다.

1993년 9월 14일 서울에서 개최된 한불 정상회담 시 김영삼 대통령과 미테랑 대통령은 외규장각 도서를 '상호교류와 대여' 원칙에 따라 해결한다는 데 합의하였다. 당시 미테랑 대통령은 "외규장각 도서는 강제로 타국에 옮겨졌으며, 이 문제로 한국이 고통스럽게 여기는 것은 당연하다."고 하고, "과거 프랑스는 외규장각 도서를 군사적인 방법으로 가져갔지만, 오늘날 자신도 거의 무력적인 방법으로 의궤 한 권을 문화부 장관으로부터 탈취해 왔다."고 설명했다.

미테랑 대통령의 이러한 발언은 많은 요소들을 내포하고 있다. 프랑스 문화재법에 명시된 문화재 불가양inaliénabilité의 원칙으로 인해 대통령이라고 해서 프랑스 문화재를 자의적으로 결정할 아무런 권한이 없다는 것을 의미한다. 아울러 문화재 관리와 보존을 담당하는 문화재 전문가들이 철저하게 정부의 협상을 감시하고 개입하게 된다는 사실을 암시하는 것이다. 이는 앞으로 양국 간에 진행될 협상의 험난한 여정을 예고하는 것이었다.

미테랑 대통령이 『휘경원 원소도감』 한 권을 한국에 돌려준 것에 대해 당시 우리 국내언론들은 외규장각 도서 반환의 서막을 올린 것으로 대서특필했다. 외규장각 도서문제 협상에 대한 숱한 오해와 논란은 바로 여기서부터 시작되었다. 당시 양국정상 회담에서 합의된 원칙은 분명 '상호 교류와 대여'였다. 양국이 서로 '대여'라는 틀 속에서 외규장각 도서와 그에 상응하는 무언가를 대가로 주고받는다는 원칙이었다.

당시 우리 국민들은 미테랑 대통령이 고속철TGV 계약권을 따는 대가로 외규장각 도서들을 반환하기로 약속했다고 받아들였고 이것이 외규장각 도서문제에 대한 오해의 발단이 된 것이다. TGV 계약은 그 이전에 이미 이루어졌던 것이고 TGV 최초 해외 진출 계약이라는 큰 성과에 대해 우리 국민들에게 각별한 우의를 표하고자 당초 보여만 주고 다시 가져온다고 했던 『휘경원 원소도감』 상하권 중 한 권을 미테랑 대통령이 프랑스 국립도서관과의 약속을 어기고 즉흥적으로 한국에 남겨두고 떠난 것이다.

한편, 미테랑 대통령이 의궤 한 권을 한국에 돌려준 것을 놓고 프랑스 국내적으로는 대통령의 '위법행위'에 대해 거센 반발이 일었다. 당시 두 명의 국립도서관 전문 사서였던 모니끄 꼬엔Monique Cohen과 자끌린 상송Jaqueline Sanson은 미테랑 대통령의 명령을 받은 자끄 뚜봉Jacques Toubon 문화부장관의 지시에 따라 『휘경원 원소도감』 상·하 권을 서울에 가져왔다. 그때 청와대로 의궤 한 권을 들여가는 과정에서 미테랑 대통령 경호원들과 몸

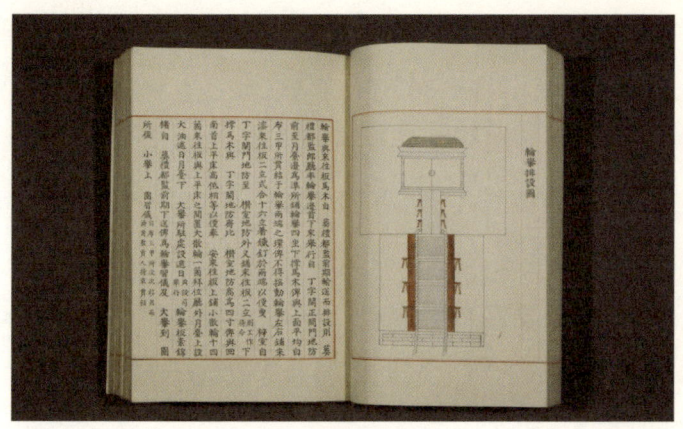

휘경원 원소도감

싸움까지 벌이면서 울며 저지했다는 일화도 유명하다.

의궤는 운반용 궤짝에 담아 열쇠를 채워두었는데 이를 호송한 사서가 끝까지 열쇠를 내주지 않아서 결국 자물쇠를 부수고 궤짝을 열었다고 한다. 파리에 돌아간 이들 전문 사서들은 대대적인 대정부 비난에 나서면서 문화기관 총파업이라는 범국가적 운동을 주도했다. 그러나 당시 미테랑 대통령이 한국에 두고 간 의궤 한 권에 대해 프랑스 국내적으로는 한국에 3년 단위로 갱신되는 대여 형식으로 처리되어 있다는 사실을 아는 사람은 거의 없을 것이다. 문화재 불가양의 원칙을 규정한 문화재법을 위반한 미테랑 대통령의 '위법행위'를 그대로 방치할 수 없는 상황에서 어쩔 수 없이 사후수습 형식으로 행정 처리를 한 것이다.

미테랑 대통령은 방한 일정을 마치고 귀국하기에 앞서 가진 기자회견에서 "프랑스의 고문서 보호를 위한 법이 존재하며, 양국은 대여와 교류의 원칙을 통해 외규장각 도서문제를 해결할 것."이라는 점을 분명히 하였다. 또한 "프랑스 박물관을 텅 비게 할지도 모르는 판도라의 상자는 절대 열지 않을 것."이라고 밝히면서 "훌륭한 문화유산들을 서로 교환함으로써 양측 모두에게 이득이 되도록 하는 방법을 찾도록 할 것."이라고 언급하였다.

미테랑 대통령 귀국 후 프랑스 국내적 반발은 극단적인 비난으로 치달았다. 『휘경원 원소도감』을 강제로 한국으로 가져가도록 지시한 미테랑 대통령의 행동을 '공권력의 독단적인 횡포'라고 비난하고, 심지어는 나치 협력정부에 비유하는 언론까지 등장했다. 외국의 문화재 반환 요청에 대해 조금이라도 양보하기 시작하면 결국 판도라의 상자가 열리게 되는 엄청난 사태를 초래하게 된다는 주장이었다. 또한 나폴레옹 원정과 식민주의, 제국주의 시대를 거치면서, 이탈리아, 러시아, 이집트, 중국, 알제리, 인도차이나 등으로부터 가져온 수많은 문화재들로 채워놓은 루브르 박물관을 비롯한 유수한 박물관들이 텅 비게 되리라는 것이 프랑스 문화계의 논리였다. 이러한 상황에 '문화재 불가양의 원칙'은 소위 '선례 구성' 우려와 함께 외규장각 도서문제에 대한 양국 간 협상 과정에서 내내 넘을 수 없는 마지노선으로 작용하여 왔다.

미테랑 대통령은 외규장각 도서를 한국에 돌려주겠다는 약속을 지키지 못한 채 1995년 임기를 마치고 이듬해 서거하게 된다. 미테랑 대통령이 진정으로 외규장각 도서를 돌려주기를 원했는지, 아니면 성사 단계에 있던 테제베 계약의 완결을 위해 외교적 언사를 했는지는 확인할 길이 없다. 그러나 미테랑 대통령 치하에서 문화부장관 10년을 포함 12년간 장관을 역임한 자크 랑Jack Lang 의원은 미테랑 대통령이 진정으로 외규장각 도서를 돌려주기를 원했던 것으로 이해하고 있었다. 프랑스 대통령의 권한은 막강하지만, 당시 동거 정부 체제하에서 우파가 총리와 내각을 맡고 있는 상황에서 대통령의 권한이 크게 제약을 받아 약속을 지키지 못하였다는 것이다.

3. 정부 간 협상과
민간 대표 협상의 실패
: 등가등량의 교환 원칙에 발목을 잡히다

프랑스 대통령이 1995년 미테랑에서 우파인 시락Jacque Chirac으로 바뀌면서 프랑스 정부의 태도는 더욱 미온적이 되었다. 양국 정상 간 합의된 '상호교류와 대여' 원칙에 근거하여 시작된 정부 간 협상은 우리 측이 프랑스 측에 대여할 도서 목록을 주고받는 데에만 4년이 걸리는 난항을 겪었다.

우리 정부가 총 세 차례에 걸쳐 상호 교류할 도서 및 물품의 목록을 프랑스에 제시했지만, 프랑스 측은 우리 측이 제시한 품목의 가치가 외규장각 도서에 비하여 너무 낮다는 이유로 이를 거부하였고, 급기야는 '외규장각 도서와 등가등량'의 도서를 요구하고 나섰다.

이렇게 양국 간 줄다리기가 계속되는 상황에서 1998년 4월 3일, 런던에서 제2차 ASEM 정상회의가 개최되었다. 양국 간 정상회담에서 시락 대통령은 양국이 민간 전문가 한 명씩을 선임

하여 외규장각 도서문제 해결책을 마련한 뒤, 이를 정부에 건의
토록 하자고 제안하였다. 같은 해 5월 우리 측이 동 제안을 수
용함에 따라 우리 측은 당시 한상진 정신문화연구원장을, 프랑
스 측은 자끄 살루와Jacques Sallois 감사원 최고위원을 각각 임명하
였다.

　양국 민간 협상대표는 1999년 4월, 10월, 2000년 7월, 10월,
그리고 2001년 7월에 각각 공식 협상을 개최한 끝에 '의궤 대
의궤 맞교환'과 '유일본 우선 교환'이라는 원칙에 합의하였다. 동
합의는 프랑스 측이 소장하고 있는 어람용 의궤를 우리 측 소장
(서울대 규장각 및 정신문화원 장서각) 비어람용 의궤와 맞교환하는 것을
대전제로 한 해결 방안으로서, 당시 프랑스 측 민간 협상대표였
던 살루와 최고위원이 프랑스 국립박물관장을 역임했던 경력이
크게 작용하여 프랑스 나름대로는 큰 양보를 해서 만들어낸 방
안이었다. 하지만 이 방안은 우리 국내적으로 한상진 협상대표
가 생각했던 것과는 전혀 다른 반응을 불러일으켰다.
　협상대표 입장에서는 어람용 의궤에 비해 가치가 낮을 뿐 아
니라 우리나라에 복본이 있는 의궤를 주고 유일본 30권을 포함
하여 일반 의궤에 비해 가치가 뛰어난 어람용 의궤를 돌려받는
것이 우리 측에 유리한 해결 방안이라고 생각했지만 여론의 반
응은 예상 밖이었다. 조선왕조 의궤란 모든 도서가 필사본인 만
큼 복본이라는 개념은 의궤의 특성을 무시한 전문성 결여에서
나온 발상이며, '인질로 잡혀간 장남을 구출하기 위하여 차남을

인질로 대신 내어주는 형국'이라는 강한 비난을 받았다.

이 방안은 실패가 예고되어 있었다. 이태진 교수의 저서『외규장각 도서를 찾아서』에 의하면 교육부는 이미 1996년 6월 규장각 또는 장서각 소장의 의궤를 프랑스 측에 제공하고 외규장각 도서를 환수하는 방안에 대한 의견을 규장각과 장서각에 문의한 바 있었다. 이에 대해 규장각은 "규장각 또는 장서각 소장 의궤는 프랑스가 약탈해간 도서와 기본적으로 같은 성격의 도서로서, 규장각 또는 장서각 소장 의궤를 프랑스에 기탁할 경우 그것은 프랑스가 약탈해 간 도서를 반환받는 것이 아니기 때문에 불가하다."는 요지의 의견서를 제출하였다고 한다.

같은 해 10월 교육부가 다시 프랑스 측에 제시할 목록에 규장각 도서 및 장서각 소장 복본 의궤의 일부를 포함시키자는 외무부 방안을 검토하기 위한 관계 기관회의에서도 이 회의에 참석한 이태진 교수가 규장각 복본 의궤를 제공할 수 없는 것이라는 의견을 개진하고 모든 참석자들이 이에 동의하였다고 한다. 이러한 관련 학계의 분위기에 비추어 애초부터 도서 교환 방식에 의한 해결 방안은 설 자리가 없었던 것이다.

학계와 시민단체들로부터의 강력한 반대 여론을 수용하여 당시 한승수 외무부 장관은 민간 대표 간 합의안을 정부안으로 접수하지 않기로 결정하였다. 결국 민간협상대표 간 협의 방식은 양국 간에 깊은 인식의 차이와 사안 자체의 어려움만을 재확인한 채 끝나고 말았다.

이후 양국은 민간협상대표 간 협의체제에서 다시 정부 간 협의체제로 전환하는데 합의하였고 외교부는 주프랑스 대사를 역임한 장재룡 대사를 전담대사로 임명하였다. 이후 정부 간 협의도 2006년 프랑스 국립도서관 소장 유일본 의궤에 대한 디지털화 작업을 공동 협력 사업형식으로 진행한 것 이외에는 아무런 진전을 보지 못하는 답보상태를 이어갔다. 협상 자체가 소강상태에 빠진 것이다.

돌이켜 보면, 미테랑 대통령과 김영삼 대통령 간에 합의된 외규장각 도서 반환 방식은 이룰 수 없는 합의였다. '상호 교류와 대여'에 의한 방식은 풀어서 말하면, 약탈당한 문화재를 환수하기 위하여 이에 상응한 대가를 준다는 것인데 이러한 협상의 틀 안에서 우리 국민들이 받아들일 수 있는 결과를 도출한다는 것은 사실상 불가능한 일이었다. 첫 단추부터 잘못 끼운 것이다.

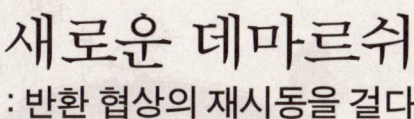

제 2 장

새로운 데마르쉬
: 반환 협상의 재시동을 걸다

Démarche

전임 대사의 보고 중 가장 나의 관심을 끈 것
은 외규장각 도서 관련 문제였다. 전임 대사
는 주요 인사들에게 외규장각 도서문제가 한
불 양국관계의 발전에 유일한 걸림돌이 되고
있음을 지적하고 이의 조속한 해결 필요성을
호소하였다.

1. 부임 준비

위대한 발명과 성공의 뒤안길에 수많은 실패와 좌절이 있듯이 성공적인 협상에도 실패의 과정이 있기 마련이다. 지난 20년에 가까운 기간 동안 정부 간 교섭과 민간 대표를 통한 반환 교섭이 모두 실패로 끝났지만 이는 협상의 성공을 위한 과정이고 밑거름이라고 생각하였다.

나는 2009년 12월 3일, 주프랑스 대사로 부임하기 전에 매우 예외적으로 6개월 이상의 준비기간을 가졌다. 원래는 2009년 가을 발령 대상으로 5월 말에 주프랑스 대사로 내정되었었다. 그러나 11월 말까지 근무를 연장해달라는 전임 대사의 건의에 따라 나의 부임이 순연되었다. 당시 전라북도 국제관계 자문대사로 재직하고 있던 나는 덕분에 추가적인 준비기간을 가질 수 있었고 한불 양국 간의 주요 현안 자료를 숙지하는 시간이 되었다.

한편, 부임하기 전에 주프랑스 대사관에서 보고하는 주요 전문을 받아보았다. 적응 기간이 필요 없이 바로 업무에 임하도록 충분한 준비를 할 수 있었다. 특히 전임 대사가 프랑스 주요 인사들에게 이임 인사를 하면서 보낸 보고 전문은 주요 현안과 핵심 인사들의 성향을 파악하는 데 큰 도움이 되었다.

전임 대사의 보고 중 가장 나의 관심을 끈 것은 외규장각 도서 관련 문제였다. 전임 대사는 주요 인사들에게 외규장각 도서문제가 한불 양국관계의 발전에 유일한 걸림돌이 되고 있음을 지적하고 이의 조속한 해결 필요성을 호소하였다. 대다수의 프랑스 인사들은 전임 대사의 지적에 공감을 표시하면서도 막상 해결 전망에 대해서는 문화재 불가양성을 규정한 프랑스 국내법과 문화재 반환의 선례 구성의 우려 등을 들어 난색을 표하였다.

이들 중 나는 외규장각 도서문제의 해결에 가장 호의적인 입장을 피력한 자크 랑 의원에 주목했다. 사회당 의원으로서 사르코지 대통령의 대 북한 담당 특사로 임명된 지 얼마 되지 않은 분이었는데 나의 재임 중 외규장각 도서문제의 해결을 도와줄 가장 유력한 도우미로 지목해 두었다.

재임기간 중 한불 양국 간의 오랜 현안인 외규장각 도서문제를 해결해보겠다는 목표를 세웠지만 뚜렷한 대책이 있는 것은 아니었다. 외규장각 문제는 1993년에 문화협력과장을 할 때부터 이미 접해본 문제였다. 오랜 기간 동안의 반환노력에도 불구하고 뚜렷한 해결의 실마리를 찾지 못한 양국 간 최대 현안이자 난제였다.

한 가지 분명한 것은 그동안 20년에 가까운 반환 교섭이 모두 실패로 돌아간 경험에 비추어 과거 협상의 틀을 통해서는 해결이 어려우며 발상의 전환이 필요하다는 것이었다. 부임 전에 우연히 TV 채널을 돌리다가 〈도전 골든벨〉이라는 프로를 보게 되었다. 그때 마침 외규장각 도서문제가 도전 문제 중 하나로 등장하였다. 병인양요 때 프랑스군이 강화도에 침공하여 약탈해 간 것을 박병선 여사가 다시 찾아낸 것이 무엇인지 묻는 내용이었다. 이를 보면서 나는 번쩍 아이디어가 떠올랐다. 언젠가 프랑스 인사들을 만날 때 요긴하게 화젯거리로 쓸 생각으로 마음속에 담아두었다.

부임 직전 일요일. 나는 평소 다니던 온누리 교회 예배에 참석하였다. 목사님의 배려로 강단에 올라 교인들에게 작별인사를 할 기회가 주어졌다. 나는 재임 기간 동안 한불 양국관계 증진에 걸림돌이 되어온 외규장각 문제를 해결할 수 있는 지혜와 능력을 허락하여 주도록 기도하여 달라고 부탁하였다.

2. 외규장각 도서문제의 해결을
   재임 중 목표로 선언하다

대사 부임 후 해야 하는 가장 중요한 일 중의 하나는 주재국의 주요 인사를 예방하고 업무 협조관계를 유지하기 위한 네트워크를 구축하는 일이다. 신임 예방 시에는 보통 의례적인 인사만 나누고 심각한 업무는 추후에 만나서 다루는 것이 보통이지만 나는 신임 예방을 외규장각 도서문제의 해결 필요성을 설득하는 기회로 삼기로 했다. 마침 나의 부임 시기에 맞추어 공관장 차량이 교체할 때가 되어 의례적으로 벤츠 차량을 새로 구입하도록 본부의 허가가 나와 있었는데 나는 공관 직원들과 상의하여 프랑스 차인 시트로엥으로 바꾸었다. 프랑스인들에게 더욱 친근감 있게 다가가기 위한 제스처였다.

공관장이 어떤 차량을 쓰느냐는 현지인들에게 주목의 대상이 된다. 기왕이면 현지에서 생산되는 차량을 씀으로써 현지인들의 호감을 사려고 했다. 시트로엥은 푸조와 함께 프랑스의 장관들이

관용차로 주로 이용하는 차종이어서 공관장의 품위 유지에 전혀 지장이 없을 뿐 아니라 값도 벤츠의 절반에 불과하여 국고도 절약하고 현지인들의 환심도 사는 일석삼조의 효과가 있었다.

주요 인사 예방 시에 마중을 나왔다가 대사가 프랑스산 차량을 관용차량으로 쓰는 것을 보고 매우 호의적인 반응을 보이는 것을 보면서 속으로 쾌재를 부른 적이 한두 번이 아니었다. 파리에는 대사관 외에 오이시디 대표부와 유네스코 대표부 등 3개 공관이 있는데 3명의 공관장이 각각 다른 차종을 이용하고 있었다. 주 오이시디 대사는 벤츠, 주 유네스코 대사는 에쿠스였는데 중앙일보 특파원은 이를 소재로 재미있는 칼럼을 쓰기도 하였다.

나도 부임 당시 공관장 차량을 에쿠스로 바꾸는 방안도 다른 대안들과 함께 검토해보았지만, 장거리 지방 출장이 필요 없는 유네스코나 오이시디 대표부와 달리 주프랑스 대사는 지방 출장이 많기 때문에 전국적인 서비스망이 아직 갖추어지지 않은 에쿠스를 쓰기에는 시기상조라는 총무과의 의견에 따라 프랑스산 차량을 선택한 것이었다. 대신 개인 차량은 내가 주핀란드 대사 시절에 구입하여 계속 사용해온 오피러스 국산 차량이었다.

부임한 지 얼마 안 되어 직원들의 업무 분장도 외규장각 교섭 재개를 염두에 두고 조정하였다. 업무 분장 조정에 앞서 나는 직원 전체회의에서 재임 중 외규장각 도서문제의 해결을 최우선 목표로 삼고 있음을 공표하고 직원들의 협조를 당부하였다. 아울러 국내 인사 방문 시 공항 출영을 최소화하겠다고 선언하였다.

외교부 내부지침에 의하면, 프랑스와 같이 주요 공관의 경우 공관장이 공항에서 영접해야 하는 국내 인사는 삼부 요인과 장관급 이상 공무 여행자로 제한되어 있었다. 하지만 이 지침이 제대로 지켜지지 않는 경우가 더 많았다. 특히 국회의원들이 방문하는 경우에 그러했다.

국회의원은 상임위원장에 대해서는 장관급 예우를, 일반 의원들에 대해서는 차관급 예우를 하게 되어 있지만, 국회의원들의 방문 시 공관장이 공항에 출영하는 것이 관례가 되다시피 하였다. 프랑스에는 국회에서 입법관이 파견되어 방문 국회의원들을 지원하는 업무를 맡고 있을 만큼 국회의원들의 방문이 잦은 편이었다. 거기에 대사가 일일이 공항에 출영하면 본연의 업무를 수행하는 데 지장이 있을 수밖에 없었다.

내가 국회의원들의 방문 시 공항 출영을 하지 않자 처음에는 입법관이 매우 곤란해 하였다. 전임 대사는 거의 모든 국회의원들의 방문 시 공항에 출영하였는데 대사의 출영에 익숙해진 국회의원들이 불만을 표시하면 어떻게 대처하여야 할지 몰라서였다. 처음에는 대사가 오만하다는 오해도 샀지만, 변함없이 원칙을 지켜나가자 나중에는 입법관도 잘 호응해 주었다.

직원 업무분장을 새로 조정하면서 내가 주목한 직원은 유복렬 서기관이었다. 유 서기관은 고시 출신이 아니고 프랑스에서 박사학위까지 받은 후 특채로 채용된 직원이었다. 불어를 완벽하게 구사하여 본부 근무 시에는 대통령의 통역을 전담하였다.

유 서기관은 게다가 외규장각 도서 관련 업무 경험이 풍부하였다. 서유럽과에 프랑스 담당으로 있으면서 외규장각 도서 업무를 담당한데다 반환 교섭 관련 과거 정부 간 협상과 민간대표 간 협상에 모두 참여한 경험이 있었다.

유 서기관은 정무참사관 휘하에 있었다. 당시 정무참사관은 본부에서 서유럽 과장을 역임하여 업무 능력은 뛰어나지만 불어를 구사하지 못하였다. 정무참사관과 유 서기관은 입부 연도의 차이는 크지만 나이가 비슷한 또래이고 서로 개성이 강하여 업무를 하면서 서로 부딪치는 경우가 많았다. 나는 업무의 효율을 위하여 정무참사관을 불어 구사의 중요성이 상대적으로 낮은 다른 부서로 옮기게 하고 유 서기관을 본부에 건의하여 정무참사관으로 승진 배치하였다.

전임 정무참사관에게는 미안하지만 외규장각 문제 해결을 위해서는 어쩔 수 없는 선택이었다. 난마처럼 얽힌 오랜 외교 현안을 풀어나가려면 프랑스인들과 논리적으로나 정서적으로 긴밀한 소통을 할 수 있어야 했다. 자국 언어에 대한 자긍심이 유난히 강하고 영어가 다른 유럽 국민들에 비해 약한 프랑스인들을 가까이하기 위해서는 불어 구사능력이 필수적이라는 판단이었다.

유복렬 서기관은 서열상으로 아직 프랑스와 같은 주요 공관의 참사관을 맡을 차례가 되지 않았지만 내가 업무상의 필요성을 이유로 강력히 건의하여 본부의 승인을 받았다. 유 참사관은 참사관으로 특별 승격된 데다가 핵심 보직인 정무참사관을 맡게 되자 더욱 의욕적으로 업무에 임하였다.

3. 프랑스 최장수 문화부 장관 자크 랑

: 고양이 목에 방울을 걸어줄 적임자를 찾다

자크 랑과의 운명적인 만남은 예상보다 빨리 이루어졌다. 부임한 지 열흘 만에 이루어진 것이다. 보통 대사가 정식으로 외교활동을 시작하려면 주재국 대통령에게 신임장을 제정해야 하는데 보통 신임장 제정에 한 달 이상 경우에 따라서는 두 달 이상 기다려야 한다. 그래서 신임장 제정 이전에 주재국 고위층 면담 등 공식 외교활동에는 제약이 따른다. 하지만 이번에는 달랐다. 사르코지 대통령의 대북특사 자격으로 남북한을 방문하고 온 자크 랑 의원이 한국을 비롯하여 미국, 중국, 일본, 러시아 대사를 외교부에 초빙하여 방북 결과와 향후 프랑스의 대북정책 방향을 설명하는 자리를 마련한 것이다.

자크 랑 의원은 6개월 가까운 부임 준비 기간 동안 외규장각 문제 관련 업무 파악을 하면서 최우선 접촉대상 0순위로 낙점해 둔 인사였다. 외규장각 문제 해결에 있어 가장 큰 도움을 받을

수 있는 인사라고 판단했는데 내가 나서기도 전에 만날 기회를
갖게 되었으니 시작이 참으로 상서로웠다.

자크 랑 의원은 미테랑 대통령 시절 12년간 문화부 장관과 교
육부 장관을 역임한 거물 정치인으로서 미테랑 대통령의 특별한
총애를 받았던 인사였다. 사회당 출신 최초의 대통령인 미테랑
이 우파 정권하에서 10년간 최장수 문화장관을 지낸 앙드레 말
로의 문화부 장관 임기를 고려하여 자크 랑을 문화부장관에 10
년간 역임토록 할 정도로, 랑 의원에 대한 신임이 두터웠다.

자크 랑 의원은 문화부장관 재임 기간 동안 미테랑 대통령의
신임에 힘입어 전국에 공연, 전시장, 박물관 등 문화 관련 인프
라를 대폭 확충하고 문화예산을 많이 늘린 것으로 유명하다. 랑
의원은 "문화예산은 비용이 아니라 인간의 삶의 질을 높이는 투
자의 개념으로 접근해야 한다."고 주장하고 야당 의원들의 반대
를 무릅쓰고 문화 관련 예산을 대폭 증액하여 야당의원들로부터
문화 분야의 히틀러라는 비난을 받기도 하였다. 그러나 동인이
문화장관 시절 이루어진 문화 인프라들이 지역민들의 문화 욕구
충족은 물론, 관광 수입의 증대에 크게 기여함으로써 그의 문화
적 선견지명이 뒤늦게 인정을 받고 문화계의 큰 존경과 사랑을
받게 되었다.

루브르 박물관 광장의 피라미드와 k-팝의 첫 파리 공연이 이
루어진 르 제니트 공연장Le Zenith de Paris도 동인이 장관 시절 지
은 대표적 문화 시설의 일부다. 랑 의원은 문화장관 시절 정명훈

을 바스티유오페라 단장으로 영입하였고 이를 인연으로 한국에 대해 매우 우호적인 생각을 가지고 있었다.

무엇보다도 중요한 것은 랑이 사회당 인사임에도 불구하고 사르코지 대통령이 거국적 지지기반 확보의 일환으로 대북특사로 발탁하여 사르코지 대통령을 수시로 만날 수 있는 위치에 있다는 것이었다. 대사는 신임장 제정 시에 대통령을 만나기는 하지만 그 외에는 대통령을 별도로 만나기가 어려울 뿐 아니라, 설사 만나더라도 업무 관련 대화를 나눌 수는 없었다.

내가 랑 의원을 특별히 지목한 것은 그가 외규장각 도서문제에 관하여 우리에게 우호적인 입장을 가지고 있을 뿐 아니라, 사르코지 대통령에게 우리의 입장을 대변하여 줄 수 있는 위치에 있기 때문이었다. 랑 의원은 외규장각 도서문제와 관련 내가 사르코지 대통령에게 전달하고 싶은 메시지를 대신 전달하여 줄 수 있는 최고 적임자였다.

방북 결과와 프랑스의 대북정책에 대한 설명회 직후 나는 랑 의원에게 다가가서 인사를 나누었다. 랑 의원은 70을 훌쩍 넘긴 나이에도 불구하고 곱슬머리에 숱이 많고 군살이 없이 호리호리한 몸매를 하고 있어, 나이에 비해 훨씬 젊어 보였다.

나는 의례적인 인사를 마친 후 단도직입적으로 외규장각 문제를 꺼내었다. "재임 기간 중 한불 양국관계에 유일한 걸림돌이 되고 있는 외규장각 문제를 해결하고자 하는데 프랑스 문화계의 대부 격인 랑 의원의 도움이 절실하게 필요하며 조만간 별도로 만나서 동 문제와 관련 긴밀히 협의할 것."을 제의하였다. 랑 의원은 자신도 외규장각 도서의 반환에 찬성하는 입장이며 적극 도와줄 용의가 있다고 하면서 앞으로 협조를 해나가자고 선뜻 대답해 주었다.

나는 이듬해 2월초 랑 의원을 오찬에 초대하여 외규장각 도서 문제를 본격적으로 협의하였다. 나는 "금년과 내년 한국과 프랑스가 G-20 정상회담의장국으로서 정상회담을 차례로 개최하므로 양국 정상 간 상호 방문과 교류가 예정되어 있어 장기 미해결 과제인 외규장각 도서문제를 해결할 수 있는 절호의 기회로 삼고자 한다."고 말하였다. 그러기 위해서는 사르코지 대통령이 문제 해결을 위한 정치적 결단을 내리도록 랑 의원이 설득하여 줄 것을 요청하였다. 그리고 덧붙여 말했다.

"한국 국민들은 미테랑 대통령이 TGV 수주를 위해 1993년 한국 방문 시 외규장각 의궤 한 권을 주고 가면서 의궤를 반환하기로 약속한 것으로 이해하고 있는데, 이후 반환 약속이 이루어지지 않은 것에 대해 배신감을 느끼고 있다. 반환이 이루어지지 않는 한 제2의 TGV는 없다는 감정을 품고 있으며, 한국 국민의 이러한 감정은 외규장각 문제가 해결되지 않는 한 풀리지 않을 것이다. 이는 한불관계의 발전에 계속 걸림돌이 될 것이며 프랑스의 국익에도 저해가 될 것이다."

한국 국민들이 미테랑 대통령에게 배신감을 느낀다고 말한 것은 미테랑 대통령에 대한 랑 의원의 충성심을 은근히 자극하는 의도도 있었다. 이에 대해 랑 의원은 외규장각 문제의 해결을 위해 자신이 최선을 다해 돕겠다고 하면서 곧 사르코지 대통령을 만나면 이 문제를 반드시 해결하도록 진언하겠다고 말했다. 또한 "사르코지 대통령이 정치적 결단을 내리는데 부담을 덜어주기 위하여 자신의 문화계에서의 영향력을 행사하여 반대 여론을 무마하고 대통령의 결단을 옹호할 것을 대통령에게 제의하겠다."고까지 하였다. 이어 그는 한국의 문화연대가 프랑스 법원에 외규장각 도서의 반환소송을 했으나 기각된 사실을 거론하면서 이 문제는 결코 법적으로 해결할 수 없으며, 문화재의 반환을 금하고 있는 프랑스 법과 외규장각 도서를 소장하고 있는 프랑스 국립도서관의 반대를 극복하기 위해서는 현명한 대처가 필요하다고 조언하였다. 랑 의원과의 만남 이후 외규장각 도서문제의 해결에 대해 어느 정도의 희망을 가지게 되었다.

4. 반환논리의 정립

랑 의원의 적극적인 협력을 약속받아냈지만, 외규장각 도서 소장기관인 프랑스 국립도서관이 반환에 극력 반대하는 상황에서 랑 의원 한 사람만의 도움으로 사르코지 대통령의 결단을 이끌어낼 수 없다는 사실은 알고 있었다. 정계, 경제계, 문화계를 비롯하여 여론 주도층의 가급적 많은 사람들이 반환 필요성에 공감하고 이를 사르코지 대통령에게 진언하도록 하는 것이 필요하였다. 문제는 어떻게 설득력 있는 반환논리를 전개할 것인가에 달려있었다. 나는 부임 초 각계 주요 인사들을 만나면서 단계적으로 논리를 정리하였는데, 이는 다음과 같았다.

첫 번째 논리는 국익에 호소하는 것이었다. 즉 외규장각 도서를 프랑스가 계속 소장하는 것이 한불 양국관계의 발전에 장애가 되며, 이는 프랑스의 국익에도 배치된다는 것이다. 한불 양국 정상회담을 비롯하여 양국 외교 당국 간 주요 회담을 할 때마다 외규장각 도서문제는 단골 메뉴였다. 이 문제가 현안으로 남아 있는 한 미래지향적인 협력관계의 발전에 지속적으로 걸림돌이 될 것이었다. 이는 시간이 가면 저절로 해결될 문제가 아니라는 것도 강조할 필요가 있었다.

부임 전 우연히 KBS 방송 프로그램 〈도전 골든 벨〉을 시청하면서 외규장각 도서문제가 역사 문제 중 하나로 출제된 것을 본 적이 있었다. 외규장각 도서는 고등학생을 대상으로 하는 인기 방송프로에 출제될 만큼 온 국민의 관심사이며, 미래를 이끌어 갈 자라나는 학생들이 역사를 배울 때 필수적으로 접하기 때문에 시간이 지난다고 잊힐 문제가 아니다. 시간을 끌수록 오히려 한국 국민들 사이에 프랑스에 대한 이미지를 더욱 나쁘게 할 것이다.

두 번째 논리는 첫 번째 논리와 연장선상에 있다. 한불 경제협력 관계에서 프랑스기업이 당할 수 있는 잠재적 손실을 설명하는 것이다. 이를 위하여 한국 국민들 사이에 "제2의 TGV는 없다!"는 정서가 있음을 강조했다.

1993년 미테랑 대통령의 방한은 고속전철 사업을 프랑스 TGV에 낙찰하는 계기에 이루어졌고 당시 『휘경원 원소도감』 한 권을 놓고 간 것을 두고 우리 국민들은 미테랑 대통령이 외규장각 도서를 모두 반환하겠다는 약속으로 받아들였다. 이는 우리 언론의 오보에 힘입은 점도 있지만 어쨌든 우리 국민의 정서로 자리 잡은 것은 사실이었다. 그런데 외규장각 도서가 반환되지 않은 데 대해 우리 국민들이 배신감을 느꼈고 다음에 고속전철과 같은 큰 국책사업이 있을 때 프랑스 기업에 불이익을 주어야 한다는 정서가 남아있다는 것이다. 이는 치열한 기업 간 경쟁에서 플러스알파가 있어도 어려울 상황에서 마이너스 알파를 갖게 되는 셈이니 한국에 진출을 희망하는 프랑스 기업들에게 두고두고 핸디캡으로 작용하리라는 것이다.

세 번째 논리는 외규장각 도서가 조선 왕실에 대한 중요한 역사적 기록이자 문화유산으로서 한국 국민에게는 특별한 가치와 의미를 갖고 있다. 하지만 프랑스 국민에게는 별 의미가 없다는 것이다.

국립도서관에서 외규장각 도서를 처음으로 찾아낸 박병선 여사는 발견 당시 외규장각 도서가 창고에 방치되어 있었으며, 중국 서적들과 섞여서 제대로 분류되지 않았다고 말했다. 이를 인용하여 외규장각 도서의 가치를 모르는 프랑스에서 소장하는 것보다 원소유국에 돌려주는 것이 더 가치가 있다는 주장이 가능하다.

네 번째 논리는 외규장각 도서 탈취의 부당함과 탈취과정에서 프랑스 해군이 보인 비문화적 행동을 부각시키는 것이다. 병인양요 당시 프랑스 선교사의 처형에 항의하기 위하여 강화도에 침입한 것은 이해한다 하더라도 외규장각에 소장되어있던 물건

중 가치 있어 보이는 것을 약탈하고 나머지 수많은 사료와 문화
유산을 외규장각과 함께 불태운 것은 문화대국인 프랑스로서 떳
떳하지 못하다. 즉, 문화적 양심에 호소하는 것이다.

앞서 말한 네 가지의 논리를 대화 상대에 따라 적당히 비중을
달리하면서 설명하여 동감을 이끌어 낸다면, 여론 지도층을 상
대로 반환에 우호적인 여론을 조성하는데 병행하여 그동안 중단
된 정부 간 반환 교섭을 재가동할 수 있는 복안이 될 것이다.

5. 정부 간 협상 재개를 위한 채널을 구축하다

반환 협상의 재개를 위하여 정부 인사 중 우선적으로 만나야 하는 핵심인사는 외교부 아시아대양주국장인 '폴 장-오르티즈Paul Jean-Ortiz'와 대통령 외교수석인 '장 다비드 레비트Jean David Levitte'이었다. 아시아 대양주 국장은 외교부에서 해당 지역 업무를 총괄하는 자리로서 외규장각 도서 반환 교섭을 재개하기 위한 가장 중요한 상대였다.

장-오르티즈 국장은 1957년 모로코의 카사블랑카에서 출생하여 엑상프로방스 대학교에서 중문학을 전공하였다. 1987년 외교부에 입부한 이후 중국에서만 4차례에 걸쳐 10년 이상 근무하여 중국어를 유창하게 구사하는 대표적인 중국 통이었다. 중국 통인 데다가 주로 아시아지역에서 근무하여 동양 문화에 대한 이해가 깊었고 프랑스 고위 관료로서는 매우 겸손한 태도를 갖고 있었다.

장-오르티즈 국장을 처음 만나자마자 나는 대뜸 "주프랑스대사 재임 기간 중 외규장각 도서문제를 해결하는 것을 목표로 하고 있다."라고 선언하였다. 주재국과의 우호 협력관계를 증진하는 것을 주 임무로 하는 대사로서 양국 간의 관계 증진에 걸림돌이 되고 있는 외규장각 도서문제를 조속히 해결하는 것이 급선무임을 강조한 것이다. 이 문제가 해결되어야만, 한불 관계가 진정한 미래 지향적인 방향으로 발전할 수 있다는 소신을 피력하였다.

더구나 한국이 2010년 G20 정상회의 의장국을 맡는 데 이어 프랑스가 2011년 G20 의장국을 맡게 된다. 전, 후임 의장국 간에 긴밀한 협력이 필요한 시기다. 그러니 외규장각 문제 때문에 양국 간의 외교력을 소모하지 않도록 하는 것이 중요하며, 서울 정상회담 개최에 앞서 외규장각 도서문제를 해결하기 위해 함께 노력하자고 하였다. 이를 위하여 그동안 중단된 정부 간 협상을 재개할 것을 제의하며, 조만간 우리 정부의 외규장각 도서문제 관련 입장을 정리하여 프랑스 측에 전달하겠다고 말하였다.

장-오르티즈 국장은 자신이 위베르 베드린Hubert Vedrine 외교부장관의 보좌관으로 재직당시 Sallois(살루와) 민간협상대표가 활동하고 있던 시기여서 외규장각 도서문제를 이미 접하여 잘 알고 있다고 하였다. 한국 측 입장에서 민감하고 중요한 사안임을 알고 있으나, 이 문제가 양국관계에 장애가 되지 않기를 희망한다고 말했다. 내가 이 문제를 제기할 것에 대비하여 미리 준비해 둔 듯이 외규장각 도서 해결방안에 대하여 자신의 의견을 다음과 같이 피력하였다.

"한국 내에서는 외규장각 도서의 무조건 반환을 주장하는 매우 강경한 목소리도 있는 것으로 알고 있으나 이 문제는 가능한 실용주의적인 입장에서 해결 방안을 찾아 나가야 합니다. 기본적으로 '상호교류와 대여'라는 그간의 교섭원칙에 따라 외규장각 도서가 한국에 반환되어 한국 국민들이 자유롭게 열람할 수 있도록 하고 가급적 소유권의 문제는 제기되지 않도록 한켠으로 비켜두는 것이 현실적인 방법으로 생각합니다. 도서를 소장하고 있는 프랑스 국립도서관은 프랑스 국내법에 따른 원칙을 견지하고 있으며, 프랑스 내에서도 '상호교류' 방식에 동의하지 않는 목소리도 상당히 있음을 한국 측도 이해해주기 바랍니다. 프랑스 측이 가장 우려하는 것은 결국 외규장각 도서문제의 해결이 프랑스 내 다른 외국 문화재에 대한 선례를 구성하게 되는 것인 만큼 이러한 우려를 불식시킬 수 있는 해결방안의 모색이 필요합니다."

장-오르티즈 국장이 지적한 바와 같이 외규장각 도서문제 해결에 있어서 가장 큰 걸림돌은 프랑스 문화재법에 규정한 '문화재 불가양의 원칙'과 더불어 외국의 문화재 반환 요청 러시를 촉발할 수 있는 선례 구성의 우려였다. 외규장각 도서의 반환을 이끌어내기 위해서는 이를 극복할 수 있는 묘안을 찾아내야만 했다.

장-오르티즈 국장은 훗날 이때의 만남을 회고하면서 '첫 만남에서부터 외규장각 도서문제 해결을 임기 중 최우선 목표로 한다고 선언하는 이 한국 대사와는 앞으로 잘 지내기 어렵겠다.'고 생각했다고 한다. 그러나 결국 장-오르티즈 국장은 외규장각 도서 관련 프랑스 측 정부대표로서 한국 측 정부대표를 맡은 나와 함께 외규장각 도서 반환에 머리를 마주하게 된다.

정부 내에서 장-오르티즈 국장보다도 더 중요한 위치에 있는 인사는 장 다비드 레비트Jean David Levitte 대통령 외교수석이었다. 레비트 외교수석은 주유엔대사와 주미대사를 역임한 직업외교관 출신이다. 미테랑 대통령이 방한할 당시에 아시아대양주국장으로 재직한바 있어 일찍이 외규장각 도서문제와도 특별한 인연을 가진 인사였다.

레비트 수석은 주미대사와 주유엔대사 재직 시 시락 대통령이 이라크 파병에 반대하여 미불 관계가 매우 껄끄러운 가운데에서도 미불 양국관계를 비교적 큰 마찰 없이 이끌어 가는 데 큰 역할을 한 베테랑 외교관이었다. 그래서 미국은 물론 외교가에서도 명성과 신망이 높았다.

사르코지 대통령은 국립행정학교 출신을 별로 좋아하지 않았다. 그는 국립행정학교 출신이 아니면서도 능력이 탁월한 레비트 수석을 각별하게 신임하였다. 레비트 수석은 대통령의 두터운 신임을 바탕으로 외교정책 결정 과정에서 외교부 장관보다 더 큰 영향력을 행사하는 것으로 외교가에 명성이 자자하였다.

특히 사르코지 대통령이 주요한 대외정책 결정과 수행과정에서 전면에 나서는 스타일이어서 레비트 수석의 의견이 사르코지 대통령의 결정에 커다란 영향력을 행사하는 것이 사실이었다. 외규장각 문제를 해결하는 데 있어서도 레비트 수석의 입장이 사르코지 대통령의 결심을 받아내는 데 중요한 역할을 할 것이란 사실은 너무도 확연했다.

다행히 레비트 외교수석과의 만남은 비교적 순조롭게 이루어졌다. 프랑스의 세계적 위상이 많이 낮아졌다고는 하지만 여전히 세계 5대 경제 강국이며, 유엔 안보리 상임이사국이자 유럽과 불어권의 맹주로서 유럽 국가 중 유일하게 미국과 독자적인 목소리를 내고 있는 나라다. 웬만한 나라의 대사들도 만나기가 쉽지 않은 인사이지만, 그동안 높아진 대한민국의 위상에 더하여 마침 우리나라가 2010년 G20 정상회담의 의장국이고 이어 프랑스가 의장국을 맡게 되어 있었기 때문에 자연스럽게 만날 기회를 갖게 되었다.

레비트 수석은 G20의 셰르파를 맡고 있었다. 신임예방은 물론이고 그 후로도 업무관계로 만날 기회가 많았다. 외교 분야에서 대통령에게 가는 길목을 지키고 있는 레비트 수석을 수시로 만날 수 있다는 것은 외규장각 도서문제 해결에도 큰 도움이 될 것이라고 생각했다.

레비트 수석은 한국 대사의 입장에서 대화를 나누기가 매우 편한 사람이었다. 아주국장을 역임하여 한불 양국관계의 현안을 잘 꿰뚫어 보고 있을 뿐 아니라 우리나라에 대해서도 상당히 호의적인 편이다. 양국관계 증진을 위한 여러 가지 방안에 대하여 의견이 상통하였고 구차한 부연 설명이 필요 없는 사람이었다.

엘리제궁의 수석 집무실에서의 첫 예방에서 나는 한불 양국관계의 미래지향적인 발전을 위해서는 양국 간의 유일한 가시인 외규장각 도서문제의 해결이 필요하다고 역설하였다. 이에 대해 레비트 수석은 미테랑 대통령을 수행하여 1993년 한국을 방문했을 때의 경험을 소개하였다. 바로 미테랑 대통령의 지시로 외규장각 도서를 각자 한 권씩 가져온 모니크 코엔과 자클린 상송 두 명의 사서에 관한 이야기였다.

당시 보여주기만 하고 다시 가져가려고 했던 미테랑 대통령이 외규장각 도서에 대한 한국 국민들의 관심이 예상 이상으로 높자, 생각을 바꾸어 선물로 주기로 결정하였는데 이 두 명의 사서들이 이를 가져가려는 경호원들을 막아서며 울며불며 필사적으로 버티더라는 것이었다. 할 수 없이 한 권을 거의 탈취하다시피 뺏어 왔는데, 의궤를 담아온 트렁크 열쇠는 끝까지 내놓지 않아 자물쇠를 부술 수밖에 없었다는 에피소드였다.

이미 들어 아는 이야기였지만 당시 담당국장으로부터 들으니 더욱 실감이 났다. 이들로부터 한 권도 아니고 남아있는 296권의 의궤를 다 가져온다는 것이 얼마나 어려운 일일지 미리 경고하는 듯하였다. 그는 그때의 경험으로 외규장각 도서문제에 대한 우리 국민과 정부의 관심과 애착이 얼마나 큰지 잘 알고 있다고 하였다.

레비트 수석은 한불 양국이 2010년과 2011년에 차례로 G20

정상회의 의장국을 맡아 새로운 세계 경제 질서를 선도해 나가는데 긴밀히 협력해 나가야 할 상황임을 언급하였다. 그러면서 한불 양국 간의 오랜 현안이자 양국 간 관계 발전에 장애요인이 되고 있는 외규장각 도서문제를 조속히 해결하고, 한불 양국 대통령에게 정치적 부담을 줄여줄 필요가 있다는 나의 주장에 공감을 표시하면서, 이 문제의 해결을 위해 지혜를 모아보자고 화답하였다.

프랑스 대통령실과 외교부의 주요 간부들을 만나는 기회에도 업무 소관과 관계없이 외규장각 도서문제는 단골 주제였다. 특히 클로드 게앙 대통령 비서실장, 로르톨라리 대통령 아주보좌관, 이드락 통상장관, 페크레스 고등교육부장관, 외교부 셀랄 차관, 정무총국장, 문화국장 등 국립행정학교 동문들에게 한불 양국 간의 미래지향적인 관계발전을 위해 양국 간의 가시를 뽑아내어야 한다고 역설하였다. 이들은 한국을 대표하는 대사로 돌아온 학교 동문의 말에 귀를 기울여 듣고 해결 방법론은 차치하고라도 해결의 필요성에 대해서는 모두 공감을 표시하였다.

상하원 의원들에 대해서도 한불 의원친선협회 소속 의원들을 중심으로 외규장각 도서문제를 집중 거론하고 이 문제의 해결을 위한 의회차원의 지원을 요청하였다. 나는 상원과 하원의 한불 의원친선협회 회장들에 대한 예방에 이어 소속 의원들과의 간담회에 각각 참석하였다. 거기에서 한불 양국관계 현황과 향후 발전방안에 관한 의견을 교환하면서 외규장각 도서문제가 양국 간의 관계 발전에 저해요인이 되고 있음을 역설하였다.

게리 상원 한불 의원친선협회 회장은 나의 요청을 받은 직후 외규장각 도서문제 관련 대정부질의서를 내고 왜 해결이 지연되고 있는가의 이유와 향후 해결방안을 질의하기도 하였다. 보두엥 하원 의원친선협회 회장도 외규장각 도서문제 해결에 매우 호의적이었다.

보두엥 의원은 한국전 참전용사회장을 역임하고 있는데, 평소 "프랑스가 유럽에서 한국의 항공모함(교두보) 역할을, 한국이 아시아에서 프랑스의 항공모함 역할을 하자."고 즐겨 말하곤 했다. 그는 하원 내에서 외규장각 도서 반환에 우호적인 분위기 조성을 위해 흔쾌히 협조를 다짐하였다.

6. 기업인의 측면 지원을 확보하다
: 제2의 테제베는 없다

한국과의 협력 사업을 하고 있거나 한국시장 진출에 관심이 많은 기업의 총수들을 만날 때에도 거의 예외 없이 외규장각 도서문제를 화제로 삼았다. 기업인들이 외규장각 도서문제를 직접 해결해 줄 수는 없지만 외규장각 도서문제가 기업인들의 사업에 장애 요인이 될 가능성이 있고 이 문제의 해결이 자신들의 향후 한국과의 사업에 도움이 된다고 설득시킨다면 기업인들이 정부에 해결을 촉구할 수도 있을 것이라는 생각했기 때문이다. 3년 내외의 짧은 임기 내에 20년 가까이 끌어온 장기 미제를 해결하기 위해서는 해결에 도움이 될 수 있는 작은 실낱이라도 소홀히 해서는 안 된다는 생각이었다.

여러 접촉 대상 기업인 중 내가 주목했던 인사는 '루이 갈루아' EADS(유럽 항공방위산업) 회장과 다쏘그룹 회장인 '세르쥬 다쏘'였다. EADS는 에어버스와 유로콥터 등을 자회사로 거느리고 있었다. 그는 대한항공과 아시아나가 에어버스의 주 고객일뿐 아니라 유로콥터와 KAI와의 수송헬기 합작 사업이 잘 진행되고 있어 우주 항공분야에서 우리나라와의 협력증대에 많은 기대를 가지고 있었다.

루이 갈루아 회장은 한불 최고경영자 클럽의 프랑스 측 회장을 오랫동안 역임하고 있어 우리나라와의 협력 증진에 각별한 관심을 가지고 있었다. 또한 ENA(국립행정학교) 출신으로 정·재계에 영향력이 대단한 인사였다.

한편 세르쥬 다쏘 회장은 라팔 등 고성능 전투기를 생산하는 프랑스 굴지의 항공회사를 이끌면서 상원의원을 역임하고 있는 인물이었다. 그뿐 아니라 프랑스의 대표적인 우파 신문인 〈르피가로〉지의 소유주로서 프랑스 대선 시 사르코지 대통령을 지원한 정치적 후원자이기도 하였다. 한마디로 우리나라에서는 상상하기 어렵지만, 돈과 언론과 권력을 함께 갖춘 막강한 영향력의 소유자였다.

프랑스 기업인들과의 면담 시에는 우리나라 국민들 사이에 '제2의 테제베는 없다.'는 정서가 있음을 집중적으로 설명하였다. 우리나라의 정서법이 실정법보다도 무섭다는 것도 부연 설명하였다. 고속철 수주를 앞두고 93년 미테랑 대통령이 한국을 방문하여 외규장각 도서 한 권을 놓고 간 것이 언론에 대대적으로 보도되면서 우리 국민들은 이를 외규장각 도서의 반환 약속으로 받아들여졌었다. 그러나 고속철 수주 이후에도 반환되지 않아 배신감을 느끼고 있으며 이러한 배신감이 '제2의 테제베는 없다.'는 국민 정서로 뿌리깊이 남아있다고 약간은 과장을 섞어 설명하였다.

치열한 국제 수주경쟁에서는 플러스알파가 있어도 충분하지 않은데 우리나라에서 중요한 국제 입찰이 있을 때 외규장각 도서문제는 프랑스 기업에 대해서는 마이너스 알파 요인으로 작용할 우려가 있다고 피력하였다. 이 문제를 해결하는 것이 프랑스 기업과 나아가 국익에 도움이 될 것이라는 논리를 폈다.

프랑스인들은 문화적 자존심이 매우 높아 문화재 반환 문제를 기업의 이익과 결부시키는 것이 자칫 거부감을 불러일으킬 수도 있기 때문에 외규장각 도서가 우리 국민들에게 가지는 역사적, 문화적 중요성을 설명하고 반출과정의 불법성을 설명하는 것도 잊지 않았다.

다쏘 회장과의 면담은 샹젤리제에 있는 회장 사무실 겸 저택에서 조찬을 하면서 이루어졌는데 조찬 도중 특별한 일이 벌어졌다. 다쏘 회장에게 외부에서 전화가 걸려왔다. 잠시 나에게 양해를 구하고 밖에 나가서 전화를 받고 오더니 놀란 표정으로 말했다. 사르코지 대통령이 직접 전화를 건 것이었다.

바로 전날(1월 28일)이 사르코지 대통령의 생일이어서 선물을 보냈는데 이에 대해 감사하다는 뜻을 표하기 위해 직접 전화를 해왔다고 하였다. 나는 어쩐지 외규장각 도서문제의 해결에 서광이 비치는 느낌을 받았다. 자크 랑 의원에 추가하여 사르코지 대통령에게 가는 길을 하나 더 찾았기 때문이었다.

대통령에게 생일 선물을 하고 이에 대해 대통령이 직접 전화하여 감사의 표시를 할 정도라면 내가 대통령에게 전하고 싶은 메시지를 다쏘 회장을 통해서도 전달할 수 있으리라는 것을 확인한 것이었다. 다쏘 회장은 사르코지 대통령의 후원자로서 특히 경제인의 입장을 대변하는 데 적임자였다. 참으로 절묘한 시점에 조찬 약속이 이루어진 것도 행운이라면 행운이라는 생각이 들었다.

그때부터 남은 조찬 시간 동안 외규장각 도서문제의 해결 필요성을 다쏘 회장에게 설득할 수 있다면 사르코지 대통령을 설득해 줄 커다란 원군 한 사람을 더 얻게 되는 것이었다. 사르코지 대통령으로부터 전화가 걸려올 때까지만 해도 외규장각 도서문제를 거론할 적절한 시점을 찾지 못하고 있었는데 그 한 통의 전화는 자연스럽게 화제를 사르코지 대통령으로 옮겨가게 하면서 외규장각 도서문제를 제기할 빌미를 제공하였다.

나는 우선 2010년과 2011년에 한국과 프랑스가 G-20의 의장국을 차례로 맡아 G20의 성공을 위해 양국 대통령이 향후 2년간 긴밀히 협력해 나가면서 한불 양국관계를 획기적으로 발전시킬 수 있는 절호의 기회임을 설명하였다. 이어 양국 간의 오랜 현안인 외규장각 도서문제가 이러한 절호의 기회에 걸림돌이 되어서는 안 될 것임을 역설하였다.

양국 대통령이 2010년 11월 G20 서울 정상회의에서 만날 때 외규장각 도서문제라는 부담을 떨치고 G20의 성공과 양국관계 발전을 위한 협력에 매진하도록 하기 위해서는 정상회담 이전에 해결 방안을 마련하는 것이 중요하다고 어필했다. 또한 이를 위하여 다쏘 회장이 사르코지 대통령에게 전직 프랑스 대통령들이 하지 못한 정치적 결단을 내리도록 건의하여 줄 것을 간곡하게 당부하였다. 외규장각 도서문제의 해결이 앞으로 다쏘 그룹의 대 한국 항공 산업 진출에도 도움이 될 것임을 설명한 것은 당연지사였다.

다쏘 회장은 한때 우리나라의 전투기 도입 사업에 라팔Rafale을 응찰하여 예비 검토 단계에서 미국 등 경쟁사의 기종보다 유리한 평가를 받고 매우 의욕적으로 입찰에 참여하였다. 그러나 결과적으로 미국의 힘에 밀려 입찰에 실패했고 이에 대해 절치부심하고 있었다.

한미동맹 관계의 특수성에 비추어 앞으로도 전투기의 대 한국 판매에 큰 기대는 하지 않고 있지만, 한국 시장에 대한 기대와 미련을 접은 것은 아니었다. 나는 한미 관계의 특수성이 전투 기종 선정에 미치는 영향을 무시할 수는 없었다. 하지만 다쏘를 비롯한 프랑스 항공 산업이 미국과 쌍벽을 이루는 기술력과 경쟁력을 가지고 있기 때문에 앞으로 기술 이전을 비롯하여 미국보다 유리한 조건으로 우리나라의 차세대 전투기도입사업에 적극 참여한다면 가능성이 없는 것은 아니라고 격려하였다.

문제는 한국의 방산 시장이 미국의 안방이라고 지레 겁을 먹고 꾸준하고 적극적으로 진출 노력을 하지 않기 때문이며, 관계를 중시하는 한국의 문화와 정서상 지속적인 관계 구축이 필요함을 설명하였다. 이어서 '제2의 테제베는 없다.'는 한국 국민의 정서를 고려할 때 외규장각 도서문제의 해결이 필요함을 재차 강조하였다.

외규장각 도서가 역사 기록물로서 일반적인 문화재와는 성격이 다르고 특히 프랑스가 탈취하여 보관하고 있는 도서는 임금만이 열람하는 어람용으로 제작되어 한국 국민들에게는 매우 중요한 역사 문화유산이지만 프랑스인들에게는 별다른 의미가 없다는 점도 부연 설명하였다. 다쏘 회장은 나의 설명을 경청한 후 사르코지 대통령에게 외규장각 도서문제를 해결하도록 건의하겠다고 대답하였다.

다쏘 회장은 조찬을 마치면서 나에게 라팔 전투기 모형을 선물하더니 그것만으로는 미진하다고 생각했는지 비서에게 팔콘 모형까지 가져오라고 해서 나에게 건네주었다. 우리나라와의 방산 협력에 대한 희망을 재점화하는 표시였다.

조찬 며칠 후 나는 다쏘 회장에게 사르코지 대통령을 만나서 이야기할 때 참고하도록 외규장각 도서문제의 연혁과 해결 필요성을 일목요연하게 정리하여 보내주었다. 마침 다쏘 회장의 생일이 며칠 남지 않았음을 확인하고 홍삼액을 생일 선물로 함께 보냈다. 조찬 중 80대 고령의 다쏘 회장이 홍삼의 효능에 대해 많은 관심이 있음을 알았기 때문이었다.

7. 한국의 뿌리(Racines Coréennes)에 다가가다

: 장 뱅상플라세(Jean Vincent Placé)와 플뢰르펠르랭(Fleur Pellerin)

부끄러운 일이지만 해외에 입양된 한인의 수는 16만 명에 육박하고 있으며 프랑스에는 미국 다음 두 번째로 많은 1만 1천여 명의 한인 입양아들이 살고 있다. 이들 중 자신들의 출생지인 한국의 문화를 알고 서로의 경험을 나누기를 희망하는 사람들이 모여 1995년 '한국의 뿌리 협회'를 결성하고 정기적인 행사와 모임을 갖고 있었다. 나는 부임 초기 한국의 뿌리 협회 회장과 임원들을 한식당에 초청하여 이들을 격려하는 자리를 마련하였다. 이들이 한인사회와 자연스럽게 교류하도록 하면서 한국으로부터 버림받았다는 느낌을 덜어주고 프랑스 주류사회에 진출하도록 도와주는 것이 도리라는 생각에서였다.

또한, 해외 입양이 1955년부터 시작되었으니 프랑스 주류사회에 성공적으로 뿌리를 내린 한인들을 파악하고 이들에게 한인으로서의 정체성과 긍지를 불어넣어주고 싶었다. 이들을 한불 양국 간의 가교역할을 하는 외교적 자산으로 삼을 수 있지 않을까 하는 기대도 있었다. 피는 물보다 진하다고 하지 않던가. 외규장 각 도서문제의 임기 중 해결을 목표로 삼기는 했지만, 만일 지연될 경우 장기적으로 이들의 힘을 필요로 할 때가 있을지도 모르기 때문이었다. 회장단과의 만남을 통해 한인 출신 입양인 중 한국의 뿌리 협회에는 가입하지 않았지만 프랑스 주류사회에서 성공적인 삶을 살고 있는 사람들에 대해 알게 되었다. 그중 가장 눈에 띄는 두 사람이 있었다. 한 사람은 녹색당 부총재로서 정치인으로서 성공적인 길을 걷고 있는 장 뱅상 플라세(입양 당시 한국명은 권오복)이고, 다른 한 사람은 프랑스 최고 명문인 국립행정학교ENA를 우수한 성적으로 졸업하고 회계감사원Cour des Comptes에 입부한 후 21세기 클럽회장을 지내고 있는 플뢰르 펠르랭이었다. 지금은 두 사람 모두 각자 상원의원과 장관으로 출세한 뒤 한국을 여러 차례 방문하여 우리 국민들에게 매우 익숙해진 이름이지만, 당시만 해도 한국에는 전혀 알려져 있지 않은 인물이었다.

나는 우선 플라세 부총재를 관저만찬에 초대하였다. 플라세가 편하게 받아들일 수 있도록 몇몇 지인들과 함께 오도록 하였더니 녹색당 총재를 비롯한 당 간부들과 자신의 보좌관을 대동하였다. 뜻밖에도 플라세 부총재는 그동안 한 번도 한식을 먹어본 적이 없다고 하였다. 한국대사관에서 접촉을 제의해 온 것도 내가 처음이라고 하였다. 녹색당은 비록 소수당이지만 사회당과의 주요한 연정 파트너이기 때문에 설사 입양인 출신이 아니더라도 대사관에서 만나볼 만한 인사인데 약간은 의외였다. 아마도 소수당인 녹색당에 대해 관심을 갖지 않았거나, 입양인 출신이라는 것 때문에 오히려 전임 대사들이 만남을 꺼렸을 수도 있었을 것이다. 나는 식사가 끝난 후 10시경 다른 손님들을 먼저 보내고 플라세 부총재만 따로 남게 하였다. 단 둘이 술을 더 마시면서 좀 더 인간적으로 가까워지고 싶어서였다. 입양으로 인한 응어리가 마음 한 구석에 남아있다면 그 응어리도 풀어주고 싶었다. 플라세는 체격이 우람한 데다 주량이 매우 세었다. 이미 만찬을 하면서 반주로 포도주를 상당히 마셨는데, 이후 내가 한국의 음주 문화를 소개할 겸 도자기에 담아 내어놓은 백세주와 이강주 두 병을 다 비웠다. 프랑스인들이 포도주로 반주를 즐기기는 하지만 술을 따로 많이 마시지는 않는데 그는 내가 권하는 술을 사양하지 않고 비우는 것이었다. 한국인의 숨은 기질이 다시 발현되는 것 같았다. 12시가 훌쩍 넘도록 권커니 잣커니 마시면서 많은 대화를 나누었다.

나는 김대중 대통령을 의전행정관으로 모시면서 직접 들은 입양인 관련 에피소드를 플라세에게 말해 주었다. 나는 김영삼 대통령 시절 말년에 의전행정관으로 청와대에서 근무하다가 김대중 대통령이 취임한 이후에도 계속 의전행정관으로 근무한 매우 드문 케이스였다. 나중에 알게 된 일이지만 내가 김영삼 대통령의 비서실에 근무하던 유일한 호남 출신 외교관이라는 점 때문에 대통령이 바뀐 후에도, 그것도 여야 정권교체가 되었는데도 대통령을 지근에서 모시는 직책을 수행할 수 있었던 것이었다. 김대중 대통령 취임 초기 한국을 방문한 외국 인사들을 대통령이 접견하면서 나눈 대화 중에 바로 입양인 관련 에피소드가 있었다. 김대중 대통령이 의원 시절 스웨덴을 방문하여 대학교에서 강연을 한 적이 있는데, 질문 시간에 그 강연에 참석한 한인 입양인 출신 여학생이 고국으로부터 버림받은 자신의 처지를 비관하면서 고아들을 국내에서 책임지지 않고 해외에 입양시키는 데 대하여 어떻게 생각하느냐고 따져 물었다고 한다. 이에 대해 김 대통령은 다음 요지로 답변하였다고 하였다. "한국이 고아들을 해외에 입양시키는 것은 떳떳한 일이 아닙니다. 그러나 당신이 입양된 시절의 한국은 매우 가난하였습니다. 입양을 보낸 한국을 원망하면서 살 것인지, 복지국가인 스웨덴에 입양되어 제2의 기회를 얻은 것을 감사하며 살 것인지는 당신의 선택입니다. 나는 당신이 후자를 선택하기를 권합니다." 그로부터 수년 후에 평민당의 당수가 되어 스웨덴을 다시 방문했을 때 기자회견을 갖게 되었는데 기자회견에 참석한 스웨덴 기자 중 한 사람이 수년 전에 강연에 참석한 입양인 출신 여학생이라고 자신을 소개하면서 당시 김대중 대통령의 말씀을 듣고 자신이 입양인이라는 데 대해 긍정적으로 생각이 바뀌었고 열심히 공부하여 기자가 되었다고 하였다는 것이었다. 나는 이 에피소드를 전하면서 플라세가 프랑스 주류사회에서 성공적인 삶을 살고 있는 것을 축하하고 한국의 피를 나눈 사람으로서 앞으로도 계속 플라세의 성공을 응원할 것을 다짐하였다. 또한 본인이 희망하면 한국 국제교류재단을 통하여 한국 방문을 주선해 주겠다고 제의하였다. 플라세는 자신이 1975년 입양아로서는 비교적 많은 나이인 7살에 프랑스에 입양되었지만 훌륭한 양부모를 만나 순탄한 삶을 살게 되었으며, 한국에 대해서는 7살 때까지 고아원에서 음울하게 지냈던 기억 밖에 없어 여태껏 그 기억을 되살리지 않으려고 노력해왔다고 하였다. 그래서 그동안 한인사회도 멀리하고 한국 식당도 기피해 왔는데 박 대사를 통하여 한국의 뿌리를 다시 찾을 용기를 갖게 되었다고 하면서 기회가 주어진다면 기꺼이 방한할 용의가 있다고 하였다.

대사관저에서의 만찬을 계기로 나와 플라세는 막역한 사이가 되었다. 플라세는 나의 만찬 초청에 대한 답례로 자신의 고향 출신 요리사가 경영하는 최고급 식당에 나를 초대하였다. 함께 초대한 사람들은 과거 사회당 정권에서 장관과 의원 등 요직을 역임한 사회당과 녹색당 중진 인사들이어서 차기 정권을 맡을지도 모르는 야당 정치인들과도 자연스러운 교류를 갖게 되었다.

나는 플라세를 한국식당에도 초대하였는데 이후 플라세는 내가 소개해준 한국식당의 단골손님이 되었다. 플라세는 자신이 녹색당의 2인자로서 차기 상원의원 선거에 도전할 예정임을 알려주면서 상원의원이 되면 자신이 한불의원친선협회 회원이 되어 한불 양국의 우호협력 관계를 강화해 나가는 데 앞장서고 싶다는 포부를 밝히기도 하였다. 나는 이미 그를 2011년도 국제교류재단의 해외 유력인사 방한 초청대상자로 추천해 두었는데 상원의원 선거에서 당선이 되면 그는 상원의원 신분으로 금의환향하게 될 것이었다. 마침내 그는 2011년 10월 1일 상원의원에 당선되었고 그 다음 달인 2011년 11월 국제교류재단 초청으로 방한하였다. 방한 중 그는 자기가 어린 시절을 지냈던 고아원을 방문하였고 방한 기간 내내 국내 언론의 관심을 한 몸에 받았다. 나는 그가 어린 시절의 어두운 기억을 떨쳐버리고 자신의 뿌리를 찾게 된 것을 기뻐하였다.

다음은 플뢰르펠르랭의 차례였다. 나는 그녀를 한국식당에 초청하였다. 펠르랭은 플라세와 달리 생후 6개월 만에 입양되어 한국에 대한 어린 시절의 기억이 전혀 없었다. 그녀는 1973년 8월 태어난 지 3, 4일 만에 서울의 한 길거리에 버려진 채 발견되어 고아원에 보내졌다고 한다. 그녀는 훌륭한 양부모에게 입양되어 프랑스 최고의 엘리트 교육과정을 두루 거쳤다. 어린 시절 외모의 차이로 인한 콤플렉스를 굳은 의지와 명석함으로 잘 극복하였다고 한다. 비즈니스 스쿨 명문인 에쎅ESSEC을 불과 21세의 나이에 졸업한 후, 씨앙스 포Sciences Po와 프랑스 최고 엘리트의 산실인 국립행정학교ENA를 거쳐 회계감사원Cour des Comptes에 들어갔다. 회계감사원에 들어가려면 국립행정학교에서도 성적이 5위 내에 들어야 하는데 펠르랭이 얼마나 명석한지 알게 해준다. 펠르랭도 그동안 대사관이나 한인사회와는 전혀 접촉이 없었다. 자신이 먼저 한인사회를 접촉할 계기도 없었고 대사관에서 접촉할 만큼 주목할 만한 위치에 있지도 않았기 때문이었다. 어쨌든 그녀는 한국 대사가 오찬에 초대해준 데 대해 고마워하고 한국의 대사가 자신과 같은 국립행정학교 출신이라는 데 대해 신기해하였다. 만나서 이야기한 지 얼마 되지 않아 펠르랭은 나에게 같은 국립행정학교 출신이니 tuyoyer(프랑스식 반말)을 하자고 하였다. 프랑스에서는 가족이나 학교 동창, 직장 동료 등 가까운 사람 사이에서는 나이와 관계없이 반말을 하는데 이는 친근감의 표시이기도 하였다.

오찬 회동 이후 펠르랭과 다시 만날 기회가 없었는데 2012년 5월 올랑드가 대통령에 당선되면서 올랑드의 선거를 돕던 펠르랭이 중소기업 및 디지털 경제장관으로 입각하였다는 낭보가 들려왔다. 펠르랭이 입양아 출신으로서 최초로 프랑스의 장관에 임명된 것은 프랑스 언론은 물론 한국 언론으로 부터 집중적인 조명을 받았고 일약 한국 내에서 유명인사가 되었다. 펠르랭이 입각한 후 나는 펠르랭이 무명 시절 오찬에 초대한 인연에 힘입어 여러 차례 만날 기회를 가지게 되었다. 특히 올랑드 대통령의 취임식에서는 펠르랭 장관이 나를 만나 개별적으로 따뜻하게 맞이해주기도 하였다. 한번은 김성환 외교통상부 장관이 몇 시간 동안 파리를 경유하게 되었는데 경유를 이틀 앞두고 펠르랭과 만남을 주선할 수 있는지 연락해왔다. 나는 펠르랭 장관에게 직접 전화하여 대사관저에서 만찬을 겸한 면담을 주선하였다. 프랑스의 장관을 이틀 전에 연락하여 대사관저로 오게 한다는 것은 펠르랭 장관과의 사전 인연이 없었다면 상상도 할 수 없는 일이었다.

Pellerin 장관 초청 관저만찬 (2012. 05. 29)

　다행히 이들의 힘을 빌릴 필요 없이 외규장각 도서문제가 조기에 잘 해결되었지만, 이들은 앞으로 한불 양국의 관계를 발전시켜나가는 데 우리의 든든한 우군이 되어줄 것이다. 특히, 펠르랭은 2014년 개각에서 문화부 장관으로 발탁되었는데, 만일 외규장각 도서문제가 계속 현안으로 남아있었다면 어떻게 되었을지 잠시 아찔한 상상을 해보았다. 어쩌면 주무장관으로서 한인 출신이라는 점 때문에 이 문제의 해결에 적극적으로 나서기가 더욱 곤란했을 것이다.

8. 문화계의 지원을
   호소하다

각계 인사들을 만나면서 반환지지 여론을 조성해 나가는 와중에 프랑스 문화 학술계에서도 반가운 움직임이 일어났다. 2010년 4월 뱅쌍 베르제 파리7대학(디드로) 총장과 주한 프랑스 문화원장을 역임한 마르틴 프루스트 파리7대학 한국학 교수와 파리 13대학 총장 등이 중심이 되어 '외규장각 도서 반환추진 협회'를 결성하고 대통령실과 정부 요로에 외규장각 도서 반환을 청원하는 캠페인을 시작한 것이다.

파리7대학(파리 디드로대학)은 프랑스 대학 중 최초로 정식 한국학과를 개설하여 한국학의 메카로 자리 잡아 대사관과도 긴밀한 협력관계를 유지하여온 대학교였다. 특히 국제교류재단의 지원으로 대학교 옥상에 한국정원 조성사업을 추진 중이어서 대사관과의 관계가 어느 때보다도 긴밀하였다.

한국정원 조성사업은 나와도 인연이 있는 사업이었다. 내가 문화외교국장으로 재직 시절에 당시 주프랑스 주철기 대사의 건의로 국제교류재단으로 하여금 한국정원 조성사업을 지원해주기로 결정한 바 있었다. 동 사업이 설계와 시공 등의 기술적인 문제로 계속 지연되는 바람에 내가 부임해서야 본격적인 사업이 추진되게 된 것이다.

내가 국장 시절에 결정한 한국정원 사업을 대사로 부임하여 본격적으로 추진하게 되고, 같은 시기에 뱅쌍 베르제Vincent Berger총장이 '외규장각 도서 반환 추진 협회'를 결성하여 외규장각 도서문제의 해결에 발 벗고 나선 것은 참으로 절묘한 인연이 아닐 수 없었다.

베르제 총장은 반환협회를 추진하게 된 동기를 동 대학교 간담회에 참석한 유복렬 참사관에게 다음 요지로 설명하였다고 한다.
"파리7대학이 프랑스 대학 중 최초로 정식 한국학과를 개설한 이래 명실상부한 한국학의 메카로 자리 잡은 데 대해 큰 자부심을 가지고 있으며, 이러한 이유로 한불 양국 간 장기 미해결 현안으로 한국 국민과 정부가 지대한 관심과 애착을 보이고 있는 외규장각 도서문제와 관련하여 대학 차원에서의 지원 활동 전개를 위한 '의무감'과 '책임의식'을 가지고 있다. 한국학 연구의 선두 주자로서 한국학과 학생들이 한국과 프랑스 관계의 주요 액터로서 활동하게 될 것인 만큼 대학 측으로서도 한불 양국 간 우호 협력 관계 증진을 위해 구체적인 역할을 하고자 하는 의지에서 외규장각 도서문제 해결을 촉구하기 위한 협회를 발족하게 되었다."

나중에 안 일이지만 베르제 총장의 결정에는 마르틴 프루스트 교수의 의견이 큰 영향을 미쳤다고 한다. 프루스트 교수는 프랑스 한국 문화원장으로 서울에 근무하면서 테니스 선수 출신인 한국인과 결혼하였는데, 문화원장을 마치고 파리7대학교 한국학과 교수로 있으면서 한국에 대한 사랑을 이어가고 있었다.

파리7대학교와 더불어 프랑스 예술원Academie des beaux arts도 쁘띠지라르Petitgirard 부회장(추후 회장으로 피선)을 중심으로 외규장각 도서문제 해결을 위한 도움을 자청하여 왔다. 17세기에 창립된 예술원은 회화, 조각, 건축, 판화, 음악, 영화, 사진 등 예술 분야에서 최고 명망 있는 49명의 인사로 구성되어 있다. 명실상부한 프랑스 예술의 전당으로서 예술원 회원들의 의견은 문화예술계에서 지대한 영향을 주고 있는 곳이다.

쁘띠지라르 부회장은 프랑스에서 명성이 높은 피아니스트이자 작곡가 겸 지휘자다. 그는 나와의 만찬 자리에서 자신이 정명훈과의 친분을 통하여 한국을 사랑하고 한국의 문화·예술을 높이 평가하게 되었다고 하였다. 부회장은 한불 양국 간에 오랜 현안으로 남아있는 외규장각 도서문제의 해결을 위해 도울 수 있기를 희망한다고 하면서 어떻게 도움을 줄 수 있을지 의견을 물었다.

나는 예술원 회원들에게 외규장각 도서문제에 대해 설명할 기회가 주어지고 예술원 차원에서 도서반환을 지지하는 여론을 조성할 수 있다면 문제 해결에 큰 도움이 되겠다고 하였다. 그러자 그는 나를 차기 예술원 공식회의에 특별 초청하여 연설을 할 기회를 마련해 주겠다고 제의하였다.

쁘띠지라르 부회장의 주선으로 나는 4월 28일 예술원 공식회의에서 대한민국 대사로서는 처음으로 연설할 기회를 갖게 되었다. 이날 공식회의에는 49명의 회원 중 회장, 부회장, 사무총장을 비롯하여 37명의 회원들이 참석하였다. 세계적 문화, 예술의 강국인 프랑스의 유서 깊은 예술원 공식회의에서 연설할 기회를 갖는다는 것은 대사로서 매우 이례적이고 소중한 기회였다.

나는 병인양요 시 프랑스 함대에 의해 약탈당한 외규장각 의궤의 내용, 의미, 역사적 상징성과 우리 국민들이 외규장각 도서 문제에 대해 가지고 있는 각별한 관심과 애착에 대해 설명하였다. 외규장각 도서가 조선왕조 우리 국왕들이 친히 열람하던 어람용 필사본 의궤로서, 이는 곧 한국의 전통과 국민의 정신을 담은 '얼'이며 한국 역사의 중요한 한 부분임을 강조하였다. 이 문제가 양국관계 발전에 현실적인 장애가 되고 있는데 문화와 역사를 존중하는 프랑스가 이러한 우리 민족의 애착과 바람을 잘 이해하여 이 문제가 반드시 해결될 수 있기를 기대한다고 호소하였다.

연설을 마친 후 쁘띠지라르 부회장은 2010년과 2011년이 한국과 프랑스가 G20 정상회의 의장국을 맡는 중요한 시기라는데 이러한 계기가 양국관계에 어떠한 영향을 미칠 것이며 외규장각 도서문제 해결을 위한 양국 정부 간의 협의 전망을 질의하였다.

나는 이에 대해 양국이 정상회의 의장국을 차례로 수임함으로써 세계 경제 위기 극복과 건전한 국제금융 시스템 정착이라는 주요한 임무를 맡게 되었다. 이는 그 어느 때보다도 긴밀한 협력 관계가 요구되는 시점이었다.

특히 정상회의를 계기로 양국 정상 간에 상호 방문 교류가 예정되어 있어 양국관계를 확대하고, 심화할 수 있는 호기로 삼아야 한다고 역설하였다. 더불어 서울에서 양국 정상이 만날 때 더이상 외규장각 도서문제로 시간 낭비를 할 것이 아니라 동 문제의 해결을 축하하는 자리로 만들어야 할 것이라고 답변하였다.

공식 회의에 앞서 쁘띠지라르 부회장의 초청으로 함께한 오찬에서 그는 외규장각 도서문제와 관련하여 한국 대사가 예술원에서 공식 연설을 할 기회를 마련한 취지를 이렇게 설명하였다.

"프랑스 지식인이자 예술가로서의 양심에서 일반 문화재가 아닌 한국의 역사, 문화, 전통이 담긴 조선왕조 의궤가 한국으로 돌아가는 것이 마땅하다는 철학에 기초한 것이다. 예술가란 곧 미래의 문화유산 창조자를 의미하는 만큼 예술원 회원들은 문화재 문제에 각별한 관심을 가지고 있으며, 이번의 초청은 프랑스 정부와는 전혀 무관하게 전적으로 예술원 측의 자율적인 결정이다. 양국 간 협상이 시작되고 합리적인 해결책이 마련될 때를 대비하여 미리 프랑스 여론의 입장에서 갑작스러운 결과에 반발하여 뒷걸음질을 치는 일이 발생하지 않도록 하기 위하여 여론을 주도하고 있는 지식인층을 중심으로 외규장각 도서문제를 확실히 인식하고 외규장각 도서가 여타 문화재와는 확연히 다른 '특별한 경우'에 해당한다는 점을 바탕으로 하여, 프랑스 정부의 해결책 마련을 지원하고자 한다. 양국 간 외교협상이 잘 진행되어 합리적인 해결책이 마련될 경우 이를 적극적으로 지지하고, 그 반대로 협상이 교착 상태에 빠질 경우, 조속한 해결을 촉구하는 예술원 측의 공식 입장을 밝혀 문제의 해결을 지원하는 방향으로 추진하겠다."

쁘띠지라르 부회장은 해결 방향에 대한 조언도 아끼지 않았다. 프랑스 정부로서는 외규장각 도서문제 해결이 '선례구성'이라는 우려를 부추기지 않는 방향으로 이루어지는 것이 무엇보다도 중요한 입장이다. 그러니 한국으로서도 '대여'라는 어휘에 의미를 부여하지 말고 일단 한국으로 돌아간 도서가 다시 프랑스로 오게 되는 일은 없도록 합의를 이끄는 현실적 관점을 가지는 것이 필요하다는 것이었다.

예술원 공식회의에서 한 연설은 지금까지 프랑스의 권위 있는 문화, 학술 기관이 주도적으로 외규장각 도서문제에 대한 공식적 토론이나 회합을 개최한 최초의 사례라는 점에서 매우 고무적인 일이었다. 나아가 프랑스 여론을 주도하는 지식인층에서 외규장각 도서문제에 관심을 가지고 프랑스 정부에 대해 해결책 마련을 촉구하는 분위기를 조성하고 있다는 점만으로도 큰 의미가 있었다.

프랑스의 문화·학술 및 예술계를 대표하는 예술원이 외규장
각 도서의 반환에 반대하는 국립도서관의 입장을 두둔하는 대신
이의 해결을 지원하는 것은 한불 양국 간 외교협상을 앞둔 상황
에서 커다란 수확이었다. 이는 프랑스 정부 측으로서도 국내 여
론의 강력한 반대를 극복해야하는 부담을 덜어준다는 점에서 협
상 전망을 밝게 해주는 것이었다.

나는 이러한 분위기를 프랑스 정부에 알린다는 취지에서 장-
오르티즈 국장에게도 연설문을 전달하였다.

프랑스 「예술원」 공식회의 계기
외규장각 도서문제 관련 주프랑스대사 연설문
- 2010. 4. 28(수) -

존경하는 「예술원」 사무총장님,
회장님,
부회장님,
예술원 회원 여러분,
오늘 「예술원」 공식회의에 초청되어 명망 있는 회원 여러분들 앞에서
한국과 프랑스 양국관계에 관해 말씀드릴 수 있는 귀중한 자리를 마련
해 주신 데 대해 진심으로 감사드립니다.

아울러 '예술'을 축으로 하여 여러 국가와 민족들 간에 긴밀한 관계를 구축해나가는 가교 역할을 하고 있는 고귀한 예술의 '전당'에서 여러분들과 자리를 함께하게 된 것을 큰 기쁨이자 영광으로 생각합니다.

특히, 여러분들께서 우리 한국에 대해 각별한 관심을 가져주시는 데 대해 깊이 감사드립니다. 한국은 어려운 격동기를 겪으면서 수많은 도약을 거듭해 오늘에 이르렀습니다. 일제강점기와 분단의 고통, 한국전쟁의 아픔과 투쟁 그리고 국가 재건과 발전을 위한 온 국민의 희생, 이 모든 시련을 딛고, 이제 한국은 미래를 향한 힘찬 발걸음을 계속하고 있습니다.

저는 한국이 지난 60여 년에 걸친 격변기를 겪는 동안 프랑스가 늘 한국의 동맹국이었다는 사실을 분명히 말씀드리고자 합니다. 프랑스는 한국전 당시 수많은 청년들의 희생을 통해 우리 국민들의 자유와 민주주의 수호에 크게 기여하였으며, 한국과 프랑스 양국은 명실공히 혈맹의 관계를 맺게 되었습니다. 이를 기반으로 하여 양국은 정치, 경제, 과학기술, 교육 그리고 문화 등 다양한 분야에서 긴밀한 우호협력관계를 계속 발전시켜 나가고 있습니다.

그러나 안타깝게도 한 가지 불협화음이자 가슴 아픈 역사의 파편이 양국 간 관계가 크게 발전하고 비상하는 데 결정적인 장애가 되고 있습니다. 다름 아닌 바로 현재 프랑스국립도서관에 소장되어 있는 조선시대 외규장각 의궤 문제입니다.

저는 무엇보다도 우리 국민들의 가슴속 깊이 아로새겨져 있는 외규장각 도서에 대한 애착에 대해 말씀드리고자 합니다. 어떤 면에서는 이러한 말씀이 여러분들에게 다소 의아하거나 아니면 구태의연하게 여겨질 수도 있을 것으로 생각됩니다만, 한국 국민들의 외규장각 도서에 대한 애정은 누구도 침해할 수 없는 더없이 각별한 것입니다. 여기서 '도서'라고 하는 것은 단순히 '훌륭한' 도서관 한켠에 별다른 관심 없이 단순히 조심스럽게 꽂혀져 먼지가 뽀얗게 쌓여가는 '서책'을 의미하는 것이 아닙니다. 이 도서는 한 국가의 국민과 그 국가의 역사를 이어주는 뿌리 깊은 관계를 의미합니다. 외규장각 도서는 단순히 저물어간 영광의 시대를 말해주는 증언을 넘어 오늘날의 한국 국민들을 그들의 과거, 그들의 문화, 그들의 기억으로 이어주는 맥입니다.

여러분들께서는 도대체 이 도서가 무엇인지 의문을 가지시겠지요. 그리고 무엇 때문에 온 국민이 이 도서에 그렇게도 지대한 관심을 가지고 있느냐고 물으시겠지요. 이 '도서'는 조선시대 국왕들만이 열람할 수 있던 어람용 의궤로서, 필사본이며 매우 세밀한 삽화들이 그려져 있습니다. 이 의궤들에는 14세기~19세기 초에 걸친 조선왕조 왕궁 내 다양한 의전행사, 혼례, 장례, 임금님의 행차, 왕궁건립 등 왕가의 주요한 행사들이 묘사되어 있으며, 이 도서들을 친히 열람하신 모든 조선왕조 국왕들의 손길을 간직하고 있습니다. 이 유일 필사본 도서들은 왕가의 의전을 상세히 묘사함으로써, 국왕 대대로 전해져 오늘날에 이르기까지 왕조의 역사를 이어오는 끈이 되고 있습니다. 조선왕조 역사 중 5세기에 걸친 시대를 묘사한 이 도서들 덕택으로 한국의 마지막 왕조를 이끌었던 국왕들의 삶이 생생하게 전해질 수 있는 것입니다. 그런데 바로 이 도서들이 1866년 서울 인근 한반도 서해연안에 위치한 강화도를 침공한 프랑스 해군에 의해 탈취된 것입니다. 당시 프랑스 해군 병사들은 그들이 탈취한 도서가 어떤 것인지 상상조차 하지 못했을 것입니다.

당시 프랑스 해군 병사들은 숱한 재산을 탈취하고, 엄청난 물질적 피해를 입혔습니다만, 한국 국민들은 당시 강화도 왕실 도서관 별관인 외규장각에 보관되어 있던 의궤가 탈취된 것을 가장 가슴 아파하고 있습니다. 프랑스국립도서관에는 현재 296권의 외규장각 도서가 소장되어 있습니다. 총 297권 중 미테랑 대통령이 1993년 방한 당시 1권을 한국에 증정했기 때문입니다. 프랑스 해군의 침공 당시 외규장각 의궤 이외에도 다른 도서들과 물품들이 함께 탈취되었으나, 현재로서는 그 흔적이 밝혀지지 않고 있는 상태입니다.

한국 국민들은 프랑스를 좋아하며 역사, 문화, 예술의 강국인 프랑스와의 우호협력관계 발전을 진정으로 원하고 있습니다. 그런데 바로 그 프랑스가 우리의 외규장각 의궤를 소장한 채, 이 도서들을 한국에 돌려줄 의사를 보이지 않고 있다는 사실에 오늘날 한국 국민들은 너무나 가슴 아파하고 있습니다. 이제 한국에서는 프랑스를 지칭하면 곧바로 외규장각 도서문제를 떠올리게 되는 상황에 이르렀습니다. 한국의 시민단체들은 다양한 방법으로 매우 적극적이고 활발한 활동을 보이고 있습니다. 이제 한국과 프랑스 양국 간 우의에 걸맞은 합리적인 해결책이 절실히 요구되고 있습니다.

저는 주프랑스대한민국 대사로서 다양한 분야에서 한국과 프랑스 양국 관계의 심화 확대를 위해 헌신코자 합니다. 하지만 양국 간에 협력가능성이 매우 크고, 또 실제로 긴밀한 협력관계를 유지하고 있음에도 불구하고, 외규장각 도서문제를 둘러싼 불협화음으로 말미암아 양국관계 발전에 현실적인 장애가 되고 있습니다. 저는 「예술원」 회원 여러분들께서 바로 외규장각 도서문제를 둘러싼 이러한 상황에 대해 우의적이면서 세심한 관심을 가져주시기를 기대합니다.

외규장각 도서문제는 중대한 사안입니다 한국 국민들로서는 절대 물러설 수 없는 문제입니다 외규장각 도서는 곧 우리 민족의 '얼'입니다. 세대와 세대를 이어주는 불가항력의 맥이며, 하나의 국가와 하나의 민족을 이루는 모든 구성원들로 하여금 하나의 역사와 하나의 문화를 공유할 수 있도록 해주는 연결고리입니다. 프랑스 국민들은 문화정신을 존중하고 역사의 소중한 가치를 이해하는 민족입니다. 저는 그러한 프랑스가 한국 국민들에게 있어 외규장각 도서가 지니고 있는 절대적인 의미와 중요성을 분명히 인식할 수 있기를 기대합니다.

외규장각 도서문제는 반드시 해결되어야 합니다. 한국 정부가 1992년 공식적으로 외규장각 도서의 반환을 요청한 이래, 한국과 프랑스 양국 정부는 해결책 모색을 위해 공동의 노력을 기울여 왔습니다. 1993년 미테랑 대통령 방한 계기 개최된 정상회담에서, 양국 정상은 해결방안 마련에 합의한 바 있으며, 미테랑 대통령이 외규장각 의궤 1권을 한국에 돌려주었을 때만 해도 양국 정부는 합의안 도출에 근접해 있었습니다.

그러나 그 이후 숱한 협의와 협상에도 불구하고 한국 국민들은 여전히 외규장각 도서문제가 해결되기를 기다리고 있는 상태입니다. 이제 한국과 프랑스는 주요 국제문제에 있어 그 어느 때보다도 긴밀히 협력해야 하는 중요한 시기를 맞았습니다. 특히 한국과 프랑스가 금년과 내년에 걸쳐 차례로 G20 정상회의 의장국을 수임하게 됨으로써, 양국 모두 자국민들의 전폭적인 지지를 필요로 하는 상황에 이르렀습니다. 국민들의 지지 없이는 그 어느 것도 궁극적으로 실현시킬 수 없기 때문입니다. 하지만 현재의 상황에서 한국 국민들이 진심에서 우러나 마음을 열기는 참으로 어려울 수밖에 없습니다. 한국 국민들은 여전히 외규장각 도서라고 하는 가슴 아픈 문제를 염두에 두고 있기 때문입니다.

하지만 저는 낙관하고 있습니다. 그 이유는 바로 한국과 프랑스를 이어주는 우의가 깊고 견고하기 때문입니다. 아울러 우리 양국은 견실한 협력을 절대적으로 필요로 하는 주요 과제들을 놓고 공동의 노력을 경주해야 하는 장래를 앞두고 있기 때문입니다.

녹색성장, 환경, 안보, 지속개발과 같은 주요한 문제들에 대해 공통된 견해를 공유함과 아울러 문화, 교역, 산업 분야에서 다대한 교류 가능성을 보유하고 있는 한국과 프랑스가 협력관계의 날개를 활짝 펴고 한껏 비상할 수 없다는 것은 참으로 아쉽기만 합니다. 우리 양국이 함께 손잡고 핵심적인 역할을 수행해야 하는 중요한 시기에 외규장각 도서문제가 부정적인 영향을 미치게 된다는 것은 너무나 안타까운 일입니다.

저는 우리 양국이 외규장각 도서문제라는 역사의 한 페이지를 넘기고 양국 역사의 새로운 장을 펼침으로써 함께 미래를 향해 나아가기를 기대합니다. 이 새 장에는 한국과 프랑스 간 영원한 우호관계의 발자취를 함께 남기게 되기를 기대합니다.

존경하는 「예술원」 회원 여러분, 한국과 프랑스 양국 간 풍요롭고 조화로운 멋진 미래를 만드는 데 적극적인 동반자가 되어주십시오. 대단히 감사합니다.

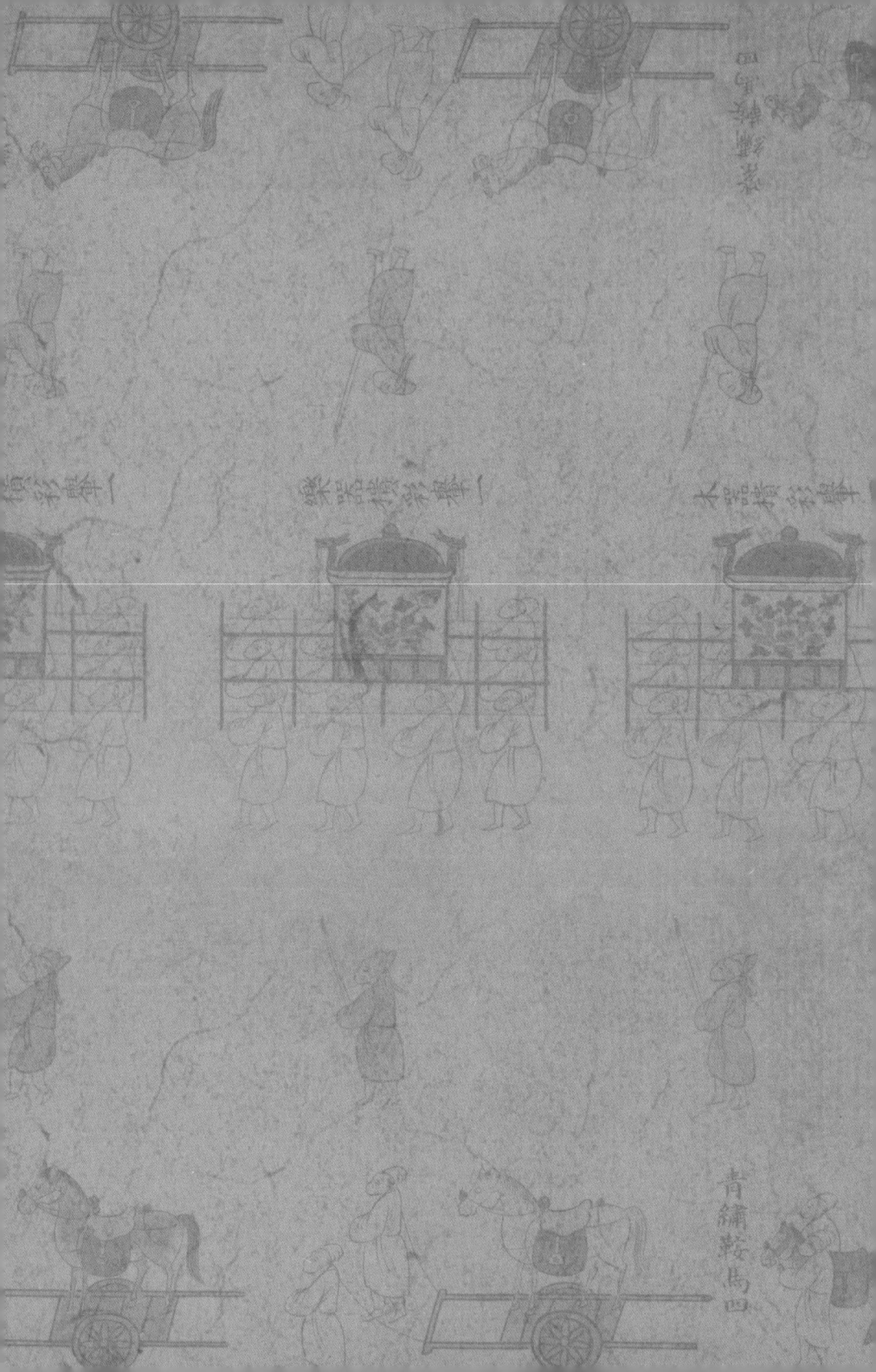

제 3 장

한국-프랑스 관계 다시 쓰기

韓國 – 佛蘭西

막상 레비트 수석으로부터 직접 들으니 깊은 실망과 좌절감이 들었다. 지금까지의 협상 결과도 본부의 확실한 승인을 받지 못했는데 여기서 더 후퇴한다면 아예 협상 타결 가능성은 제로에 가깝다고 판단됐다. 우리 문화재청의 입장을 감안하면 더 이상 물러날 여지가 없었다.

1. 아부다비 원전 수주의 충격
: 한국을 재평가하는 계기가 되다

나의 프랑스 부임 시기를 전후하여 프랑스가 우리나라의 위상을 재평가하는 중요한 전기가 마련되는데 다름 아닌 아부다비 원전 수주였다. 당시 프랑스 정부는 원전 수주를 위해 아랍에미리트에 루브르 박물관 분관을 건설하고 기존의 군사 협력관계도 대폭 강화하는 등 최고위 차원에서 총력을 기울여왔다. 뿐만 아니라 원자력 발전분야에서 기술력도 우리나라보다 앞서기 때문에 수주를 자신하고 있었다.

내가 2009년 12월 초, 프랑스 부임 당시 프랑스 내에서는 아부다비 원전 수주를 다 떼놓은 당상으로 여기는 분위기였다. 그런데 막상 뚜껑을 열어보니 우리나라에 수주를 빼앗기자 그 충격이 이만저만이 아니었다.

수주 발표 초기에 프랑스 언론은 프랑스가 원전 수주에서 한국에 밀린 것을 축구에 비교하며 1부 리그 팀이 자신의 안방에서 3부 리그 팀에 진 것과 비교하여 분개하였다. 그러나 시간이 가면서 프랑스 언론과 정부는 프랑스가 한국을 너무 과소평가하였고 자국을 과대평가하였다는 반성을 하게 된다.

프랑스로서는 패배의 충격이 컸던 만큼 한국의 저력에 대해 재평가하는 계기가 되었다. 우리나라가 원조를 받던 개도국에서 원조를 주는 나라로 발전하고 유엔의 도움으로 정부를 수립한 나라에서 유엔 사무총장을 배출하고 G20의 의장국으로 활약하게 된 것까지도 그러려니 받아들여 왔었다. 그러나 자국과의 경쟁에서 그것도 자국이 우위에 있다고 자부하는 분야에서 한국에 패배한 것은 프랑스 조야에 큰 충격을 안겼고 이는 한국을 새롭게 바라보는 계기가 된 것이다.

이는 신임 대사로 부임한 나에게 커다란 호재이자 행운이었다. 이러한 분위기를 반영하여 프랑스 정부 내에 한국과의 관계를 중시하고 한국을 더 잘 알고자 하는 움직임이 일어났다.

서울 G20 정상회의를 앞둔 시점이기도 했지만, 평소에 비해 많은 고위 인사들의 방한이 이어졌다. 쿠쉬너 외교장관의 방한도 그중 하나였다. 쿠쉬너 외교장관의 방한은 2010년 3월 19일과 20일. 이틀간 이루어졌다. 나는 외교장관의 방한을 외규장각 의궤 문제에 대한 우리 정부와 국민들의 지대한 관심을 알리고, 이 문제의 조속한 해결 필요성을 외교장관에게 각인시키기 위한 절호의 기회로 삼고자 하였다.

장관의 일정상 외교장관과의 직접 면담은 이루어지지 않았다.

하지만 장관을 수행하여 함께 방한예정인 장관 보좌관을 면담하면서 외규장각 의궤 관련 우리 정부의 새로운 협상제안을 설명하고 장관 방한 중 회담의 중요 의제가 될 것임을 예고하였다. 한편, 랑 의원에게도 도움을 청하였다. 랑 의원은 쿠쉬너 장관과 더불어 사르코지 대통령이 영입한 사회당 인사로서 쿠쉬너 장관과 절친한 사이였기 때문에 랑 의원이 직접 외교장관에게 외규장각 의궤 문제의 해결 필요성을 설명한다면 훨씬 효과적일 것이기 때문이었다. 랑 의원은 나의 요청을 흔쾌히 받아들였다.

쿠쉬너 장관은 방한 전에 수행하는 장관 보좌관과 장-오르티즈 아시아대양주국장, 랑 의원으로부터도 외규장각 도서문제에 대해 귀가 아프도록 브리핑을 받았겠지만, 방한 기간 중에도 한국 정부와 국민들의 외규장각 도서에 대한 관심과 애착을 직접 경험하였다. 양국 외교장관 회담 시에 외규장각 도서문제가 공식 회담 의제로 포함된 것은 물론이고 대학교 방문 강연 시에도 대학생들로부터 외규장각 도서문제에 관한 질문 공세를 받았다. 이러한 에피소드도 있었다.

쿠쉬너 장관이 출국할 때였다. 공항에서 외규장각 도서를 반환하라는 피켓을 들고 1인 시위를 하는 사람이 있었다고 한다. 쿠쉬너 장관이 그에게 다가가서 악수를 청하고 외규장각 도서문제 해결을 위하여 노력 중에 있으니 너무 걱정하지 말라고 격려를 해주었다고 한다. 1인 시위자는 쿠쉬너 장관의 예상치 못한 격려에 상당히 당황스러워했다는 전언이다.

쿠쉬너 장관이 방한 시 느낀 한국 정부와 국민의 외규장각 도서문제에 대해 보여준 관심과 애착은 곧 재개되는 정부 대표 간 협상에서 프랑스 정부가 외규장각 도서문제의 해결에 좀 더 전향적으로 임하게 하는 계기가 될 수 있었다.

2. 외규장각 도서
반환협상의 재시동

대사관에서 외규장각 도서의 조속한 해결을 위한 우호적인 여론을 조성해나가는 것과 병행하여 외교부에서는 그동안 교착상태에 빠져있던 의궤 반환 협상을 재개하기 위하여 프랑스 정부 측에 보낼 문서non paper를 준비 중에 있었다.

문서에 포함될 내용은 2007년도에 외교부에서 이미 프랑스 측에 제의하였으나 프랑스 측에서 반응을 보이지 않아 사실상 유야무야 되다시피 한 내용을 주축으로 하고 있었다. 즉 프랑스 측은 외규장각 의궤를 영구대여의 형식으로 우리나라에 돌려주고 우리나라는 이에 대한 대가를 주는 대신에 우리 문화재를 프랑스 내에서 교대해가면서 전시한다는 것을 핵심으로 하는 것이었다.

우리나라로서는 약탈해 간 문화재를 찾아오는 데 그에 상응하는 대가를 치러야 한다는 것은 국민 정서상으로 도저히 받아들일 수 없기 때문에 생각해 낸 대안이었다. 사실상 3년 전 제의한 내용과 핵심은 같았다. 그러나 프랑스 조야의 분위기는 달랐다.

2007년에 제의할 당시에는 상호교류와 대여의 원칙에서 벗어난다는 이유로 우리 측 제의를 거들떠보지도 않았었다. 그러나 이제는 외규장각 의궤 문제를 해결해야 할 필요성에 대한 프랑스 조야의 여론이 조성되면서 프랑스 정부도 우리 측의 새로운 제안을 검토할 분위기가 무르익고 있었던 것이다.

프랑스 외교부에서도 우리 정부가 조속히 새로운 공식 제안을 제시할 것을 요청하기에 이르렀다. 이에 따라 우리 외교부는 2010년 3월 2일, 주한 프랑스대사관을 통하여 외규장각 의궤의 반환 협상을 재개할 것을 제의하는 문서를 전달하였다. Non-paper 형식으로 전달된 문서의 요지는 아래와 같았다.

1866년 외교관계 수립 이래 발전되어 온 한국과 프랑스 양국관계를 미래지향적인 협력관계로 심화시키기 위해서는 외규장각 의궤 문제의 조속한 해결이 필수적이다.

1991년 11월 29일 대한민국 정부는 1866년 로즈제독이 불법적으로 약탈해간 외규장각 의궤의 반환을 공식적으로 요청한 바 있다.

1993년 김영삼-미테랑 대통령 간 '교류방식에 의한 영구대여'라는 해결 원칙에 합의, 1993년 11월부터 1997년 11월 사이의 정부대표 간 교섭, 1999년 4월부터 2004년 8월까지 민간대표 간 교섭에도 불구하고 해결되지 않고 있다.

2007년 우리 측은 프랑스 측에 '외규장각 의궤의 한국 내 영구대여 및 한국 문화재의 프랑스 내 전시' 방안을 구체적으로 제안하였다.

외규장각 의궤는 조선 왕실의 어람용 의례집으로 왕실의 권위와 존엄은 물론, 한국 국민의 자긍심과 관련된 국가 공문서라는 특수성에 비추어 반환되어야 한다.

외규장각 의궤의 한국 내 영구대여 및 한국 문화재의 프랑스 내 전시 방안을 통하여 반환 문제를 해결할 수 있도록 프랑스 정부의 결단을 촉구한다.

협상재개 제의 문서를 전달한 후 2주일쯤 지난 3월 15일, 대통령실의 로르톨라리 아주보좌관을 오찬에 초청하여 우리 측 제안의 취지를 설명하고 프랑스 측의 반응을 타진하였다. 로르톨라리 보좌관은 국립행정학교 출신으로 레비트 외교수석실에서 아주지역외교정책을 담당하면서 대통령실과 외교부 아시아대양주국 간 업무 협조의 연결 고리 역할을 하는 실무 책임자였다.

2009년 12월에 방한하여 외규장각 도서문제를 비롯하여 한·불 양국 간 현안을 소상히 파악하고 있었던 로르톨라리 보좌관은 외규장각 도서문제를 해결해 나가는데 협조를 받아야 하는 핵심 인사 중의 한 사람이었다.

나와는 같은 국립행정학교 출신이어서 그런지 좀 더 우호적이고 친밀한 분위기에서 대화를 나누게 되었다. 나는 외규장각 도서문제에 대한 우리 국민의 정서와 이 문제가 양국 관계에 미칠 수 있는 부정적 영향에 대해 상세히 설명하고 이 문제의 조속한 해결을 위한 프랑스 정부의 정치적 의지와 결단을 촉구하였다.

한국 국민들은 과거 미테랑 대통령이 테제베 계약을 성사시키기 위해 1993년 한국 방문 시에 외규장각 의궤 한 권을 주고 갔으며 외규장각 도서의 반환을 약속하였다가 그 약속을 저버린 것으로 생각하고 있다. 따라서 외규장각 도서문제가 해결되지 않는 한 양국 간의 대규모 경제 협력 프로젝트의 성사가 지장을 받을 수 있었다.

양국 간에 핵에너지, 방산, 항공 등 주요 산업 분야에서 협력 가능성이 많으며, 우리 정부가 프랑스와의 경제·통상관계 강화에 많은 관심을 가지고 있는 상황에서, 외규장각 도서문제에 발목이 잡혀 양국관계가 비상하는 데 지장이 있는 만큼 프랑스 정부 특히, 최고위 인사가 정치적 해결 의지를 가지고 결단을 내리는 것이 긴요함을 역설하였다. 이어 우리 측의 새로운 협상 제안에 적극적으로 임하여 줄 것을 당부하였다.

로르톨라리 보좌관은 한국 국민들의 정서는 충분히 이해하지만, 과거는 과거로 돌리고 양국관계가 미래지향적으로 발전해 나가야 한다고 하면서 외규장각 도서문제가 한불 양국관계에 부정적인 영향을 미치지 않기를 희망하였다. 이어 그는 "우리 정부의 non-paper를 신중하고 면밀히 검토하는 중이며, 일단 우리 측 문서가 해결책 마련의 기초가 될 수 있는 긍정적인 요소들을 포함하고 있는 것으로 보며 프랑스 측으로서도 가능한 조속한 시일 내에 건설적이고 긍정적인 해결책이 마련되기를 희망하고 있다."고 말하였다.

덧붙여 외규장각 도서문제의 해결책을 마련하는 데 있어 고려되어야 할 중요한 사항 두 가지를 들었다. 첫째, 프랑스 국내법상 금지되어 있는 '문화재 반환'이라는 벽에 직접 부딪치지 않도록 우회할 수 있는 정교한 방식을 찾아내야 하며, 둘째 한국 측으로서도 국내적 반발에 부딪히지 않으면서 프랑스 측도 수용 가능한 교류방식을 마련해야 한다고 하였다.

로르톨라리 보좌관을 만난 지 한 달여 만인 4월 19일, 레비트 외교 수석을 만나 외규장각 도서문제에 대해 다시 논의할 기회를 가졌다. 주요 면담 목적은 G20 서울 정상회의 계기에 한불 양국 대통령 간의 정상 회담 개최를 협의하기 위한 것이었지만, 레비트 수석이 먼저 외규장각 도서문제를 꺼내었다.

우리 측이 제안한 non-paper에 대한 프랑스 측의 검토가 거의 마무리 되어 양국 간 외교채널을 통한 협의를 시작하기로 하였으며, 프랑스 측 협상대표로 장-오르티즈 국장을 임명할 것이라고 하였다. 한국 측 협상대표는 당연히 박 대가사 맡아야 하지 않겠느냐고 하면서 양국 외교 전문가 간에 진지한 협의가 이루어질 것인 만큼 건설적인 해결책이 반드시 마련될 것으로 기대한다고 하였다.

프랑스 정부가 외규장각 도서문제 관련 협상을 재개하기로 하고 협상대표로 외교부의 지역국장을 임명하기로 한 것은 매우 고무적인 소식이었다. 과거 협상 과정에서 프랑스 측은 문화계를 대표하는 인사를 협상대표로 임명하여 왔다. 이는 문화재 불가양이라는 국내법과 문화재 반환의 선례 구성을 극도로 경계하는 문화계의 입장을 대변하는 것이었다.

문제 해결에 융통성을 발휘할 여지가 별로 없는 것으로 해석되었다. 그러나 양국관계 전반을 균형 잡힌 시각으로 평가하고 양국 관계 증진에 관심이 많은 외교부의 지역 국장을 협상대표로 한다는 것은 외규장각 도서문제를 엄격한 문화재 반환의 잣대로 접근하는 대신 좀 더 융통성 있게 외교적 해결책을 도모하겠다는 프랑스 정부의 의지를 표현하는 것으로 해석할 수 있었다.

나는 "본인이 협상대표를 맡을지 여부는 본국 정부의 훈령에 따르겠지만, 별문제는 없을 것으로 본다."고 말하고 "외규장각 도서문제 관련 양국 간 협의가 잘 진행되어 오는 11월 서울 정상회의에서 양국 대통령들이 외규장각 도서문제 해결을 축하하는 축배를 들 수 있기를 기대한다."라고 화답하였다.

5월 5일에는 클로드 게앙 사르코지 대통령 비서실장을 면담하여 외규장각 도서문제 해결을 위한 관심과 협력을 요청하였다. 게앙 비서실장은 사르코지 대통령을 최측근에서 보좌하면서 막강한 영향력을 행사하는 인사로서 후에 내무장관으로 영전하게 된다. 업무와 직접 관계는 없지만 외규장각 도서문제의 해결에 호의적인 생각을 갖도록 할 수만 있다면 대통령실 내에 큰 원군이 될 것임에는 의심의 여지가 없었다.

　게앙 비서실장은 ENA 출신인데 같은 ENA 출신인 로르톨라리 아주보좌관도 면담에 동석하여 나와 소규모 동창 모임을 가진 셈이었다. 나는 G20 정상회의 계기로 사르코지 대통령의 방한을 앞두고 한불 양국 간 장기 미해결 현안으로 남아 양국관계 발전에 유일한 걸림돌이 되고 있는 외규장각 도서문제의 해결이 긴요하다고 역설하였다. 그러자 게앙 비서실장은 구체적인 해결 방안까지 제시하며 적극적인 협조의사를 피력하였다.

　게앙 비서실장은 "현재 양국정부가 해결 방안을 마련 중인 것으로 알고 있다. 프랑스 측으로서는 프랑스의 '문화재 유출 금지법'에 저촉되지 않도록 할 수 있는 현실적인 해결 방안 강구라는 맥락에서 '장기 기탁depot de longue duree'이 최선의 해결책이 될 것으로 본다. '장기 기탁'이라는 용어는 표현의 차이일 뿐 결과는 사실상의 반환이나 마찬가지다. 장-오르티즈 국장과 박 대사가 양국협상대표 자격으로 본격적인 협의를 진행하게 되어 기쁘게 생각한다. 프랑스 측으로서도 강한 해결 의지를 갖고 있는 만큼 동 문제가 반드시 해결될 것으로 보며, 이는 곧 양국 간의 우의의 증거가 될 것이다."라고 말하였다.

　장기 기탁이라는 용어는 그동안 장기 대여라는 용어와 함께 문화재 불가양성을 규정한 프랑스 국내법을 우회하여 사실상의 반환을 이끌어낼 수 있는 가장 현실적인 방안 중 하나로 검토되고 있었다. 장기 기탁은 협상을 재개하기도 전에 그간 프랑스 정부가 고수해왔던 '상호교류와 대여'라는 협상 원칙을 벗어나는 새로운 방안을 언급한 것이었다.

대통령의 의중을 누구보다도 잘 파악할 수 있는 위치에 있는 게앙 비서실장의 말은 사르코지 대통령이 외규장각 도서문제를 해결하겠다는 강한 의지가 있음을 짐작하게 하는 것이었다. 자크 랑 의원의 설득 덕분이라는 생각이 들었다. 양국 간의 협상 재개를 앞두고 외규장각 도서문제를 해결할 수 있는 실마리가 보이기 시작하였다.

우리 정부가 외규장각 도서문제와 관련 협상의 재개를 요청하는 non paper를 프랑스 측에 전달한지 두 달여가 지난 5월 10일 월요일. 프랑스 측의 요청으로 장-오르티즈 국장을 면담하였다. 이 면담은 우리 측 non paper에 대한 프랑스 측의 검토 결과를 우리 측에 설명하고 향후 협상 일정과 대체적인 협상 방향을 논의하기 위한 자리였다. 프랑스 측은 라플랑시 동북아과장과 씨아마 한국담당관이, 우리 대사관에서는 유복렬 참사관이 동석하였다.

장-오르티즈 국장은 우리 측의 non paper 제안을 긍정적으로 평가하고 있으며, 사르코지 대통령과 쿠쉬너 외교장관 등 고위층에서 외규장각 도서문제 해결을 위한 확고한 정치적 의지를 가지고 있다고 하면서 가능한 빠른 시일 내에 정식 협상을 시작할 것을 희망하였다. 다만 외규장각 도서문제의 해결이 프랑스가 소장하고 있는 여타 문화재 반환문제의 선례를 구성하지 않도록 프랑스 측의 어려운 입장을 적절히 감안한 기술적인 방안을 모색하기를 기대한다고 하였다.

나는 조속한 협상 개시에 동의하였다. 또한 양국 대표 간에 협상을 원활하게 진행하여 오는 11월 사르코지 대통령의 방한 전까지 해결책을 마련하도록 노력하자는데 의견을 함께하였다. 이에 따라 첫 번째 공식 회의를 5월 17일(월) 프랑스 외교부에서 개최하고, 두 번째 회의는 적절한 시점에 우리 대사관에서 개최하되 양측 수석대표 간에 비공식 협의를 병행해 나가기로 하였다.

양국 수석대표 간 비공식 협의를 갖기로 한 것은 양측의 입장 차이로 인하여 오랫동안 교착 상태에 있던 협상에 돌파구를 마련하고자 함이었다. 이러한 난제를 다수의 대표단이 참석하는 공식 협상에서 풀기가 어려운 상황에서 양측의 진정한 입장과 의도를 파악하고 협상을 신속하게 진행시키기 위해서는 수석대표 간의 비공식 협의가 훨씬 효과적인 방안이었다.

3. 정부대표 간 공식회담

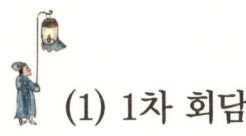 (1) 1차 회담

2010년 5월 17일 외규장각 도서문제에 관한 1차 공식 회담이
프랑스 외교부에서 개최되었다. 2001년 민간대표 간의 협상이
결렬된 후 무려 9년 만의 협상이었다.

프랑스 측은 장-오르티즈 국장을 수석대표로 하여 라플랑시
동북아과장, 씨아마 한국담당관, 자클린 상송 국립도서관 부관
장, 니콜라 죠르쥬 문화부 문화유산담당 과장, 장 필립 모숑 문
화부 국제관계담당 장관 보좌관이 참석하였다.

프랑스 대표단 중 상송 부관장은 1993년 미테랑 대통령 방한
시에 외규장각 의궤를 들고 온 사서 중 한 사람이었다. 당시 미
테랑 대통령이 선물로 주려던 의궤를 지키려고 울면서 버티던
사람이 20년 가까이 지나서 대표단의 일원으로 앉아 있으니 역

사의 아이러니였다. 상송 부관장이 프랑스 대표단의 일원으로 공식 협상에 참여한다는 것은 협상이 만만치 않을 것임을 예고하는 것 같았다.

우리 측은 수석대표인 필자와 유복렬 정무참사관 단 두 명이 참석하였다. 이처럼 중요한 회의에 그것도 9년여 만에 열리는 회의에 국내에서 단 한 사람도 대표단에 포함시키지 않은 것은 상당히 이례적이었다. 협상 진행과정 중 핵심 사항에 대해서는 본부의 훈령을 받아야 하는데 협상에 참여하지도 않고 협상 분위기도 모르면서 본부에서 제대로 된 훈령을 만들 수 있을지 걱정이 되었다.

한 가지 다행인 것은 유 참사관이 외교부 내 최정예 불어 전문요원인 데다 과거 외규장각 협상 과정에 참석하여 과거 협상의 분위기와 쟁점들을 잘 파악하고 있다는 것이었다. 유 참사관은 상송 부관장이 상대편의 협상대표단에 끼어 있는 것을 상당히 부담스러워 하는 것 같았다. 상송이 무시무시하다고까지 말하였다.

대통령의 영까지도 거역하면서 외규장각 의궤를 넘겨주지 않으려고 버티던 인물이 대표단에 참여하고 있으니 그럴 만도 하였다. 하지만 나는 상송의 참여를 개의치 않았다. 어차피 상송이 아니더라도 소장기관인 국립도서관이 순순히 소중한 소장품을 내줄 리는 만무하므로 국립도서관을 우회하기로 이미 협상 전략을 세워두고 있었다. 병법에도 우회전술이 있지 않은가.

수도로 향하는 길목에 훌륭한 장수가 지키는 난공불락의 성채가 있다면 성채를 정면 돌파하는 대신에 우회하여 수도를 직접 공략하면 되는 것이다. 상송과 맞싸울 이유가 없었다. 나의 상대는 사르코지 대통령이었다. 게다가 내부에서 호응하는 협조자도 있지 않은가?

협상은 통역 없이 불어로 진행하였다. 일반적으로 중요한 정부 간 협상은 통역을 통하는 것이 보통이지만, 프랑스 측의 커다란 양보를 받아내어야 하는 협상에서 프랑스 대표단의 호감을 끌어내는 데 불어를 사용하는 것이 효과적이라는 생각에서였다.

양측 수석대표 간의 의례적인 인사말을 교환한 후 먼저 장-오르티즈 국장이 우리 측의 non paper에 대한 프랑스 측의 검토 결과를 다음 요지로 설명하였다.

> 우리 측이 제의한 '영구대여' 방식은 문화재 불가양이라는 프랑스 국내법에 저촉되므로 일단 기간을 정한 대여로 하되 실질적으로 대여를 계속 연장해나가는 방식을 취하여야 함.
> 외규장각 도서문제의 해결은 국제사회의 문화재 반환 관련 규범과는 무관하다는 사실을 전제로 하여야 함.
> 1993년 양국 정상 간 합의 사항이 '반환'이 아닌 '대여'였다는 사실을 분명히 할 필요가 있음.
> 외규장각 도서문제의 해결이 여타 문화재 반환요청의 선례를 구성하지 않도록 적절한 메커니즘을 찾을 필요가 있음.
> 협상의 원활한 진행을 위해 협상 내용이 언론에 공개되지 않도록 유의하여야 하며, 양측이 신뢰를 바탕으로 허심탄회한 협의를 통하여 실현 방안을 마련하게 되기를 기대함.

9년여 만에 재개된 협상에서 첫 번째 탐색전이라는 점을 감안한다면 프랑스 측의 검토 결과는 비교적 긍정적인 편이었다. 비록 대여의 형식이지만 프랑스 국내법에 저촉되지 않는 범위 내에서 프랑스 정부가 외규장각 도서문제를 해결하겠다는 용의를 밝힌 것이다.

나는 프랑스 측이 영구대여 방안을 수용할 수 없다는 입장이 외규장각 도서를 한국에 대여한 후 일정 기간이 경과한 후에 다시 되돌려 받을 수도 있다는 것을 의미하는지 확인을 요청하였다. 이에 대해 장-오르티즈 국장은 "대여된 외규장각 도서를 되돌려 받으려는 의도가 아니라, 문화재 불가양을 규정한 국내법상의 제약을 우회하기 위한 것이며, 일단은 비영구대여의 형식을 취하되 정기적으로 동 대여기간을 계속 연장함으로써 실질적으로 한국에 계속 남아있도록 한다는 취지다."라고 설명하였다. 다만 가끔씩 프랑스에 동 도서를 전시하는 기회를 마련함으로써 동 도서가 한국에 반환된 것이 아니라 대여된 것이라는 느낌을 줄 수 있도록 하는 방안이라는 것이었다.

한국 측 입장에서 볼 때는 외규장각 도서가 한국에 돌아왔다는 느낌이 들도록 하고 이와 동시에 프랑스 측 입장에서 볼 때는 외규장각 도서가 한국에 대여되어, 대여 조건이 잘 존중되고 있다는 느낌이 들도록 하는 섬세한 기술적 작업이 필요할 것으로 본다는 의견이었다.

장-오르티즈 국장의 답변을 통하여 프랑스 측이 외규장각 도서문제를 해결하려는 의지를 갖고 협상에 임하고 있음을 간파할

수 있었다. 장-오르티즈 국장은 한·불 양국 간 마지막 협상이
었던 민간 대표 협상에서 2001년 "어람용 의궤 대 비어람용 의
궤 맞교환" 방식에 대한 합의가 이루어진 적이 있었다고 회고하
였다. 그러나 당시 이 방안이 한국 내 여론의 반대에 부딪혀 무
산된 바 있음을 상기하고 구체적 반대 이유와 배경이 무엇인지
문의하였다. 구체적 반대 이유를 알아야 프랑스 측도 이에 대처
할 수 있을 거라는 것이었다. 이에 대해 내가 대략적인 설명을
한 후 민간 대표 협상에 참석한 경험이 있는 유 참사관으로 하여
금 상세한 설명을 하도록 하였다. 유 참사관은 당시 양국 협상대
표 간의 잠정 합의가 무산된 이유를 이렇게 설명하였다.

"'상호대여의 틀'에서 프랑스 국립도서관 소장 어람용 의궤와
우리 측이 복본으로 소장하고 있는 비어람용 의궤를 맞교환하는
방식에 협상대표들이 합의하였으나 이 방안에 대해 우리 정부가
이행 가능 여부를 검토하는 과정에서 국내 학계 및 전문가들의
강한 반대에 부딪히게 되었다. 당시 우리 국내 학계의 입장은 의
궤의 특성상 복본으로 여러 권 작성된 의궤라 하더라도 모두 친
필로 쓰인 유일본이며, 내용 면에서도 약간씩 다른 부분이 있어
유일본이나 복본으로 구분하는 자체가 전문적 상식을 벗어난 판
단이라는 것이었다. 또한 약탈당한 우리 문화재를 들여오기 위
해 또 다른 문화재를 내어주는 것은 인질로 잡힌 장남을 구출하
기 위해 차남을 인질로 내어주는 것과 마찬가지라는 거센 비난
이 있었다. 따라서 상호 대여에 의한 해결 방안은 우리 관련 학

자들이나 국민 여론을 감안할 때 받아들일 수 없는 방안이었다."

장-오르티즈 국장은 프랑스 정부가 외규장각 도서문제의 해결을 위한 강한 의지가 있지만, 프랑스의 외규장각 도서 대여에 상응하는 한국 측의 보상이 매우 중요하다고 하였다.

나는 이에 대해 우리 국민들은 과거 국력이 약하여 외세의 침입으로부터 소중한 역사, 문화유산을 지키지 못했다는 아픔과 그로 인한 억울한 마음을 품고 있는 만큼, 우리 국민 정서상 외세에 빼앗긴 우리 문화재를 되찾기 위해 어떠한 대가를 치른다는 생각 자체를 받아들일 수 없음을 설명하였다.

따라서 앞으로의 협상은 과거 정상 간에 합의된 '상호대여와 교류'라는 협상의 틀을 깨고 새로운 패러다임을 적용하여야 하며 무엇보다도 프랑스 측의 적극적인 정치적 해결 의지가 필요함을 강조하였다. 우리 국민 정서와 프랑스의 입장을 고려하여 외규장각 도서의 영구대여와 우리 문화재의 프랑스 내 전시방안을 제안한 것인 만큼 우리 측 제안을 프랑스 측이 수용하여 줄 것을 요청하였다.

나는 2010년 한국전 참전 60주년을 기하여 프랑스를 비롯하여 모든 참전국에서 다양한 기념행사를 진행 중이며, 참전 용사뿐만 아니라 그 후손들을 한국에 초청하여 감사의 표시를 하고 있음을 예로 들었다. 그러면서 "이처럼 한국 국민들은 한 번 은혜를 입으면 이를 두고두고 감사하고 잊지 않는다. 외규장각 도서를 대가 없이 돌려줌으로써 한국 국민의 감사한 마음을 얻는 것이 상응한 대가를 구하는 것보다 프랑스 국익에 더 도움이 될 것이다."라고 설득하였다.

장-오르티즈 국장은 우리 측의 입장에 공감을 표시하고 추후 관련 부서와 수용 방안을 협의하기로 하였다. 외규장각 도서문제의 해결을 전제로 하여 기술적인 문제에 관한 논의도 진행하였다. 먼저 외규장각 도서의 국내 귀환 시 소장 장소와 관련하여 프랑스 측은 우리 정부가 책임과 권한을 행사할 수 있는 장소에 보관할 것을 희망하고 아울러 보관 조건 등 기술적인 사항에 대해서도 추후 양측의 전문가 간에 별도 협의를 가질 것을 제의하였다. 보관 장소에 대해서는 우리 측에서도 국립도서관이나 국립박물관에 보관할 것을 검토 중이었기 때문에 이의가 없었다.

외규장각 도서문제 해결 합의문과 관련하여 장-오르티즈 국장은 향후 외규장각 도서문제에 대한 양국 간 합의가 이루어질 경우 합의문을 두 개로 나누어 작성할 것을 제의하였다. 첫 번째 합의문은 대외적으로 공개, 발표하는 일반적 합의문으로서 양국 정부의 포괄적인 해결 원칙을 규정하는 것을 주요 내용으로 하는 대외용이었고 두 번째 합의문은 기술적 합의문으로서 외규장각 도서 소장 기관인 프랑스 국립도서관과 한국 반환 시 한국의 소장기관 간에 운송, 보관, 전시, 비용 등 기술적 세부사항을 규정하는 내용으로 하며 대외적으로 공개하지 않는 것을 원칙으로 하자는 것이었다.

우리 측은 합의문 작성 방식에 대해서는 본부의 지침을 받아 차기 회의에서 협의하자고 하였다. 프랑스 측은 문화재 보호에 관한 국내법상 '영구대여pret permanent'가 불가능한 상황에서 '대여'가 아닌 다른 용어의 사용 방안도 검토해 볼 필요가 있다고 하면서, '기탁depot'도 프랑스 법적 해석으로 볼 때 '대여'와 마찬가지로 비항구성을 내포하고 있다며 우리 측의 견해를 문의하였다.

필자는 대여와 기탁 중 하나를 택하는 문제는 국내 전문가들의 의견을 수렴한 후 향후 심도 있게 검토하자고 대응하였다. 개인적으로 대여보다는 기탁이 듣기에 더 좋아 보였지만, 국가 간의 중요한 합의문을 작성하는 데 돌다리도 두드려보는 마음으로 용어 하나하나 신중을 기하는 것이 필요하다는 생각에서였다.

2차 회담은 6월 7일, 우리 대사관에서 개최하기로 하고 1차 회의를 종료하였다. 1차 회의는 프랑스 측이 외규장각 도서문제를 해결하겠다는 상당히 적극적인 의지를 가지고 있음을 확인하였다는 점에서 긍정적이었다.

해결 방식에 있어 우리 측이 영구대여를 주장한 데 대해 프랑스 측은 문화재 불가양을 규정한 국내법을 이유로 영구대여가 불가능하다고 하면서도 '갱신이 가능한 대여' 또는 '기탁'의 방식을 통하여 사실상의 영구대여를 할 용의를 비추고 있었다. 이는 과거 '상호 교류와 대여' 방식이나 '등가등량 교환 원칙'을 고수해온 데 비교하여 큰 진전이었다.

물론 외규장각 도서를 대여의 형식으로 돌려주는 대신에 어느 정도 상응한 대가가 있어야 한다는 입장을 굽히지는 않았지만, 이는 꼭 대가를 받기 위한 것이라기보다는 다른 외국 문화재의 반환 요구를 촉발하는 선례가 될 것에 대한 우려 때문임을 능히 짐작할 수 있었다.

한불 양국의 미래지향적인 관계 발전을 위하여 큰 틀에서 외규장각 도서문제를 해결할 필요가 있다는 데 공감대를 형성한 것도 중요한 진전이었다. 특히, 2010년과 2011년에 한국과 프랑스가 차례로 G20 정상회의 의장국을 맡게 된 것은 양국 간의 오랜 현안을 해결하는 데 절호의 기회였다.

G20 정상회의에서는 현 의장국, 직전 의장국과 차기 의장국이 트로이카를 이루어 회의를 주도하게 되는데 한국과 프랑스가 차례로 의장국을 맡는다는 것은 최소 두 차례의 정상회의 기간 동안 양국의 정상들이 긴밀히 협력하고 호흡을 맞추어 나가야 함을 의미하는 것이었다.

서울 G20 정상회의를 앞두고 외규장각 도서문제가 양국 정상 간의 만남에 부담을 주지 않도록 조속히 해결하자는 나의 주장에 프랑스 측이 무언의 화답을 해온다는 것을 느끼는 순간이었다.

(2) 문화로 소통하다

내가 프랑스에 부임하면서 역점 사업 중 하나로 추진하려고 한 것은 문화외교였다. 프랑스는 유럽 문화, 예술의 중심 국가이자 문화를 매우 중시하는 나라다. 우파 정권에서는 앙드레 말로가 10년간 문화부 장관을 역임하여 최장수 장관으로 기록되었는가 하면, 미테랑 대통령의 좌파 정권하에서는 앙드레 말로의 장관 역임 기간을 염두에 두고 자크 랑을 10년간 문화부 장관에 역임토록 한 사실이 프랑스 정부가 문화를 얼마나 중시하는지 상징적으로 보여준다.

문화협력과장과 문화외교국장 등 본부의 주요 보직을 문화외교 분야에서 종사한 나로서 프랑스는 문화외교 노하우를 마음껏 펼칠 수 있는 최고의 무대였다. 문화외교를 통한 소통이 외규장각 도서문제의 해결에도 도움이 될 것이라는 믿음도 있었다.

문화외교 첫 데뷔 행사는 '리옹 한식행사'였다. 당시 정부에서 한식 세계화 정책을 적극 추진하는 상황에서 미식가들의 나라인 프랑스는 한식행사의 좋은 실험무대였다. 그간 파리에서는 여러 차례 한식행사가 있었지만 지방에서는 처음 개최하는 것이었다. 미식의 고장으로 유명한 리옹에서 한식행사를 하는 것은 한식의 저변 확대뿐만 아니라 행사를 통하여 지방의 유력 인사들과의 네트워킹을 확대할 수 있는 가능성을 가진 의미 있는 일이었다.

리옹행사는 몇 가지 점에서 다른 한식행사들과 구별되었다.

첫째로 행사를 대사와 리옹 시장이 공동으로 주최하고 행사장소도 리옹시청 대 연회장을 이용하였다. 초청장을 공동으로 발송하고 초청대상자도 상호 협의하에 선정하여 150여 명의 지역 유력 인사들이 고루 초청되도록 하였다.

둘째로 요리를 한국과 프랑스의 요리사가 합작하였다. 전식과 디저트는 프랑스 요리사가, 중간 요리와 주요리는 한국 요리사가 준비하도록 하여, 우리 요리를 거부감 없이 받아들이도록 했다. 프랑스 측 요리사는 전년도에 프랑스 올해의 요리사Ouvrier de France상을 받은 기 라소제였고, 우리 측 요리사는 자연 요리 연구가로 명성이 높은 산당 임지호였다.

셋째로 한불 양측이 자연스럽게 비용을 분담함으로써 최소한의 예산으로 최대한의 효과를 거두었다. 리옹에서 가장 유서 깊고 아름다운 건물 중 하나인 시청 연회장을 무상으로 제공함은 물론이고 프랑스 측이 준비한 음식과 포도주 비용도 리옹 시청에서 부담하였다.

꼴롱 리옹 시장은 사회당의 중진 정치인으로서 정치적으로도 비중이 있는 인사인데 행사를 함께하면서 자연스럽게 친분을 돈독히 한 것도 소득이었다.

일류 요리사를 모신 김에 나는 장소를 대사관저로 옮겨서 6월 1일과 3일, 두 차례에 걸쳐서 파리의 유력인사 80여 명을 초청하여 한식 행사를 하였다. 행사가 마침 외규장각 도서 관련 1차 회담과 2차 회담 사이에 열리기 때문에 외규장각 도서문제의 해결을 위한 우호적인 분위기를 조성하는 데에도 활용할 속셈이었다.

자크 랑 의원을 비롯한 상하원 의원, 뱅쌍 베르제 파리7대학 총장, 쁘띠지라르 예술원 부회장, 예술원 사무총장 등 예술원회원, 베드린 전 외무장관 등 정계, 문화·학술계 주요 인사들을 망라하는 자리였다. 장—오르티즈 국장 등 외규장각 도서 반환 협상 관련 인사들도 초청하였다.

식전에 바스티유 오페라에서 주역을 맡고 있는 소프라노 최윤정 등을 초빙하여 작은 음악회를 겸행하였다. 최윤정 씨는 리옹 행사에서도 오페라 곡을 열창하여 갈채를 받은 바 있었다. 임지호 씨는 요리뿐만 아니라 그림에도 조예가 깊어서 즉석에서 매우 빠른 속도로 그림을 그렸는데 식후에 손님 중 몇 사람을 선정하여 즉석 그림을 그리고 선물로 주어 만찬 분위기를 고조시켰다.

나는 인사말에서 한불 양국관계의 미래 지향적인 발전을 위하여 외규장각 도서문제의 해결 필요성을 강조하였다. 한식행사에서 외규장각 도서문제를 언급하는 것은 다소 엉뚱하게 들릴지 모르지만, 참석자들은 내가 대부분 따로 만나서 외규장각 도서문제에 대해 이야기한 사람들이었고 이번에 여럿이 모인 기회에 다시 한 번 외규장각 도서문제의 해결 필요성을 강조함으로써 집단적인 지지 분위기를 조성할 속셈이었다. 특히 1차 공식회담 직후 2차 회담을 앞두고 정부, 문화계 등 여론주도층 인사들에게 외규장각 문제의 해결 필요성을 각인시킨다면 회담에도 유리한 분위기가 조성될 것으로 예상했다.

랑 의원도 손님 대표로 답사를 하면서 나의 입장에 동조하고 이 문제의 해결을 위해 자신의 힘을 보태겠다고 하였다. 랑 의원은 한국과 프랑스의 나날이 발전해가고 있는 상황에서 외규장각 도서문제가 한 가지 부담으로 작용하고 있는데 종국적으로는 '법의 언어'가 아니라 '마음의 언어'가 이기게 될 것으로 확신한다고 하였다. 이러한 분위기는 함께 참석한 장-오르티즈 국장에게도 아마 무언의 압력으로 작용할 것이었다.

베르제 총장은 칵테일을 하는 동안 내게 다가와 자신이 외규장각 반환추진협회 차원에서 활동한 내용을 설명해주기도 하였다. 만찬 이틀 전에 문화부 관계자들을 만났는데 이 자리에 함께 참석한 상송 부관장으로부터 많은 비난을 받았다고 한다.

상송은 "베르제 총장이 프랑스 사람으로서 어떻게 외규장각 도서를 한국에 반환해야 한다는 입장을 공공연하게 주장할 수 있는지 납득할 수 없다. 파리7대학 내 한국학 연구를 강화한다면서 왜 조선왕조의궤를 한국에 돌려주자는 주장을 하는지 이해할 수 없다. 외규장각 도서가 한국에 돌아갈 경우 한국 측이 이를 프랑스에 대한 일방적 승리로 미화하게 되면 프랑스로서는 '선례 구성' 등 돌이킬 수 없는 문제를 안게 될 것이다."라고 강한 어조로 총장을 비난하였다는 것이다.

베르제 총장은 이에 대해 이렇게 반박하였다고 한다.

"외규장각 도서문제는 이집트나 그리스 등의 여타 문화재 반환 요청과는 전혀 다른 사안으로서, 조선왕조의 얼이 담긴 서책이며 이는 여타 사안과 구분하여 예외 사안으로 다루어야 한다. 외규장각 도서문제 해결에 대한 한국정부와 국민들의 강한 의지를 볼 때 동 문제는 언젠가는 해결하고 넘어가야 할 문제다. 문제는 해결 여부가 아니라 언제, 어떤 조건으로 해결하느냐인데 가능하면 프랑스의 이미지에 손상이 가지 않고 프랑스 내부적으로도 문제가 더 확대되기 이전에 한국정부와 타협안을 마련하여 해결하는 것이 최선이다."

장-오르티즈 국장이 로테이션 방식으로 외규장각 도서문제를 돌려주는 방안을 제시한 것도 이 만찬행사 자리에서였다. 이 방안은 6월 7일, 2차 공식 회담 시 프랑스 측이 제안할 예정이었는데 사전에 나에게 귀띔을 해준 것이었다. 덕분에 나는 이러한 내용을 본부에 보고하여 사전에 이에 대응할 지침을 받을 수 있었다.

행사는 대성공이었다. 하나같이 한식행사가 너무 훌륭했다고 칭찬을 아끼지 않았다. 이렇게 멋진 행사에 자신을 초청대상자로 포함 시켜준 것을 영광으로 생각한다고 말하는 이들도 있었다. http://www.yonhapnews.co.kr/politics/2010/05/30/0503000000A KR20100530080300081.HTML(리옹 한식행사 연합뉴스 보도)

한식외교와 더불어 나는 유럽 문화의 중심인 프랑스에 우리 문화를 종합적이고 체계적으로 알리는 수준 높은 행사를 구상하고 있었다. 그동안 우리 정부의 해외 문화 행사계획은 1년이나 길어야 2, 3년의 단기적인 단위로 집행되어 왔다. 공관장들도 대개의 경우 자신의 임기 중의 행사만 생각하지 임기 후의 행사를 계획하는 경우는 매우 드물다. 때문에 프랑스에서 수준 높은 행사를 개최하기가 어려운 상황이었다.

행사 개최 장소부터가 난항이다. 프랑스의 루브르나 퐁피두 등 유명 전시장은 최소 4, 5년 전에 전시계획이 예정되기 때문에 사전에 충분한 시간 여유를 두고 전시계획을 세우지 않으면 장소 확보가 거의 불가능했다. 내가 프랑스에 부임하기 전에도 우리 정부가 프랑스에서 국보급 문화재 전시회를 추진하였으나 적절한 전시장소 확보의 어려움으로 대신 유럽의 다른 지역에서 개최한 적도 있었다. 그렇다고 국보급 문화재 전시회를 아무 장소에서나 개최할 수는 없지 않은가.

프랑스는 매년 특정국가와 〈상호교류의 해Annees croisees〉 행사를 마련해, 나라에 따라 1년에서 3년간 시행하여 왔다. 일본과는 1997~1999년, 중국과는 2003~2005년 각각 3년에 걸쳐 대대적인 〈상호교류의 해〉 행사를 했다. 최근까지도 2011년 멕시코, 2012년 러시아 등 이미 2014년까지 〈상호교류의 해〉 행사 대상국이 결정되어 있는 상황이었다.

〈상호교류의 해〉 행사는 양국의 정부와 기업이 전폭적인 후원을 하는 가운데 양국이 장관급 위원장을 임명하여 행사계획을 수립하고 1년 이상에 걸쳐 다양한 분야에서 행사를 하기 때문에 프랑스에 각국의 문화를 종합적으로 소개하는 자리였다. 프랑스에서 일본이나 중국에 비해 덜 알려진 한국문화를 종합적이고 체계적으로 소개하는 데 이보다 더 좋은 행사가 없을 것이었다.

나는 부임 초기에 2016년 한불 수교 130주년을 기념하여

2015-2016년간 상호교류의해 행사를 할 것을 프랑스 측에 제의했다. 매우 긍정적인 반응을 보였다. 프랑스 외교부의 문화국장이 주무국장이었는데 마침 국립행정학교 동문이어서 매우 호의적으로 대해주었고 수교 130주년이라는 좋은 명분이 있는 2016년에 아직 다른 나라와의 행사가 정해지지 않은 것도 행운이었다.

더구나 우리 정부가 외규장각 도서문제의 해결을 위한 새로운 교섭 방침으로 대여와 전시를 제의했기 때문에 〈상호교류의 해〉 행사는 외규장각 도서문제의 해결에도 긍정적인 영향을 미칠 것으로 기대하였다.

(3) 2차 공식회담

2차 공식회담은 6월 7일, 대사관에서 이루어졌다. 협상 초기에 회담 장소를 양측이 번갈아가면서 개최하기로 약속한 데 따른 것이었다. 대사관은 외교부에서 도보로 10분 거리로 비교적 가까운 곳에 위치해있다. 평소에도 바쁘지 않으면 우리 직원들이 걸어 다니는 정도였다.

대사관 건물은 프랑스에 의해 문화재로 지정될 정도로 유서 깊은 곳이었다. 주로 회의는 대사 집무실과 연결되어 있는 대회의실에서 열렸다. 회의 참석자로 프랑스 측은 라플랑쉬 동북아과장이 해외 출장으로 불참하여 1차 회의에서 한 명이 줄어든 5

명이 참석하였고 우리 측은 최준호 문화원장이 가세하여 한 명이 늘어난 3명이었다.

최준호 원장은 우리 문화부의 대표 자격으로 참석한 것이었다. 문화부는 중요한 회의에 회담 대표를 보내지 않는 것이 부담되었는지, 본부에서 출장 오는 대신에 최 원장을 참석시키도록 요청하여 왔다. 최 원장은 외규장각 도서문제에 그간 전혀 관여한 바는 없었지만, 불어에 능통하여 회의 진행에 방해가 될 염려도 없었다.

회의는 회담 참석자 수에 비해 턱없이 넓은 회의장에서 진행되었다. 자칫 회의 분위기가 산만해질 수도 있었지만, 양측에 매우 중요한 회담인지라 팽팽한 긴장감으로 넓은 회의장이 채워지고 있음을 느꼈다. 특히 상송 부관장은 회의 내내 대사관에서 준비한 음료수 한잔도 마시지 않은 채 긴장의 끈을 놓치지 않으려는 모습이 역력하였다.

회담의 호스트인 내가 먼저 말을 시작하였다.

"지난 1차 협상이 외규장각 도서문제에 대한 상호 입장과 관점을 이해하는 데 매우 유익하였다. 양국관계에 있어 '가시'와도 같은 이 문제가 더 큰 저해요인이 되기 전에 해결책을 마련하게 되기를 기대한다. 특히 금년과 내년에 한국과 프랑스가 차례로 G20 정상회의를 개최하고 이를 계기로 양국 정상 간의 상호 방문과 긴밀한 협조가 예정되어 있는데, 양국 정상들이 미해결 장기 현안에 대한 부담감 없이 양국관계의 확대 발전에 모든 노력을 집중할 수 있도록 정상회담 개최 이전에 해결하기를 기대한다."

1차 회담에서 과거 민간대표 협상이 실패로 돌아간 이유를 재검토하고 기존의 협상 방식 즉, '상호 대여와 교류'의 방식으로는 문제 해결이 될 수 없음을 확인하였기 때문에 2차 회담에서는 반환의 형식을 어떻게 바꿀 것인지가 핵심 쟁점이었다.

반환의 형식과 관련하여 나는 어떤 형식으로든 우리 국민들에게 외규장각 도서가 영구적으로 돌아오는 것이고, 반환의 대가를 주는 것이 아님을 설명할 수 있는 적절한 방안을 마련하여야 함을 강조하였다. 우리 국민 정서상 '무조건적인 반환'을 요구하고 있음에도 불구하고 '대여'라는 용어를 받아들이는 것만으로도 우리 정부가 프랑스의 국내법과 선례 구성 우려를 감안하여 양보한 것이라고 주장하였다.

이에 대해 장-오르티즈 국장은 "한국 내 무조건 반환 여론과 정서는 이해하나, 문화재의 '영구대여'는 '반환'과 마찬가지로 프랑스 국내법에 저촉된다. 1차 회담 시 한국 측이 '의궤 대 의궤의 맞교환' 방식을 수용할 수 없다는 입장을 밝힌 바 있는 상황에서 '영구'라는 어휘까지 추가하게 된다면 이는 완전한 '반환'이나 차이가 없는 만큼 위험한 선례를 구성하게 될 것이므로 받아들이기 어렵다."고 하였다.

한국에 영구대여 시 다른 나라들로부터 유사한 형식의 반환 요청이 쇄도할게 될 것이 예상되는 상황에서 결코 한국 측의 입장만을 옹호할 수 없다는 것이었다. '영구대여' 시에는 그에 상응하는 대가가 있어야만 하며, 그렇지 않을 경우 '영구'라는 느껌이 들지 않도록 가능한 모호한 표현을 사용하여 프랑스 국내 법에 저촉되지 않도록 할 수밖에 없다는 것이었다.

곧이어 그는 외규장각 도서의 로테이션 방식의 단계적 해결방안을 제의하였다. 국립도서관으로서는 외규장각 도서가 대여된 후 한국에 영원히 머무르는 것이 아니라 유동성을 가지고 프랑스에도 다시 돌아올 수도 있다는 느낌이 들도록 하는 것이 중요하다는 것이었다. 즉 외규장각 도서들을 몇 단계로 나누어 한국에 대여하면서 한 그룹이 대여되면 다른 한 그룹이 프랑스에 돌아오는 형식으로 계속 로테이션이 되도록 하자는 것이었다.

로테이션 방식의 대여방안은 1차 회담에서도 프랑스 측이 언급한 바 있었다. 6월 1일 관저 만찬 시에 오르티즈 국장이 로테이션 방식을 제의한 배경을 나에게 넌지시 알려주었다. 오르티즈 국장은 "외규장각 도서 반환을 위해서는 국립도서관을 설득해야 하는데, 반환에 반대하는 선봉에 상송 부관장이 있어 도서 전체를 한꺼번에 돌려주는 방식으로는 설득이 곤란하다. 우선 일부만 돌아가며 대여를 시작하자. 그러다가 정년이 얼마 남지 않은 상송이 퇴직하면 한국에 로테이션 된 도서들을 차차 돌려받지 않음으로써 궁극적으로 도서 전체가 한국에 남아있게 하자."라고 하였다. 이는 국립도서관에서 상송의 영향력이 얼마나 큰지, 프랑스 외교부에서도 상송의 반발을 얼마나 우려하고 있는지를 말해주고 있는 발언이었다. 상송의 재직 중에는 상송도 받아들일 수 있는 잠정적인 해결 방안에 우선 합의하고 그가 퇴직한 후에 완전한 해결책을 찾자는 이야기였다.

나는 로테이션 방식에 의한 단계적 해결 방안은 받아들일 수 없으며, 검토 대상조차 되지 않는다고 단호하게 거절하였다. 우리 측은 297권 의궤의 일괄적인 영구대여를 희망하며, 로테이션 방식으로 동 의궤들을 돌리면서 297권 전체가 한국에 머물러 있지 못하게 하는 것은 결코 수용할 수 없다고 하였다.

외규장각 도서의 간수장인 상송을 우회하고자 하는 장−오르티즈 국장의 마음을 이해하지 못하는 바는 아니지만, 우리 입장에서는 프랑스 국립도서관의 사정을 살필 여지가 없었다. 프랑스에 국립도서관과 상송이 있다면 우리나라에는 문화재청과 완전한 반환을 요구하는 여론이 있었다. 양측은 외규장각 도서문제의 조속한 해결 필요성에 대해서는 의견을 같이하면서도 구체적인 해결 방식에 있어서는 이견을 좁히는 데 실패하였다. 상송이 대표로 참석하고 있는 공식 회의에서 우리 측이 원하는 방향으로 협상을 이끌어 가는 것은 사실상 불가능하다는 것을 재확인하는 순간이었다. 그렇게 다음 회담 일정도 정하지 않은 채 2차 회담은 종료되었다.

4. 비공식 회담으로
꼬인 매듭을 풀다

오랜 공백 끝에 어렵사리 재개된 두 차례의 공식회담은 양측의 입장 차이를 다시 한 번 재확인하는 기회였다. 희망적인 것은 프랑스정부가 외규장각 도서문제의 해결에 좀 더 적극적인 자세를 보이고 있고 자크 랑 의원, 베르제 총장, 쁘띠지라르 예술원 부회장 등 외규장각 도서의 반환을 지원하는 인사들과 우리 측의 협조가 점점 긴밀해지고 있다는 것이었다.

나는 2차 공식회담 이후 프랑스 측의 검토 동향을 예의 주시하면서 프랑스 측 반환지지 인사들과 더불어 대통령실과 프랑스정부 요로에 우리 측의 반환 요구를 받아들이도록 설득하는 데 주력하였다. "쇠뿔도 단김에 빼라."라는 말도 있듯이 외규장각 도서문제는 오래 끈다고 저절로 해결될 문제가 아니고 될성부를 때 집중적으로 공략하는 것이 필요하다는 생각이었다.

임기 동안 내가 이 문제를 해결할 수 있는 기회는 최대 2번이었다. 첫 번째는 2010년 11월 서울에서 개최되는 G20 정상회담이고, 두 번째는 프랑스에서 이듬해 개최되는 G20 정상회담이었다. 우선 목표는 첫 번째 기회에 해결한다는 것이었다. 한국과 프랑스 대통령이 G20 정상회의 현 의장국과 차기 의장국 자격으로 만날 때가 오랜 숙원을 해결할 최대의 호기라는 판단이었다.

정상회담을 불과 5개월 앞두고 단 한순간도 낭비할 시간이 없었다. 우리 정부의 입장은 '영구대여와 전시'인데 프랑스가 받아들일 수 있는 마지노선이 무엇인지 확인하는 것도 매우 중요한 일 중의 하나였다. 주권 국가 간의 협상에서 상대방의 입장을 무시하고 우리 주장만 하는 것은 협상 실패의 지름길이다. 따라서 협상에서 얻어낼 수 있는 최선의 결과가 무엇인지 미리 알아낼 수 있다면 협상에서 유리한 고지를 점령할 수 있을 것이고 필요할 경우 우리 측의 입장에 약간의 신축성을 더할 수도 있을 것이었다. '문화재의 불가양성'을 규정하고 있는 프랑스 문화재법을 어떻게 극복할 것인지, 그동안 프랑스가 문화재 불가양성에 예외를 둔 사례가 있는지를 파악하는 것도 중요한 숙제였다.

자크 랑 의원은 나에게 가장 큰 원군이었다. 사르코지 대통령과 수시로 만나 직언을 할 수 있는 위치에 있어 자크 랑 의원은 이미 나의 부탁으로 사르코지 대통령에게 외규장각 도서문제의 해결 필요성을 제기한 바 있었다. 이에 대해 사르코지 대통령은 랑 의원에게 프랑스 국내법적으로 허용 가능한 해결 방안을 찾아보라고 지시하였다고 한다.

랑 의원은 쿠쉬네르 외교장관과 프레데릭 미테랑 문화장관에게도 외규장각 도서문제의 해결을 촉구하였다. 쿠쉬네르 장관은 국경없는 의사회Medecins sans Frontieres의 회장을 역임하고 랑 의원과 같은 사회당 출신으로서 랑 의원과 각별한 관계를 맺고 있었다. 랑 의원은 쿠쉬네르 장관이 외규장각 도서문제의 해결이 필요하다는 자신의 주장에 공감하고 있다고 알려주었다.

프레데릭 미테랑 장관 또한 미테랑 대통령의 조카로서 랑 의원과 오랫동안 인연을 맺어왔고 최장수 문화장관을 역임한 랑 의원을 존경하는 사이였다. 프레데릭 미테랑이 문화장관으로 임명된 후에 한동안 누가 "장관님"이라고 부르면 '랑 의원이 와계시나?'라고 착각할 만큼 랑 의원의 존재감이 컸다고 한다. 미테랑이 국립도서관을 관장하는 장관으로서 소속 기관의 반대를 무릅쓰고 외규장각 도서의 적극적인 반환을 추진하기는 어렵겠지만, 적극적인 반대는 안 하도록 하는 데에는 효과가 있을 것이었다.

나는 장-오르티즈 국장이 협상대표로 임명받으면서 사르코지 대통령으로부터 어떠한 지침을 받았는지 확인하고 싶었다. 랑 의원에게 지시한 것처럼 국내법적으로 허용 가능한 범위 내에서 외규장각 도서문제를 해결하도록 지침을 주었다면 의외로 쉽게 문제가 해결될 수도 있을 것이었다.

7월 13일 장-오르티즈 국장을 오찬에 초청하여 단둘이 만남을 가졌다. 2차 회담 후 다른 일로 여러 차례 장-오르티즈 국장을 만날 기회가 있었다. 하지만 그동안에는 프랑스 정부 내에서 2차 회담 결과에 대한 의견 조율이 충분히 이루어지지 않아서 본격적인 비공식 협의를 가질 준비가 덜 되어 있었기 때문에 사실상 공식회담 이후 첫 번째 비공식 협의였다.

자연스러운 분위기에서 진솔한 대화를 나누고 상대방의 의중을 좀 더 깊이 파악하기 위하여 딱딱한 사무실이 아닌 식당에서의 만남을 택하였다. 특히 프랑스식 오찬은 포도주를 곁들여 2시간 가까이 이루어지기 때문에 은밀하고 깊은 대화를 나누는 데 제격이었다. 중요한 면담에는 서로 배석자를 동행하는 것이 보통이지만 공식 입장을 떠나 서로 허심탄회한 대화 분위기를 조성하기 위하여 단둘이 만나기로 하였다.

장-오르티즈 국장과의 오찬은 외규장각 도서문제의 해결을 위한 프랑스 정부의 정치적 의지를 확인하는 결정적 계기였다. 나는 우선 그가 사르코지 대통령으로부터 어떠한 지침을 받았는지 확인을 시도하였다. 사르코지 대통령이 랑 의원에게 법률적으로 가능한 해결 방안을 마련해보라는 지시를 한 것으로 들어 알고 있으며 사르코지 대통령의 해결 의지가 큰 것으로 알고 있는데 그도 동일한 지침을 받았는지 물었다.

그는 사르코지 대통령이 정부 협상대표로 과거와 같이 문화계 인사를 임명하지 않고 외교부의 양국관계를 담당하는 국장을 대표로 임명한 것은 이미 이 문제를 해결하겠다는 정치적 의지의 표현이 아니겠느냐고 하였다. 프랑스 측은 외규장각 도서문제가 한불 양국관계 발전에 저해가 된다는 점에서 이번 기회에 이 문제를 해결한다는 정치적 의지를 가지고 있지만, 이 문제의 해결이 프랑스 국내법에 저촉되지 않는 방향으로 이루어질 수 있도록 우리 측의 협조가 필요하다고 하였다. 즉 '문화재 불가양성'을 규정하고 있는 문화재법에 저촉되지 않도록 우리 측이 '영구 대여'라는 용어를 고집하지 않고 '대여' 또는 '기탁'이라는 표현을 수락한다면 국립도서관과 문화부 등 관계부처를 설득하여 이 문제를 해결하는 데 큰 도움이 될 것이라고 하였다.

나는 "프랑스 정부의 반환 의지가 확실하고 대여 후 일정 기간이 지나서 다시 반환을 요구하기 위한 근거로 사용하지 않는다는 보장을 해준다면 우리 측이 용어 문제에 있어 융통성을 발휘하도록 우리 정부에 건의해 보겠다."라고 하였다.

장—오르티즈 국장은 현 시점이 외규장각 도서문제 해결에 가장 중요한 모멘텀이 마련되어 있으며, 현 시점을 놓치면 이 문제가 영구 미제에 빠질 수 있다고 하였다. 또 그는 나에게 "당신이 부임 초에 나를 처음 만나자 마자 외규장각 도서문제 해결을 최우선 목표로 삼고 있다고 했을 때 솔직히 신임대사의 섣부른 희망사항에 불과하다고 생각했었다. 그런데 그 후 6개월도 채 되지 않아 정부와 여론 주도층에 외규장각 도서문제의 해결 필요성을 본격적으로 대두되고 있는 것에 놀라움을 금치 못하고 있다."라고 전했다.

외규장각 도서문제에 있어서 현시점은 마치 카지노 동전 도박기계에서 별 다섯 개가 한 줄로 서 있는 형상이라고 하면서 이렇게 부연 설명하였다.

첫째로 한불 양국이 2010년, 2011년 G20 정상회담 의장국을 차례로 수임하여 긴밀한 협력을 해야 한다는 점, 둘째로 미테랑 대통령 정권에서 10여 년간 문화부 장관을 지내고 프랑스 정계와 문화계에서 다대한 영향력을 가진 자크 랑 의원이 적극적으로 반환에 힘을 싣고 있다는 점, 셋째로 레비트 외교수석 보좌관이 93년 미테랑 대통령의 방한 당시 아시아 대양주 국장으로서 외규장각 도서문제 해결의 중요성을 누구보다도 잘 알고 있고 이의 해결을 사르코지 대통령에게 적극 건의하고 있다는 점, 넷째로 파리7대학 총장 등 영향력 있는 학계 인사들이 반환 지지협회를 결성하여 국내 여론을 조성하고 있는 점 등을 예시하였다.

프랑스에게 우리나라가 무시할 수 없는 협력 파트너로 부상하였다는 점은 굳이 부연하지 않았다. 다만 최근 각료회의와 정부 내 주요 회의에서 한국에 대한 화제가 안 나오는 일이 없다는 말로서 대신하였다.

프랑스 정부로서 가장 큰 양보는 그동안 양국 정부 간 협상 원칙이었던 '등가등량의 교환' 원칙을 포기한다는 것이었다. 대여 방식도 로테이션 방식이 아닌 일괄 대여 방식으로 한다는 데 의견 접근이 이루어졌다. 우리 측이 '영구대여' 대신 '대여' 또는 '연장 가능 대여'라는 용어를 수용한다면 형식은 대여이지만 계속 대여를 갱신함으로써 사실상 영구대여와 같은 효과를 볼 수 있으리라는 것이었다.

나는 "만약 '영구대여'로 못 박지 않을 경우 언젠가 다시 돌려달라고 할 수도 있는 것이 아니냐, 다시 돌려받지 않는 다는 것을 어떤 방식으로든 보장해줄 수 있느냐?"라며 의문을 제기했다. 사르코지 대통령이 한불 정상회담 시 사실상의 영구 반환임을 구두로 약속할 수 있는지 묻자 장-오르티즈 국장은 양국 간의 가시를 뽑기 위해 정치적 결단을 내리는 것인데 또다시 양국 관계에 걸림돌을 만들겠는가, 자신의 직과 프랑스 정부의 명예를 걸고 결코 그럴 일은 없을 것이라고 하였다.

한불 정상회담에서 사르코지 대통령이 이러한 취지로 약속을 할지는 자신이 미리 예단할 수는 없지만 그렇게 하도록 건의할 수는 있을 것이라고 하였다. 그의 말을 요약하면 반환의 형식은 '대여'이지만 '대여'로 포장한 사실상의 반환과 다를 바 없었다. 대여라는 용어로 굳이 포장하는 이유는 문화재 불가양성을 규정한 문화재법을 위반하지 않기 위한 것이었다.

이제 공은 우리 측에 돌아왔다. 영구대여 대신 대여라는 용어만 우리 정부가 받아준다면 외규장각 도서 297권 전체가 반환될 수 있는 길이 열린 것이다. 앞으로 세부적인 협상을 하는 과정에서 어떤 장애물이 나타날지는 모르지만, 장-오르티즈 국장으로부터 알아낸 프랑스 정부의 입장변화는 외규장각 도서문제의 해결에 매우 고무적인 것이었다. 장-오르티즈 국장은 우리 측이 대여를 수용할 경우 9월 초에 회의를 재개하여 합의문을 작성하자고 하였다. 나는 본부에 이를 보고하고 '영구대여' 대신에 '대여' 또는 '연장 가능 대여'라는 용어를 수용하도록 건의하였다.

(1) 9월 1일 2차 비공식 회담

장-오르티즈 국장과의 2차 비공식회담은 9월 1일 국장 집무실에서 이루어졌다. 우리 측에서는 유복렬 참사관이 프랑스 측에서는 두스랭 한국담당관이 배석하였다. 7월 13일 오찬 이후 프랑스의 긴 여름휴가 기간을 지나 한 달 반만의 회담이었다.

장-오르티즈 국장은 사르코지 대통령의 11월 방한이 양국 간 최대 현안이자 장기 미해결 과제인 외규장각 도서문제의 해결에 결정적인 모멘텀임을 힘주어 말하였다. 이는 특정 시한을 두고 협상을 서두른다는 의미가 아니라, 동 문제 해결에 미온적인 프랑스 관계기관을 움직이도록 만드는 동기 부여가 되기 때문이라고 하였다. 이러한 정치적 모멘텀을 활용하여 양국 국내적으로 관계 기관 및 부처들과의 조율이 잘 될 경우, 사르코지 대통령이 방한하는 양국 정상회담 시 양국 정상들의 의지를 담은 외규장각 도서문제 해결 원칙을 공식 발표할 수 있을 것으로 기대한다고 하였다.

나는 국장의 의견에 동의하면서 "우리 측으로서도 이번 계기가 귀중한 정치적 모멘텀이라는 사실을 잘 인지하고 있다. 양국 관계 발전에 건설적이고 긍정적인 발판이 마련될 수 있도록 최선의 노력을 기울이고 있으나 여전히 우리 국내 관계부처들이 국내 여론의 비난 등을 우려하여 소극적인 자세를 보이고 있어 설득에 어려움을 겪고 있다."라고 말하였다. 거기다 과거 오랜 기간 협상 과정에서 국민 정서나 언론들의 반응이 수차례 검증

되었던 만큼 신중하고 조심스러운 입장일 수밖에 없다고 설명하였다.

장–오르티즈 국장은 "이번 협상에서 가장 핵심적인 것은 프랑스 정부가 과거 17년간 외규장각 도서문제 양국 간 협상의 기본 전제이자 틀이었던 1993년 미테랑 대통령과 김영삼 대통령 간의 합의 사항인 '상호 대여 원칙'을 포기하고 '일방적 대여'를 결정하였다는 것이며, 이 과정에서 최고위층의 정치적 의지와 결단이 있었다."고 하였다. 이에 따라 프랑스 국내법적으로 수용 가능한 범위 안에서 '대여', '갱신 가능 대여' 또는 '기탁'의 방식 중 하나를 택할 것을 제의하였다.

나는 프랑스정부가 과거 협상의 틀을 깨고 대가 없는 대여 방식으로 외규장각 도서문제를 해결하려는 정치적 결단을 내린 것을 높이 평가했다. 다만 관계 부처와 국민들의 눈높이에서 볼 때 프랑스가 영구대여를 수용하지 못하는 것이 대여라는 틀을 통해 일단 한국에 돌아간 외규장각 도서를 다시 되돌려 받으려는 의도가 아니라는 사실을 공식적으로 약속해줄 수 있다면, 우리 측으로서도 영구대여에 대한 입장에 다소 융통성을 발휘할 수 있을 것이라고 하였다.

이에 대해 그는 "이번 협상에서 최고위층으로부터 전권을 위임받은 협상대표이자 지역담당 국장으로서 신뢰와 명예를 걸고 외규장각 도서가 한국에 일단 대여되면 이는 '완전한 복귀retour définitif'임을 약속할 수 있다."고 하였다. 다만 프랑스 문화재법이라는 위반할 수 없는 요소 때문에 이러한 프랑스의 의지와 결정을 합의문에 명시할 수는 없지만 사르코지 대통령이 이러한 의지를 정상회담 계기에 적절히 구두로 표명하도록 추진할 것이라고 하였다.

나는 대여 방식의 또 한 가지 중요한 사항으로 국립도서관 소장 외규장각 도서 297권이 일괄적으로 한국에 돌아오는 것인가와 이에 프랑스 측이 동의하는지를 문의하였다. 장-오르티즈 국장은 한국 측이 프랑스 문화재법에 저촉되지 않는 대여 방식에 동의할 경우 프랑스도 일괄 대여에 동의한다고 말하고 한국 측이 이러한 프랑스의 결단을 "최고의 의지와 성의 표시"로 받아주기를 기대한다고 하였다.

대여기간이 최대 몇 년까지 추진 가능한지 문의하자 그는 문화재법상에 한시적temporary이라는 표현 이외에 구체적 기간 명시가 되어있지 않은 상황에서 관행적으로 6개월에서 1년 정도의 대여가 이루어지고 있다고 했다. 다만 외규장각 도서의 경우 관련 전문가들의 의견을 종합하여 5년의 대여 기간을 설정하도록 잠정적으로 내부 입장을 조율했다고 하였다. 덧붙여 "한국 측이 국내적으로 영구대여가 아닌 다른 대여 방식을 가지고 국내 여론을 설득하기 위해서는 파격적인 장기 대여기간이 주어져야 할 것이라는 판단 하에 최선의 정치적 의지를 가지고 설정한 것임을 이해해주기 바란다."고 하였다.

장-오르티즈 국장은 내부적으로 조율하는 과정에서 자신이 협상의 전권을 위임받아 총책을 맡았으며 관계 부처회의는 엘리제에서 개최함으로써 자신의 역할에 힘을 싣는 방식을 택하였다

고 하고, 사르코지 대통령의 정치적 의지 및 동 사안을 누구보다
도 잘 아는 레비트 외교수석의 협상 방향 등이 자신을 통해 관계
부처에 직접 전달되었다고 부언하였다.

이날 회담에서 프랑스 측은 5년이라는 장기 대여기간을 설정
하고 이를 다시 5년 단위로 갱신 가능한 대여방식으로 297권을
일괄 대여하며, 일단 대여된 외규장각 도서를 다시 돌려받을 의
사가 없다는 공식 입장 표명 등 과거 17년간 진행된 협상 과정
과는 비교할 수 없이 전향적인 해결 방안을 제시하였다.

나는 회담 결과를 본부에 전문 보고하는 동시에 유명환 장관
과 김성환 외교안보 수석에게 친전을 별도로 보내어 우리 정부
가 프랑스 측의 해결 방안을 받아들이도록 결단을 내려줄 것
을 간곡히 건의하였다. 아울러 9월 8일부터 11일까지 〈Korea
Global Forum 2010〉 참석차 방한하는 장-오르티즈 국장을 접
견하여 줄 것을 건의하였다. 장-오르티즈 국장은 방한 중 김재
신 차관보와 양창수 유럽국장을 각각 면담하여 프랑스 측의 입
장을 직접 설명할 기회를 가졌다. 하지만 장관과 외교안보 수석
과의 접견은 이루어지지 않았다. 아마도 지위와 격의 문제로 나
의 간곡한 건의는 받아들여지지 않았던 것 같다.

나는 장-오르티즈 국장이 한국 방문을 마치고 돌아오자마자
오찬에 초대하여 방한 소감을 들었다. 그는 우리 외교부 차관보
와 유럽 국장을 만나 이렇게 전했다고 한다.

"외규장각 도서문제를 협의하는 과정에서 양국 정부가 가지고 있는 어려움을 재확인할 수 있었다. 한국 정부가 대여를 받아들일 경우 문화재 관련 시민단체와 국민 여론의 강한 비난을 받을 것을 두려워하고 있다는 것도 알게 되었다. 그럼에도 불구하고 프랑스로서는 93년 양국 정상 간의 합의를 깨고 선례구성의 위험을 감수하면서까지 외규장각 도서를 한국에 일방적으로 대여하는 방안을 제시함으로써 할 수 있는 모든 양보를 다 한 것이다. 그러니 이제는 한국이 양보할 차례다."

즉, 한국이 기존의 영구대여 입장을 견지하여 현실적으로 해결 가능한 방안을 외면하던지, 실용주의적 자세로 대여 방식을 받아들여 외규장각 도서를 한국에 가져가던지 양자택일을 하라는 것이었다.

비록 대여의 형식을 빌리지만 실은 영구적으로 한국에 돌려주는 것이며, 이러한 입장은 양국 정상회담 중에 사르코지 대통령이 적절히 밝힐 것이라 하였다. 다만 이를 언론을 상대로 공개적으로 발표할 수는 없다고 하였다. 프랑스 국립도서관의 반발은 물론이고 다른 나라들로부터 반환 요구의 빌미를 제공할 것이 불 보듯 뻔하기 때문이었다.

5. 내교가 외교보다 더 힘들다
: 일방 대여방식의 반환에 반대하는 문화재청

과거 양국 간의 협상 원칙이었던 등가등량의 교환 방식을 파기하고 비록 대여의 형식을 빌리지만 상응하는 대가 없이 반환해주겠다는 것은 문화재 반환의 선례를 남기기를 극히 꺼리는 프랑스의 입장에서 큰 양보를 한 것이었다. 과거 협상 과정에서 우리 측이 외규장각 반환의 대가로 다른 문화재를 제시했을 때 외규장각 도서의 가치에 미치지 못한다고 프랑스 측이 여러 차례 퇴짜를 놓았던 때와 비교하면 상상하기 어려운 양보였다.

이제 우리 측의 대승적인 결단이 필요했다. 우리 측의 입장에서는 병인양요 시 약탈해간 문화재를 아무 조건 없이 돌려받는 것이 당연하다고 계속 주장할 수 있지만, 프랑스가 우리 문화재를 돌려주기 위하여 문화재 불가양성을 규정한 자국의 문화재법을 고치는 일은 결코 일어나지 않을 것이었다. 법을 고칠 수 없다면 법을 우회해가는 것이 차선의 방식이 아니겠는가?

1993년 미테랑 대통령이 주고 간 휘경원 원소도감도 알고 보니 프랑스 측이 사후에 3년 갱신 대여로 처리한 것으로 밝혀졌다. 미테랑 대통령은 귀국 후 국립도서관 사서들로부터 범법자라는 비난에 시달려야 했고 대통령을 범법자로 만들 수 없었던 프랑스 정부는 이를 대여로 처리한 것이다. 물론 프랑스 정부는 우리 정부에 이를 알리지 않았고 그동안 우리 정부가 이러한 사실을 확인할 이유도 없어서 그냥 모르고 지내왔을 뿐이었다.

휘경원 원소도감이 우리 정부와의 사전 합의 없이 대여로 처리되었다면 남아있는 외규장각 도서는 우리 정부의 사전 동의하에 대여로 처리한다는 점이 달랐다. 나는 이러한 내용을 장관을 비롯하여 결재선상에 있는 간부들에게 설명하여 프랑스의 제안을 받아들일 것을 적극 건의하였다.

당시 유명환 장관은 유럽국으로부터 올라온 외규장각 도서문제 관련 보고서를 결재하면서 '타결이 가능하다면 영구 표현 재검토 필요, 받아 오는 것이 중요하며 일단 가져오면 우리 것'이라는 메모를 했다. 나의 건의를 받아들인 것이다. 문제는 외교부의 입장이 아니라 문화재 관련 주무부처인 문화재청과 문화관광부의 입장이었다. 영구대여의 입장을 고수하고 있는 문화재청을 설득하는 것이 중요한 다음 과제였다. 우리 문화재청의 입장은 영구대여에서 조금도 양보할 수 없다는 것이었다. 약탈당한 문화재를 반환받는 것이 당연한데 영구대여라는 표현을 쓰는 것도 이미 크게 양보한 것이라는 것이다.

나는 8월 하순 둘째 딸의 결혼식 참석차 잠시 귀국했다. 귀국한 김에 8월 23일 오전, 모철민 문화부 차관을 만나 직접 설득에 나섰다. 모철민 차관은 직전에 주프랑스 문화원장을 역임하여 외규장각 도서문제와 문화재에 관한 프랑스 문화계의 정서를 누구보다 잘 알고 있을 것이므로 도움을 줄 수 있을 것으로 기대하였다. 나는 모 차관에게 그동안의 협상 진전 상황을 설명했다. 프랑스가 정치적인 해결 의지를 보이고 있는 지금이 외규장각 도서문제 해결의 적기이며, 이 기회를 놓칠 경우 다시 이런 기회가 다시 오기 힘들다는 것을 역설하였다.

프랑스가 그간 고수해왔던 등가등량의 교환 원칙을 포기하고 비록 대여의 형식이지만 사실상 일방적으로 돌려주기로 크게 양보한 만큼, 우리 정부도 프랑스 국내법적으로 실현 가능한 현실적인 대안을 받아들여야 협상 타결이 가능함을 설명하였다. 미테랑 대통령이 1993년 주고 간 외규장각 도서 한 권도 실은 3년 갱신 대여로 사후 처리되어 있음도 설명하였다.

자국의 대통령이 기증한 것도 갱신 가능 대여로 처리한 것을 보면 대여의 형식을 통한 반환이 프랑스가 해줄 수 있는 최선의 방안임을 미루어 알 수 있을 것이었다. 모 차관은 나의 설명에 동감을 표하고 문화재청장을 설득하기 위해 자신도 노력하겠다고 약속하였다.

8월 23일 오후에는 유명환 장관을 장관 집무실에서 면담하고 그간의 협상 경위와 중간 결과를 보고하였다. 나는 문화재청이 영구대여 입장을 고수하는 한 협상의 타결이 불가능하므로 문화재청에 대한 설득 노력을 계속하되 만일 끝까지 입장을 바꾸지 않으면 외교부가 교섭의 주무부처로서 대통령에게 직접 보고하여 해결하는 방안을 추진하여 줄 것을 건의하였다.

유 장관은 그간의 협상 결과에 만족을 표하고 타결에 필요하다면 형식과 명분에 구애되지 않고 한국에 가지고 들어오는 것이 중요하다고 하였다. 이명박 대통령도 외규장각 도서문제의 해결에 높은 관심을 갖고 있고 실용적 사고방식을 가진 분이니 형식에 구애되지 않을 것으로 본다고 하였다.

외교부는 같은 날인 8월 23일 유럽국 김대식 심의관 주재로 관계 부처회의를 소집하여 설득을 시도하였다. 프랑스 국내법을 감안하여 현실적인 대안 마련의 필요성을 설명하고 사실상의 영구대여의 효과를 갖는 대여 형식을 받아들일 것을 요청했다. 하지만 문화부와 문화재청 참석자들은 국내 여론 등을 고려하여 영구라는 표현은 양보할 수 없다고 고집하였다.

외규장각 도서를 포함한 문화재 반환 문제의 경우 명분과 원칙이 중요하며 시간이 걸리더라도 영구대여방식을 고수하겠다는 것이었다. 외규장각 도서의 영구대여가 프랑스 국내법적으로 불가하다는 설명에도 막무가내였다. 더 심각한 문제는 영구대여가 불가하다는 것이 단순히 실무 책임자 차원의 생각이 아니고 문화재청장의 소신이라는 것이었다. 숙제를 풀지 못한 채 답답한 심정으로 파리에 귀임하였다.

나와 장-오르티즈 국장은 당분간 프랑스 문화부와 국립도서관을 배제하고 협상대표 간에 비공식 협의 체제를 유지해 나가기로 하였다. 관계부처가 정치적인 해결방안에 미리 동의해 줄리가 없기 때문이다. 대통령의 특명을 받은 장-오르티즈 국장과 협상안에 잠정 합의하면 사르코지 대통령의 재가를 받아 대통령의 권위로 사후에 관계부처의 동의를 받아낸다는 복안이었다.

　특히 국립도서관의 상송 부관장과 휘하의 사서들은 미테랑 대통령의 방한 시 외규장각 도서의 기증에 결사적으로 반대했던 것처럼 문화재 보전이라는 자신들의 본분에 입각하여 조직적으로 저항할 것이 불 보듯 명확한 만큼 협상 타결 전에는 상호 간에 철저한 보안을 유지해 나가기로 하였다.

　프랑스가 외교부 중심의 협상 체제로 가게 된 데에는 레비트 외교수석의 입김이 컸다. 레비트 수석은 1993년 미테랑 대통령 방한 시 외교부 아시아대양주 국장으로 재직 중이었다. 당시 상송을 비롯한 국립도서관 사서들의 강경한 반대, 문화계와 언론의 비난 등 동 문제의 배경을 그 누구보다도 잘 알고 있었다. 문제의 해결을 위해서는 가급적 국립도서관 전문가들이나 문화재 관계자들이 직접 개입하지 않고 범정부 차원의 정치적 판단과 의지에 따라 문제 해결 방향을 잡아야 한다는 입장이었다고 한다.

　나는 8월 30일 레비트 수석과 면담을 한 뒤 G20 정상회의에서 한불 정상회담 일정을 협의하였다. 레비트 수석은 장-오르티즈 국장과의 협상이 잘 진행되었다고 치하하면서 "11월 한불 정상회담은 외규장각 도서문제의 해결을 축하하는 자리가 되기를 바란다."고 덕담을 하였다. 레비트 수석과의 면담은 군더더기가 없었다. 최고의 베테랑 외교관인데다 외규장각 도서문제에 관해 누구보다도 잘 이해하고 있었기 때문이다.

공관장회의 참석차 파리에 와 있던 엘리자베스 로랭 주한 프랑스대사를 만나서 외규장각 도서문제에 관하여 협의할 기회도 있었다. 나는 로랭 대사에게 "외규장각 도서문제와 관련하여 양국 간 두 차례의 공식 회담에 이어 장-오르티즈 국장과 비공식 협의를 진행 중에 있는데, 우리 정부로서는 외규장각 도서문제를 보는 기본적인 시각이 프랑스 측과 달라서 협상에 많은 어려움을 갖고 있다."고 피력했다.

로랭 대사는 "현재 양국 간에 진행 중인 협상의 틀 자체만 놓고 보더라도 프랑스로서는 박 대사의 부임 전까지는 전혀 상상할 수 없었던 방안에 대해 협의에 임하고 있는 것 같다. 이러한 프랑스의 전향적인 입장과 정치적 해결 의지를 한국 측이 충분히 고려하고 이해해 주어야 한다. 향후 진행될 협상에서 중요한 것은 서로 간에 양보의 표시다. 한국 측이 관계 부처는 물론, 국민 여론 설득에 많은 어려움이 있음을 누구보다도 잘 알고 있다. 하지만 프랑스로서도 같은 어려움을 가지고 있음을 한국 측이 이해하여 상호 건설적이고 긍정적인 마인드를 가지고 '새롭고 창의적인 해결책'을 강구해야 할 것이다."라고 자신의 의견을 피력하였다.

또한 "현재 진행 중인 협상에서 간과할 수 없는 점은 이 문제가 18년째 계속되는 사안이라는 것이다. 여기서 프랑스 국내법이 바뀔 리가 만무하고, 동일한 법적 제약과 장애가 그대로 남아 있는 상황인 것은 불변이다. 결국 금년에 한-프랑스 간 특별한 정치·외교적 모멘텀을 살려서 건설적인 해결책을 마련하지 않을 경우. 외규장각 도서문제는 영구미제로 남을 수밖에 없을 것으로 본다."

로랭 대사는 현재 프랑스 측의 제안은 자신의 견해로 더 이상 나올 수 없는 최선책이 될 것이며 앞으로 지금과 같은 정치적 해결 기회는 다시 올 수 없을 것임을 확신한다고 하였다.

프랑스로부터 더 이상의 양보를 얻어내는 것이 불가능한 것으로 확인이 된 이상 이제 남은 것은 우리 정부를 설득하는 일이었다. 나는 외교부에서 문화재청장을 설득하는데 좀 더 적극적으로 나서줄 것을 주문하였다. 외교부에서는 양창수 유럽국장과 신각수 차관이 문화재청장을 설득하기 위해 나름대로 노력을 기울였지만, 문화재청장은 물러서지 않았다. 오히려 외교부에서 정상회담의 성과를 거두기 위해 무리하게 시한을 정해 놓고 굴욕적인 교섭을 행하고 있다는 생각이었다. 심지어는 청와대 교육문화수석과 국회 문방위 위원들에게도 대여방식에 의한 해결방안을 막아주도록 요청하고 있다는 것이었다.

나는 답답한 마음에 문화재청장을 직접 설득해 보기로 하고 문화재청장과의 통화를 시도했다. 문화재청장은 나의 전화에 정중하게 응대하면서도 경계를 하는 듯한 느낌을 주었다. 아랑곳하지 않고 나는 그간의 교섭상황을 상세히 설명했다.

프랑스가 국내법상 영구라는 용어를 받아들이지 못하지만 '대여를 빙자한 사실상의 영구 반환'이며, 이것이 프랑스 국내법적으로 해결 가능한 최선의 방안임을 강조하였다. 문화재청장은 프랑스 국내법이 어떠하던 간에 약탈당한 우리 문화재를 찾아오는 데 대여라는 용어를 받아들일 수 없다고 하였다. 앞으로 수십 년, 수백 년이 더 걸리더라도 정식 반환 절차를 밟아야 하며 어떤 일이 있어도 대여라는 용어를 받아들일 수 없다는 것이었다. 정상회담 시한을 정해 놓고 졸속한 해결방안을 추진하는 것에 반대한다고도 하였다.

문화재청장은 외규장각 도서반환 교섭이 정상회담의 성과 사업으로 추진되고 있고 이를 위해 대사관에서 졸속하게 불리한 조건의 교섭을 하고 있는 것으로 오해하고 있는 것 같았다. 외교 경험이 없는 분에게 현지 공관장이 정상회담을 장기 미제 현안의 해결 기회로 삼고 있음을 이해시키기도 쉽지 않았다.

나는 1993년 미테랑 대통령이 우리에게 증정한 휘경원 원소도감이 프랑스 측에서 3년 갱신 대여로 처리되어 있는 것을 아시느냐고 물으면서 이렇게 설명하였다.

"자국의 대통령이 도서를 운반해온 국립도서관 사서들의 반대를 무릅쓰고 주고 간 것을 프랑스가 국내적으로 대여로 처리한 것은 프랑스 문화재법상 문화재의 일방적인 양도가 불법이기 때문이며, 자국의 대통령을 범법자로 만들지 않기 위하여 불가피하게 사후 처리한 것입니다. 물론 당시 프랑스 정부는 이러한 사후 처리 사실을 우리 정부에 알려오지도 않았지만, 이러한 사실에 비추어 보더라도 프랑스 정부에서 제시한 5년 갱신 대여방안은 범법을 저지르지 않는 이상 우리가 받아낼 수 있는 최대의 양보입니다. 프랑스 정부가 우리에게 주고 간 도서를 대여로 처리하든, 기증으로 처리하든 우리 정부가 계속 보유하고 소유권을 행사하는데 그동안 아무런 문제도 제기되지 않았던 것처럼 남아있는 외규장각 도서를 가져올 수 있는 최선의 방안은 대여의 방식을 통하는 것입니다. 남의 땅에 놔두고 영구대여냐 갱신 가능 대여냐 논쟁을 벌이는 것보다 일단 우리나라에 가져다 놓으면 그러한 논쟁이 아무런 필요도 없게 되는 것이 아닙니까? 이번 기회를 놓치면 다시 이런 기회가 온다는 보장이 없습니다. 문화재청이 주장하는 대로 반환이나 영구대여의 형식으로 돌려받으려면 프랑스 국내법을 바꾸어야 하는데 프랑스 의회가 우리나라에 외규장각 도서를 돌려주기 위해 국내법을 바꾸기를 기대할 수 있다고 보십니까?"

끈질긴 설득에도 불구하고 문화재청장은 요지부동이었다. 반환의 형식과 관련하여 문화 관련 민간단체와 국민 여론의 비난과 반대를 우려하면서 그럴 경우 정상회담의 성과가 아니라 오히려 대통령에게 누가 될 수 있다는 변명도 늘어놓았다. 나는 문화 단체와 국민 여론에 대해서는 정부에서 적극적으로 설득하면 이해해주지 않겠느냐, 이러한 설득 노력에 나도 적극 나서겠노라고 하였지만 반대 입장을 굽히지 않았다. 꼭 벽에 대고 대화를 하는 것 같았다. 이렇게 융통성 없는 분은 학자나 하면 맞을 텐데 정부의 고위공직자가 되어 현실성 없는 명분만 내세우는 데 대해 분통이 터져 나왔지만 달리 방법이 없었다.

문화재청장을 설득할 수 없다면 남은 해결책은 외교부에서 청와대에 직접 보고하여 대통령이 결단을 내리도록 하는 방법밖에 없었다. 대통령의 결심을 받으려면 장관과 외교안보수석이 직접 나서야 하는데 새로운 변수가 생겼다. 외교부 장관 딸의 특채 파동으로 9월 4일 유명환 장관이 사임한 것이다. 그 자리에 김성환 외교안보수석이 후임 장관으로 내정되었다. 문제는 김 장관이 취임하는 시기가 10월 초로 한 달여의 공백이 생기게 되었다는 것이었다.

장관과 외교안보수석이 동시에 교체가 되면서 외규장각 도서문제에 관한 대통령의 결심을 받아내는 것도 중대한 차질이 빚어지게 되었다. 장관과 외교안보수석이 취임 초에 관계 부처의 반대를 무릅쓰고 외규장각 도서문제부터 챙기기를 기대하는 것은 무리였기 때문이다.

어렵게 도출된 해결 방안이 우리 정부의 승인을 받지 못하는 가운데, 11월 정상회담을 앞두고 아까운 시간이 속절없이 흘러가는 것을 지켜보아야 했다. 나의 마음은 시꺼멓게 멍들어 가고 있었다. 우리 정부가 시간을 끄는 사이에 프랑스 정부의 입장이 바뀌지 않는다는 보장도 없었다.

프랑스 정부의 해결 방안이 국립도서관에 유출되어 반발할 가능성이 있고 반발이 확산되면 사르코지 대통령이 결단을 주저할 수도 있기 때문이었다.

나는 9월 초부터 외부 일정이 없을 때면 집무실 책상 주위를 종일 맴도는 습관이 생겼다. 정상회담 시간은 다가오는데 본부의 승인이 늦어지는 것이 답답하고 초조한 마음에 의자에 가만히 앉아있기가 어려웠다.

직원들이 결재를 위해 집무실에 들어오면 으레 서성거리는 나의 모습을 보곤 하였다. 나와 함께 외규장각 도서문제에 전념하고 있던 유복렬 참사관은 나의 서 있는 모습을 볼 때마다 나의 심정을 충분히 이해한다는 듯이 함께 안타까워하였다. 기껏 프랑스 측으로부터 최대의 양보안을 받아내었는데 우리 정부로부터 동의를 받아내지 못하는 것이 야속하다는 생각이 들었다. 아무래도 외규장각 도서문제에 관한 우리 정부의 결론은 정상회담이 임박해서 대통령에게 의제 관련 보고가 이루어질 즈음해야 나올 가능성이 높아지고 있었다.

나는 프랑스를 방문하는 국내 정치인들과 문화 관련 정부 고위 인사들에게도 외규장각 도서문제에 관해 설명하고 이들의 이해와 도움을 요청하기도 하였다. 국정감사차 10월 중순 프랑스를 방문한 국회 통외통위 위원들을 관저 만찬에 초청하여 외규장각 도서문제 관련 교섭 진전현황을 설명하고 문화재청이 대여방식에 의한 해결방안에 반대하고 영구대여를 고집하여 교섭에 어려움을 겪고 있는 사정을 설명하였다.

나는 외교에는 국익이 유일한 기준이 될 뿐 여야가 따로 있을
수 없다고 하면서 향후 대여에 의한 방식으로 협상이 타결되더
라도 정치권에서 반대 여론을 조성하지 않도록 협조해줄 것을
부탁하였다. 특히 문화재청에서 문방위 소속 의원들을 상대로
반대 여론을 조성하고 있는 만큼 문방위 동료 의원들이 반대하
지 않도록 설득하여 줄 것도 당부하였다.

정상회담에서 합의를 이룰 경우 여당 의원들이 문제 삼을 가
능성은 거의 없기 때문에 야당 의원들의 이해와 협조를 구하는
것이 중요했다. 마침 국정감사단에 야당 의원으로 참여한 정동
영 의원과 박주선 의원은 평소 친분이 있어 나의 설명을 상세히
들은 후에 흔쾌히 협조를 약속하였다. 정동영 의원은 고교 1년
선배이고 박주선 의원은 짧은 기간이지만 청와대에서 함께 근무
한 인연이 있었다.

유기준 의원을 단장으로 한 여당 의원들도 협조를 약속하였
다. 나는 국정감사단의 방문 기간 중 하원 외교위원장과의 면담
일정도 주선했다. 프랑스 의회에 우리 국회의원들이 외규장각
도서문제의 해결을 촉구하는 기회로 삼고자 함이었다.

10월 12일 포니아토우스키Poniatowski 하원 외교위원장과의 면
담에는 외교위원장 외에도 5명의 외교위원회 소속 의원들이 참
석하여 한불 양국관계 발전에 관해 진지한 대화가 이루어졌다.
외규장각 도서문제가 가장 중요한 화두였음은 두말할 것도 없다.

유기준 단장을 비롯한 우리 의원들은 한불 양국관계에 유일한
걸림돌인 외규장각 도서문제가 해결되어 우리 국민들이 프랑스

에 대해 진정으로 감사하는 마음을 가질 수 있도록 프랑스 하원이 적극적인 협조를 하여 줄 것을 당부하였다. 아울러 외규장각 도서문제의 해결을 위한 깊은 염원은 여야를 막론한 것임을 강조하고 서울에서 다음 달에 개최되는 정상회담에 앞서 외규장각 도서문제가 원만히 해결됨으로써 사르코지 대통령이 모든 우리 국민들로부터 진심으로 환영을 받을 수 있기를 기대한다고 하였다.

포니아토우스키 외교위원장은 "외규장각 도서문제가 양국 간 장기 현안으로서 복잡하고 긴 협상 과정을 거쳐 온 것을 잘 알고 있다. 나 역시 이 문제의 해결 필요성에 공감한다. 다만 외규장각 도서가 프랑스 문화재로 지정되어 있고 프랑스로서는 이 같은 문제가 선례 구성이라는 매우 민감한 측면을 내포하고 있기 때문에 그간 해결책 마련에 많은 어려움이 있었다. 하원 차원에서 외규장각 도서문제에 대한 프랑스 정부의 관심을 촉구하고 해결책 마련을 위해 협조하겠다."고 나왔다.

이어 그는 "지난주에 사르코지 대통령의 교황청 방문 시 수행을 맡았다. 여행 중에 사르코지 대통령이 G20 정상회담에 거는 기대와 금년 의장국인 한국과의 협력관계가 지니는 중요성에 대해 강조했다. 외규장각 도서문제 해결에 대한 적극적인 의지를 가지고 있는 것으로 보였다. 외교위원회가 중재 역할을 맡아 사르코지 대통령에게 문제 해결을 건의하겠다."고 하였다.

하원 외교위원장과의 면담은 일석이조였다. 프랑스 하원의 지원을 약속받았을 뿐 아니라 우리 여야 의원들이 대여방식의 해결방안에 대해 좀 더 이해를 높일 수 있었기 때문이다.

나는 파리 주재 특파원들에게도 교섭의 상세 내용은 말해주지 못하지만 외규장각 도서를 해결할 수 있는 최선의 방안이 대여에 의한 방식임을 설명했다. 그리고 나중에 이러한 방식으로 타결되면 기사를 쓰는 데 참고하도록 프랑스 문화재법 관련 조항 등에 관해 충분히 설명을 해주었다.

파리에는 방송 3사와 조·중·동 3대 일간지와 더불어 연합통신에서 파견된 특파원들이 주재하고 있어서 이들의 기사가 국내 언론의 논조를 이끌어가게 될 것이 분명하였다. 파리주재 특파원들이 협상 타결 시 이를 칭찬하는 기사를 쓰지는 못하더라도 문화재청장의 우려처럼 비난의 대열에 참여하지는 않도록 사전에 충분한 정보를 제공해줄 필요가 있었다.

구더기 무섭다고 장을 담그지 않을 수는 없지 않은가? 국내 여론의 반대 가능성에 지레 겁을 먹고 현실적으로 최선의 타결 방식을 포기할 수는 없었다. 우리 정부로부터 프랑스 측의 제안에 대한 동의를 아직 받아내지 못했지만, 계속 본부 승인만 기다리며 귀한 시간을 허비하고 있을 수는 없었다.

나는 장-오르티즈 국장과 우리 정부가 '영구' 용어를 양보한다는 전제하에 양국 정부 간 합의 문안에 관한 교섭을 계속 진행하기로 하였다. "악마는 디테일에 있다."는 서양 속담처럼 '영구'를 양보하는 큰 틀의 합의가 이루어진다 하더라도 구체적인 합의 문안 작성에 들어가면 어떤 난관이 있을지 모르기 때문에 일단 합의 가능한 문안 초안을 양측 정부대표 간에 만들어보기로 한 것이다.

초안 작성은 우리 측에서는 유복렬 참사관이 프랑스 측에서는 라플랑시 동북아과장이 맡았다. 협상 초기에 라플랑시 과장은 프랑스 문화재법에 따른 원칙적 입장을 고수하면서 국립도서관 측의 입장을 옹호하는 태도를 보였다. 그러나 협상 진행 과정에서 우리 측의 입장을 더 잘 이해하게 되고 유 참사관과 자주 접촉하여 인간적으로 친밀해지면서 매우 협조적으로 바뀌었다.

라플랑시 과장은 장—오르티즈 국장을 보좌하여 국립도서관과 문화부와의 실무 접촉 창구 역할을 하면서 협상안 마련에 핵심적인 역할을 하였다. 그는 와인 애호가로서 와인에 대한 지식이 매우 풍부하였는데 좋은 와인을 대접하면 와인의 맛과 향기를 시적으로 평가하면서 와인 산지의 토양과 포도 품종에 대해서도 해박한 설명을 곁들여 비싼 와인을 대접해도 전혀 아깝지 않은 인물이었다.

유 참사관은 여성이지만 웬만한 남자보다 주량이 세서 라플랑시 과장을 상대하는 데 전혀 부족함이 없었다. 장—오르티즈 국장도 와인 애호가여서 나는 비공식 협상은 주로 식당이나 관저에서 포도주를 마시며 진행하였다. 한번은 진담 반 농담 반으로 협상이 잘 타결되어 외규장각 도서문제가 해결되면 프랑스 5대 샤토 중 최고의 와인을 대접하겠노라고 호언장담하기도 하였다.

양측 정부 대표 간 잠정 합의문은 마무리되어가고 정상회담은 3주도 남지 않은 시기였다. 그런데 본부에서는 아직도 대여방식을 받아들일지에 대해 결론을 내리지 못하고 있었다. 정상회담을 계기로 확실히 마무리 짓지 못하면 절호의 기회를 놓치게 된다는 생각에 정상회담 날짜가 가까워질수록 내 마음은 점점 초조해지기 시작하였다.

나는 거의 매일 본부를 접촉하여 조속히 결정을 내려줄 것을 재촉했다. 하지만 문화재청의 완강한 반대 입장을 무릅쓰고 외교부가 단독으로 결정을 내리기도 어려운 상황이었다. 나는 주로 김재신 차관보와 전화를 하였는데, 처음에는 매우 의욕적으로 도움을 자청해 주었다. 그러나 점점 시간이 지날수록 김 차관보는 문화재청의 설득에 자신감을 잃어가는 것 같았다.

한번은 그와 전화하면서 내가 "프랑스 외교부는 문화부와 국립도서관의 반대를 무릅쓰고 외규장각 도서문제의 정치적 해결에 주도적인 역할을 하고 있는데, 오히려 우리 외교부는 외규장각 도서를 받는 입장임에도 문화재청의 절차상 반대를 무마하지 못하고 끌려다니고 있느냐!"고 힐난하기도 하였다. 그러자 김 차관보는 "그게 선배님이 생각하는 것처럼 쉬운 일이 아닙니다."라고 항변하였다.

문화재청의 입장은 문화 관련 NGO 단체들과 문화재위원회의 상당수 위원들의 생각을 반영하고 있고, 청와대의 담당 수석실도 동조하고 있기 때문에 외교부로서도 설득에 한계가 있다는 것이었다. 유일한 해결책은 대통령에게 직보하여 결단을 내리도록 하는 것인데 대통령에게 부담을 넘길 분위기가 아직은 무르익지 않았다는 것이었다. 나는 이러한 본부의 동향을 장-오르티즈 국장과 공유하면서 프랑스 측의 동향 변화를 수시로 점검하여 본부에 보고하였다. 마지막까지 해결의 끈을 잡고 있었다.

6. 프랑스 국립도서관의 반발

우리 정부의 결정이 지연되는 가운데 프랑스 측에서 심상치 않은 움직임이 감지되었다. 국립도서관 사서들이 프랑스 정부가 사르코지 대통령의 방한 계기에 외규장각 도서문제의 정치적 해결을 추진하고 있음을 눈치채고 조직적인 반발 움직임을 보이기 시작한 것이었다. 일부 사서들은 사르코지 대통령이 결심을 번복하지 않을 경우 활주로에 드러누워 대통령의 출국을 막아야 한다는 극단적인 주장까지 나온다고 했다. 사서들의 극렬한 반발 움직임은 프랑스 정부의 입장에도 부정적인 영향을 끼칠 것이다. 여태까지 진전시켜온 협상이 물거품이 되지 않을까 걱정되었다.

결국 우려는 현실로 나타났다. 장-오르티즈 국장은 10월 28일(목) 전화로 "외규장각 도서문제 해결안이 현재 대통령실에 보고되어 최종 결정을 기다리고 있다. 그런데 현재 외규장각 도서 실제 소장기관인 국립도서관과 문화부 측의 반발이 격해지고 있는 데다 레비트 외교수석이 국외 출장 중이어서 결정이 늦추어지고 있는 상태다. 10월 29일로 예정되었던 공식협상도 부득이 늦추어질 수밖에 없게 되었다."고 하였다.

그간 협상대표 간에 협의해온 잠정 합의안이 준비되어 10월 29일 이에 대한 공식 협상을 갖기로 약속하였는데 프랑스 국립도서관 등 관계 기관의 반발로 협상이 무기 연기된 것이다. 장-오르티즈 국장은 프랑스 국립도서관의 반발은 이미 예상했던 것이며 한국 정부가 좀 더 일찍 입장을 결정해 주었더라면 반발의 확산을 막을 수 있었을 텐데 한국 정부의 결정이 늦어지면서 조직적인 반발로 확산된 것에 대하여 유감을 표명하였다.

나는 온몸에 힘이 빠져나가는 것 같았다. 앞으로 사르코지 대통령의 방한까지 2주일도 남지 않은 상태에서 상황이 어렵게 돌아가고 있었다. 사르코지 대통령은 11월 11일 종전 기념일 행사를 마친 직후 한국으로 출국 예정이었다. 시기상 출국 직전에 중요한 외교 일정들이 산적해 있어 자칫하면 외규장각 도서문제에 대한 결심이 소홀해지지 않을까 걱정이 되었다.

11월 1일이 공휴일인 데다 11월 4일과 5일에는 후진타오 주석의 프랑스 방문이 예정되어 있어서 대통령실의 관심은 온통 중국에 쏠려 있는 상황이었다. 언제 다시 협상을 개최할 수 있을지 확답도 받을 수 없었다.

이제 외규장각 도서문제 해결의 열쇠는 레비트 수석이 쥐고 있었다. 국립도서관의 반발을 무릅쓰고 대통령에게 정치적 결단을 내리도록 건의할지 여부가 레비트 수석에게 달려있기 때문이었다. 나는 레비트 수석이 출장에서 귀국한 즉시 면담을 신청했다.

11월 3일, 저녁 늦은 시간에 대통령궁에서 만났다. 면담에는 대통령실에서 베르트랑 로르톨라리 아주보좌관, 올리비에 콜롱 G8/G20담당 보좌관과 콘수엘로 레메르 경제담당 보좌관이 배석하였다. 대사관에서는 유복렬 참사관을 대동하였다.

레비트 수석이 말을 먼저 시작했다.

"서울 G20 정상회의가 불과 일주일 앞으로 다가와 한불 양국 관계에 있어 매우 중요한 시점입니다. 사르코지 대통령은 G20 현/차기 의장국간 다양한 협력과 더불어 한불 양자 정상회담을 통해 양국 간 협력관계를 논의하게 된 것을 매우 기쁘게 생각하고 있습니다. 외규장각 도서문제와 관련 이번 양국 간에 도출된 해결 방안에 대해 양국 협상대표가 훌륭한 일을 해내었습니다. 다만 외규장각 도서 소장기관인 국립도서관이 예상보다 훨씬 더 강하게 반발하고 있어서 이번 방안을 사르코지 대통령이 그대로 재가하기는 정치적 부담이 감당하기 어려울 정도로 클 것이 우려됩니다. 이번 협상을 통해 양국 간 합의의 틀이 마련된 것 자체가 큰 진전이라고 평가하나 국립도서관 전 직원들의 강경한 반발에 떠밀려 브루노 라신 도서관장이 오늘까지 세 차례나 전화하여 이번 해결방안을 절대 그대로 수용할 수 없다는 입장을

강하게 전달하면서 압박을 가하고 있습니다. 국립도서관의 입장
에서는 이번 한불 정부대표 간 합의안이 다른 나라로부터의 반
환요청 쇄도라는 피치 못할 상황을 일으키는 '판도라의 상자'가
될 것이 불 보듯 뻔합니다. 이 판도라의 상자를 봉쇄시킬 수 있
는 최소한의 장치를 마련할 필요가 있습니다. 이러한 장치만 마
련된다면 다른 나라들의 반환 요청 시도를 잠재울 수 있고 외규
장각 도서문제의 해결이 보장될 것입니다. 도출된 합의안을 아
직 사르코지 대통령에게 보고하지는 않았습니다. 하지만 현재
국립도서관 측이 사르코지 대통령의 정상회담 참석차 출국 시
이를 물리적으로 저지하는 대규모 시위를 하겠다고 할 정도로
강하게 반발하고 있는데다, 이러한 국립도서관의 시위를 넘어
한국과의 합의안이 발표된 후 다른 나라들로부터 문화재 반환요
청이 쇄도하게 되면 사르코지 대통령이 치명적인 정치적 타격을
받게 될 것입니다. 그러니 이번 해결 방안을 그대로 대통령에게
보고하기에는 무리가 있습니다."

어느 정도 예상을 하기는 했지만, 막상 레비트 수석으로부터
직접 들으니 깊은 실망과 좌절감이 들었다. 지금까지의 협상 결
과도 본부의 확실한 승인을 받지 못했는데 여기서 더 후퇴한다
면 아예 협상 타결 가능성은 제로에 가깝다고 판단됐다. 우리 문
화재청의 입장을 감안하면 더 이상 물러날 여지가 없었다.

나는 단호하게 답변하였다.

"약탈당한 문화재를 대여의 형식으로 돌려받는 데 대해 우리 국민들의 거부감이 크기 때문에 프랑스 측이 제안한 '대여'의 틀을 수용하는 데에도 많은 어려움을 겪고 있음을 잘 알고 계시지 않습니까. 우리 내부적으로 관련 정부 부처와 국회, 언론에 대한 설득에 각고의 노력을 기울이고 있는데 하물며 양국 정부 협상 대표 간에 합의된 일방적 대여의 틀마저 지킬 수 없다면 국민 여론을 설득하기가 거의 불가능합니다. 프랑스 측도 어렵겠지만, 관계기관을 설득하여 합의안을 받아들이도록 더 힘을 기울여주십시오."

레비트 수석은 난처하다는 듯이 이렇게 말했다.

"한국 측의 입장을 잘 알고 있지만 며칠 전(10월 31일 자) 르몽드지에 중국 원명원 유적에 대한 기사가 나왔듯이 원명원에서 가져온 유물들이 퐁테느블로 성에 상당수 소장된 상태입니다. 그런데다가 지난해 이브생로랑 컬렉션 경매에 나온 원명원 청동상을 놓고 중국 내에서 엄청난 반향을 일으킨 적이 있습니다. 루브르 박물관에도 나폴레옹이 이탈리아에서 가져온 수많은 문화재들이 있고 프랑스 전역에 외국에서 가져온 문화재들이 산재해 있는 상황에서 문화재 반환의 선례 구성 문제는 프랑스로서 거의 '생존'의 문제입니다. 1993년 미테랑 대통령의 방한 시 한불 정상 간 합의 되었던 '상호 교류와 대여'의 원칙은 프랑스로서는 선례구성의 염려를 잠재우는 확실한 장치였습니다. 그러니 한국 측이 프랑스의 이러한 문제를 해결할 수 있는 최소한의 상징적인 의미에서 '상호대여'의 형식을 취해주시면 문제 해결에 크게 도움이 될 것입니다. 상호대여의 형식만 갖춘다면 한국에 아무런 쓸모가 없는 고서라도 좋습니다."

선례 구성의 우려를 잠재우고 국립도서관의 설득을 위해 상호대여의 형식을 갖추어 달라는 레비트 수석의 요청은 매우 절실하게 다가왔다. 대통령에게 정치적으로 부담을 줄 수 있는 결정을 미연에 방지하고자 하는 충심이기도 하였다. 그러나 나는 물러서지 않았다. 아니 물러설 수 없었다. 나도 양측 입장 사이에서 벼랑 끝에 몰려 조금이라도 물러나는 순간 그동안의 협상 결과 는 물거품이 될 것이 불 보듯 뻔했기 때문이다.

"상호대여의 문제는 양국 협상대표 간 협상에서 이미 정리가 된 사안입니다. 과거 민간 협상대표 간 '의궤 대 의궤 맞교환' 방안 도출 시에도 국내적 비난과 반대로 무산된 바 있듯이 우리 문화재를 되찾아 오기 위해 어떠한 대가를 치른다는 것은 우리 국내적으로 결코 받아들이기 어렵다는 것을 잘 아실 것입니다. '반환'이 아닌 '대여' 형식을 받아들이는 것도 우리로서는 큰 양보입니다. 프랑스가 우려하는 선례 구성문제는 역으로 외세에 약탈당한 문화재를 돌려받아야 하는 우리로서도 마찬가지의 선례구성 문제에 봉착하는 만큼 '상호대여'의 틀은 수용하기 어렵습니다."

레비트 수석도 물러서지 않았다.

"과거 민간 협상대표 간 합의 사항에 대해서는 잘 알고 있습니다. 이번에 제안하는 '상호대여'는 절대로 '등가' 수준의 교류가 아니라 한국에서 국내적으로 해외에 반출되어도 문제가 되지 않을 정도의 아주 상징적인 물품 또는 도서 수준의 교류를 의미합니다. 이는 프랑스가 협상 막판에 와서 무언가 핑계를 대고 양국 간 해결방안을 프랑스에 조금이라도 이롭게 끌고 가려는 시도가 아닙니다. 이번에 양국 협상대표가 공히 각고의 노력을 기울여 도출해 낸 방안이 결국 양국 관계를 위하여 최선책이라는 신념 아래 오로지 사르코지 대통령에 대한 정치적 부담을 줄여보고자 하는 솔직하고 사심 없는 개인적인 의견입니다. 한국 측이 조금만 더 상상력을 동원하여 국립기관이 아닌 준 공립·사립 시설에서 소장하고 있는 물품으로서 문화재청의 관리 감독하에 있지 않은 무언가를 프랑스에 상호대여의 형식으로 제공하여 줄 수 있는지를 적극 검토해 주시기 바랍니다. 이번 한불 정상회동 문제를 고려해주기를 기대합니다."

나도 물러서지 않았다.

"외규장각 도서문제가 양국 간 '가시'로 남아 계속 양국관계의 장애요인이 되고 있는 가운데 이제 이 '가시'가 암세포가 되어 본격적으로 번져나가기 전에 이번 사르코지 대통령의 방한을 계기로 반드시 해결되어야 합니다. 정상회담에서 방산협력, 교육협력 등 여러 분야에 거친 양국 간 미래 지향적인 협력 사업을 논의하기 위해서는 외규장각 도서문제의 해결이 필수적인 조건입니다. 그만큼 사르코지 대통령의 방한 직전까지 양국 간에 긴밀한 협의를 계속해서 진전을 볼 수 있기 바랍니다."

내가 계속 강경한 입장을 보이자 레비트 수석도 약간 입장을 누그러뜨렸다.

"박 대사의 입장을 잘 알았습니다. 일단 현재까지 도출되어 있는 양국 협상대표 간 해결 방안을 사르코지 대통령께 보고하겠습니다. 보고 후 사르코지 대통령의 결정에 따라 당초 예정대로 협상대표 간 합의를 강행하든지 아니면 다른 복안을 가지고 서울 정상회담 시 양국 대통령께서 협의를 하실 수 있도록 합시다."

면담을 마치고 나오는 길에 레비트 수석은 나를 배웅하면서 나의 실망스러워하는 모습이 마음에 걸렸는지 격려의 말을 건네었다.

"오늘 내가 새로운 제안을 한 것에 대하여 절대로 실망할 필요는 없습니다. 나의 입장에서 사르코지 대통령을 겨냥한 조직적인 반발 운동이 크게 번지고 그로 인하여 미테랑 대통령이 곤혹을 치른 것과 같은 전철을 밟지 않도록 하기 위한 충정에서 나온 것이니 끝까지 최선을 다해 봅시다."

　노련한 외교관의 충정이 나에게도 고스란히 전달되어 왔다.

　면담을 마치고 저녁 9시가 넘어 대사관에 돌아왔다. 유 참사
관이 보고서를 작성하는 동안 나는 다음의 대책을 짜는 데 골몰
하였다. 레비트 수석의 새로운 제안은 본부에서 받아들여 줄 리
가 만무하기 때문에 프랑스 측이 입장을 굽히도록 하는 것 외에
는 다른 방법이 없었다. 다시금 전열을 가다듬어야 했다. 나는
자크 랑 의원과 베르제 총장의 긴급 도움을 요청하는 한편, 프랑
스 측 협상대표인 장−오르티즈 국장을 강하게 압박하기로 하였
다. 나는 만일에 대비하여 레비트 수석 면담 다음 날인 11월 4
일 랑 의원을 오찬에 초대해 두었었다.

제 4 장

한불 정상회담
(2010.11.12.)
: 벼랑 끝 교섭과 결단

韓佛 頂上會談

한불 정상회담은 45분 만에 종료되었지만, 역대 어떠한 양국 간의 정상회담보다 값지고 의미 있는 회담이었다. 외규장각 도서의 반환을 위한 외교 교섭을 시작한 지 19년 만에 값진 결실을 얻어낸 역사적 회담이었다.

1. 대여 방안의 조건부 승인

대여 방안에 대한 본부의 지침은 11월 4일 아침에야 전달 되었다. 양국 정상회담을 불과 일주일 남긴 시점이었다. 대여 방식에 의한 해결 방안을 건의한 지 두 달이 넘게 걸려 내려온 지침은 대여의 방식을 받아들이되 합의문에서 "대여를 종료하기 위해서는 양국 간에 합의하여야 한다."는 문구를 명기하라는 것 이었다.

일단 대여의 틀을 받아들여 준 것은 매우 고무적이었다. 그러 나 "대여를 종료하기 위해서 양국 간에 합의하여야 한다."는 문 구를 프랑스 측이 받아 줄지는 미지수였다. 대여의 종료를 위하 여 양측이 합의해야 한다는 말은 사실상 대여를 받는 측에 대여 종료에 대한 전권을 부여하는 것이기 때문이다. 이는 영구대여 와 동일한 효과를 인정받는 것이나 다름이 없었다.

정상회담이 일주일밖에 남아있지 않은 데다 기존에 합의한 내용도 프랑스 측이 후퇴하는 상황에서 새로운 조건을 협상한다는 것은 쉽지 않을 것이었다. 우리 측 입장을 일단 프랑스 측에 전달하고 반응을 살피되 우선은 프랑스 측의 뒷걸음질을 막는 것이 급선무였다.

대여의 틀을 우리 정부가 받아들여 준다는 전제하에 협상을 해왔기 때문에 우리 정부가 이를 공식적으로 받아들인 것이 협상 자체에 새로운 변수로 작용하는 것은 아니었다. 우리 정부가 시간을 끄는 사이에 프랑스 국립도서관 직원들이 조직적으로 반발할 시간을 벌어준 것이 커다란 변수였다.

2. 랑 의원과
베르제 총장의 지원

나는 11월 4일, 랑 의원을 오찬에 초청하였다. 프랑스 국립 도서관의 반발로 인하여 레비트 수석이 정부 협상대표 간 합의 안에서 후퇴하여 상호대여의 형식을 희망해 온 것에 대한 대응 책을 협의하기 위함이었다. 랑 의원과의 오찬에 앞서 나는 장-오르티즈 국장과 전화하여 레비트 수석과의 면담 결과를 설명하고 앞으로 프랑스 협상대표로서 어떻게 할 것인지 문의하였다.

나는 장-오르티즈 국장이 사르코지 대통령의 전권을 받은 협상대표로서 지금까지 나와 함께 진행해온 협상에 대해 책임을 져줄 것을 요청하였다.

"지금까지 장-오르티즈 국장을 믿고 협상을 진행해 왔는데 정상회담을 불과 일주일 남겨둔 상황에서 그동안 양국 대표 간에 합의해온 핵심 내용을 번복한다면 이는 개인적인 신뢰문제를 넘어 프랑스 외교부와 나아가 장-오르티즈 국장에게 협상대표로서의 전권을 부여한 대통령실의 신뢰 문제로 귀결되는 것입니다. 나로서도 지금까지의 협상 내용을 우리 정부에 허위 보고를 한 셈이 되는 것이니 대통령실이 양국 협상대표 간의 합의 내용을 그대로 받아들이도록 프랑스 정부 협상대표와 외교부의 명예를 걸고 노력해 줄 것을 요청합니다."

이에 대해 장-오르티즈 국장은 나의 주장에 공감한다고 하면서, 자신도 국립도서관의 반발로 인하여 곤란한 입장에 처하였다고 하였다. 다행인 것은 쿠쉬네르 장관이 이번 협상대표 간 협의를 통해 마련된 해결 방안이 최선의 합의안이라는 데 동의하고 곧 사르코지 대통령에게 이와 같은 방안을 직접 보고하게 될 것이라고 하였다.

이어 그는 외규장각 도서문제의 해결 필요성을 최초로 사르코지 대통령에게 건의하여 양국 간 협상 개시를 가능하게 해준 랑 의원이 사르코지 대통령에게 위의 해결방안을 받아들여 주도록 적극 개진하여 준다면 도움이 될 것이라고 하였다.

나는 장-오르티즈 국장이 외교부 차원에서 최선의 노력을 기울이고 있는 데 대해 사의를 표명했다. 그리고 오늘 오찬 시, 랑 의원에게 도움을 요청할 계획이라고 알려주자 자신의 일처럼 기뻐하였다.

장-오르티즈 국장도 자신이 협상대표로서 합의해준 내용이 국립도서관의 강한 반발에 부딪혀 대통령실에 의해 번복되고 있는데 대해 자존심이 상한 것으로 보였다. 협상안이 마련되기까지는 서로 줄다리기를 했지만, 이제는 협상안을 고수하는데 자신과 외교부의 자존심을 걸고 있었다.

이제 랑 의원의 힘을 다시 빌릴 차례였다. 랑 의원으로 하여금
외규장각 도서문제 해결의 필요성을 사르코지 대통령에게 건의토
록 하여 협상이 재개될 수 있었던 만큼 교착상태를 타개할 수 있
는 사람도 랑 의원뿐이었다. 랑 의원과 오찬을 하면서 나는 전날
레비트 외교수석과의 면담내용을 설명하고 지원을 당부하였다.
"양국 협상대표가 많은 우여곡절 끝에 도출해낸 해결방안에
대해 프랑스 국립도서관 측이 강력히 반대하고 있고 사르코지
대통령의 정치적 부담을 이유로 레비트 수석이 상호대여의 방식
을 새로이 제의하고 있는데 이는 우리 정부로서도 도저히 받아
들일 수 없습니다. 그동안 우리 측의 입장과 외규장각 도서문제
해결의 중요성을 적극 대변해주신 랑 의원이 사르코지 대통령
의 결단을 이끌어낼 수 있도록 다시 한 번 지원해 주십시오. 양
국 협상대표 간에 도출된 해결방안이 우리 측으로서는 '영구'라
는 어휘를 포기하고 '대여'를 추진한다는 결정은 우리 국내 여론
의 강한 반감을 설득한 끝에 어렵게 양보를 얻어낸 것입니다. 양
보의 전제는 프랑스 측과의 '상호교류 대여'가 아닌 외규장각 도
서 전체에 대한 '일방적 일괄 대여'였습니다. 비록 레비트 외교
수석이 비록 상징적 차원이라고는 하지만 양국 정상회담을 불과
일주일 남긴 시점에서 '상호대여'를 요청한 것에 대해 크게 실망
하고 있습니다. 오늘 오전 장−오르티즈 국장과 통화했는데 쿠쉬
네르 외교장관도 이번 협상대표 간 협의를 통해 마련된 해결방

안이 최선의 합의안이라는 데 동의하고 있으며, 곧 사르코지 대통령에게 이 같은 방안을 직접 보고할 예정이라고 합니다. 이와는 별도로 외규장각 도서문제 해결 필요성을 최초로 사르코지 대통령에게 건의하여 양국 간 협상 개시를 가능하게 해주신 랑 의원께서 사르코지 대통령이 이번 해결방안을 받아들여 주도록 적극 의견을 개진하여 주십시오."

이에 대해 랑 의원은 그렇지 않아도 최근 동 협상 진행상황이 궁금해서 자신이 직접 장─오르티즈 국장과 로르톨라리 대통령 아주담당보좌관에게 연락하여 알아본 결과 양국 간 협상을 통해 도출된 방안이 당초 예상보다 훨씬 강경한 국립도서관의 반대로 인해 난항을 겪고 있다는 소식을 접하고 프레데릭 미테랑 문화부장관에게 서한을 보내고 사르코지 대통령에게도 동 서한 사본을 보냈다고 하였다.

"이번 사르코지 대통령 방한 계기에 외규장각 도서문제가 반드시 해결되어야 하며, 다시 한 번 한국 국민들을 실망시키는 일이 벌어져서는 안 된다는 개인적 소신을 강력히 피력한 11월 1일 자 서한을 미테랑 문화부 장관에게 발송했습니다. 사르코지 대통령 앞으로도 동 서한 사본과 함께 사르코지 대통령이 국립도서관의 반대에 굽히지 말고 마지막까지 확고한 의지를 가져줄 것을 당부하는 메모를 송부하였습니다. 금일 저녁 후진타오 중국 주석 국빈 만찬에 참석할 예정인데 동 만찬에서 가능하면 사르코지 대통령에게 동 건을 상기시키고 현 해결방안이 추진되도록 건의해 보겠습니다. 만일 그러한 기회를 가지기가 어려울 경우 다시 한 번 메모를 보내거나 직접 전화를 해서라도 이번 해결방안이 타결될 수 있도록 최대한 노력하겠습니다. 국립도서관 직원들의 소신이나 속성에 대해서는 오랜 기간 문화부장관을 지낸 내가 그 누구보다도 잘 알고 있습니다. '외규장각 반환 지지협회'를 결성하여 지식인 내 공감대 확대를 위해 노력하고 있는 뱅상 베르제 파리7대학 총장과도 연락하여 어떠한 방식으로 국립도서관에 대한 설득 및 압력을 행사할 수 있을지 협의하겠습니다."

랑 의원은 이어 이번에 외규장각 도서문제 협상이 타결되면 자신이 직접 파리주재 한국 특파원단과의 인터뷰를 자청하여 금번 해결방안이 비록 "대여"라고 포장되어 있지만, 이는 곧 '궁극적 반환'이며, 이것이 프랑스 정부의 정치적 의지였음을 분명히 밝히겠다고 하였다. 랑 의원은 외규장각 도서문제 해결을 위해 나에게 하늘이 내려준 선물이었다.

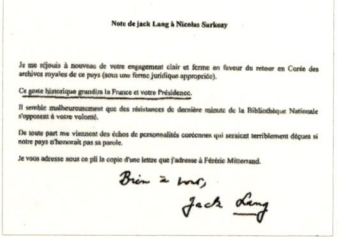

〈대통령에게 보낸 랑 의원의 메모〉

한국의 외규장각 도서를 (적절한 법적 테두리 내에서) 돌려주기로 대통령께서 명확하고 굳게 약속하신 것에 대하여 다시 한 번 기쁘게 생각합니다. 이러한 역사적 행위는 프랑스와 당신의 대통령직을 위대하게 할 것입니다.

불행하게도 마지막 단계에서 국립도서관이 대통령님의 의지에 저항하고 있는 것으로 보입니다.

만일 우리나라가 약속을 지키지 않는다면, 크게 실망할 것이라는 한국인들의 반향이 여러 곳에서 들려오고 있습니다.

프레데릭 미테랑에게 보낸 편지를 동봉합니다.

〈프레데릭 미테랑 문화부 장관에게 랑 의원이 보낸 서한〉

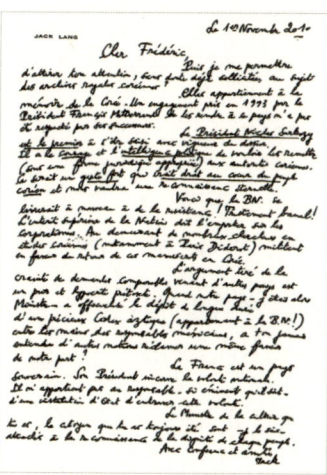

친애하는 프레데릭,

내가 이미 부탁한 바 있는 한국의 외규장각 도서문제에 관해 다시 한 번 관심을 촉구하고자 합니다. 외규장각 도서는 한국의 기록이며 1993년 미테랑 대통령이 한국에 돌려주기로 한 약속을 후임자들이 지키지 않고 있습니다.

사르코지 대통령은 이 문제를 적극적으로 검토하는 첫 번째 대통령으로서 이 도서들을 (적절한 법적 테두리 내에서) 한국 당국에 돌려주고자 하는 정치적 지혜를 가지고 있습니다. 이는 한국 국민들의 가슴에 곧바로 다가갈 것이며 이들의 영원한 감사를 받게 될 것입니다.

이에 대해 국립도서관이 저항 운동을 벌이고 있는 것은 서글프게도 저급한 일입니다. 국가의 우월한 이익이 집단 이익에 우선해야 합니다. 한편, (파리-디드로를 위시하여) 많은 한국학 연구학자들이 외규장각 도서의 한국 반환을 위해 투쟁하고 있습니다.

다른 나라로부터의 반환요구 쇄도 우려에 근거한 반대 논리는 순전히 위선적인 핑계에 불과합니다. 내가 장관 시절 (국립도서관에 소장된) 소중한 아즈텍 책자를 멕시코에 장기간 기탁하기로 공식화했을 때 다른 나라들이 같은 요구를 해온 일이 있었습니까?

프랑스는 주권 국가입니다.

프랑스 대통령은 국가의 의지를 대표합니다.

어떠한 국가 기관의 책임자도, 그가 아무리 훌륭할지라도 대통령의 의지를 막을 수 없습니다.

문화부 장관으로서 또한 나와 같은 프랑스 시민으로서 모든 국민의 존엄성을 인정하는 데 뜻을 함께할 것으로 믿습니다.

신뢰와 우정을 보내며.

자크

뱅상 베르제 총장도 유복렬 참사관을 통해 소식을 전해 왔다. 랑 의원이 나와의 오찬 직후에 베르제 총장에게 전화하여 외규장각 도서문제의 해결을 목전에 두고 있으나 국립도서관 측의 예상보다 격렬한 반대로 인해 어려움을 겪고 있다고 하면서, 외규장각 도서 반환지지협회 차원의 도움을 요청해왔다는 것이다. 이에 따라, 금일(11월 4일) 자로 베르제 총장이 외규장각 도서 반환지지 협회장 자격으로 사르코지 대통령에게 서한을 발송하였다고 하면서 서한 사본을 보내온 것이다. 랑 의원으로부터 연락받자마자 사르코지 대통령에게 즉시 서한을 발송하고 이를 대사관에 알려준 베르제 총장도 랑 의원 못지않은 원군이었다.

사르코지 대통령에게 보낸 서한에서 베르제 총장은 외규장각 도서가 한국 내에서 가지는 의미와 상징성, 외규장각 도서문제에 대한 한국 정부와 국민들의 지대한 관심 및 이번 사르코지 대통령의 방한에 거는 큰 기대에 대해 설명했다. 문제를 해결하는데 있어서 그 어떠한 "문화적 거래행위"도 있어서는 안 되며, 자칫 프랑스가 그러한 시도를 한다면 문제 해결의 의미와 효과를 감소시킴과 동시에 한국 국민들의 반감을 살 위험이 크다는 것을 다시 한 번 강조했다. 외규장각 도서문제 해결을 통하여 프랑스로서는 매우 중요한 전략적 파트너인 한국과의 관계를 강화시키는 결정적인 계기를 마련해 줄 것을 적극 당부하고 있었다.

나는 랑 의원과 베르제 총장의 기민한 협조에 눈물이 날 정도로 고마웠다. 이들이 외규장각 도서의 반환을 옹호하는 것은 사르코지 대통령이 국립도서관의 격렬한 반대를 무릅쓰고 결단을 내리는데 정치적 부담을 줄여줄 수 있을 것이었다.

〈Vincent Berger 파리7대학교 총장의 사르코지 대통령 앞 서한〉

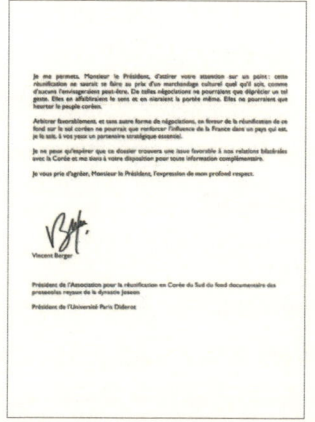

니콜라 사르코지 대통령님께

차기 공식 방한은 한국 국민들에게 매우 소중한 의미를 갖는 문화적 성격의 문제를 해결하는 데 좋은 기회가 될 것입니다. 다름 아니고 국립도서관에 소장하고 있는 조선왕조 왕실 의궤의 반환에 관한 문제입니다.

제가 총장으로 재직 중인 대학교와 한국과의 오랜 협력관계를 통하여 그리고 한국과의 수많은 접촉을 통하여 외규장각 도서들이 모든 한국 국민들에게 얼마나 큰 중요성을 갖는지 깨닫게 되었습니다. 이 도서는 한국 역사상 비견할 수 없는 비중을 차지하고 있습니다. 이는 한국 국민의 민족적 얼을 담고 있을 뿐 아니라 국가 정체성의 상징적 접합체이기도 합니다. 이러한 점에서 이 도서의 위상은 다른 분규 대상 문화재와는 비견될 수 없는 것입니다. 또한 이러한 점에서 이 도서문제의 해결은 프랑스와 한국 관계의 발전에 지대한 영향을 미치게 될 것입니다.

이러한 성격의 문제를 해결하기는 결코 쉽지 않으며 학계에서도 의견이 분분하다는 것을 알고 있습니다. 대통령께서 내려야 할 해결책은 학술적 질의응답으로 정리될 수도 없습니다. 전혀 다른 논리를 적용해야 합니다. 즉, 유구한 역사와 예외적인 문화유산을 소유하고 있는 프랑스가 이러한 성격의 문화유산이 갖는 의미를 이해하여 선각자적인 관대함을 베푸는 것입니다.

외규장각 도서를 한국 땅에 돌려줌으로써 한국과의 미래관계에 최고의 선물이 될 것이며, 그 역시 유구한 역사를 자랑하는 위대한 나라인 프랑스답게 점점 더 관계가 긴밀해지고 있는 한국 국민들의 역사를 존중해주는 행위가 될 것입니다.

그럴 리는 없겠지만, 한 가지 대통령님의 주의를 환기시켜드리고 싶은
것은 도서의 반환이 그 어떠한 문화적 거래의 대가로 이루어져서는 안
된다는 것입니다. 그러한 흥정은 반환의 가치를 떨어트릴 수밖에 없을
것입니다. 이는 반환의 의미와 취지를 약화시킬 뿐 아니라 한국 국민
들의 반감만 사게 될 것입니다.

대가 없이 의궤를 한국 땅에 돌려놓도록 결정함으로써 프랑스의 중요
한 전략적 동반자인 한국에서 프랑스의 영향력이 강화될 것입니다. 이
문제가 한국과의 관계에 유익한 방향으로 해결되기를 기대하면서 보
충 설명이 필요하시면 언제든지 제공해 드리겠습니다.
경구(敬具)

뱅상 베르제
외규장각 도서 반환추진 협회 회장
파리-디드로 대학교 총장

3. 사르코지 대통령의 결단

정상회담까지 7일밖에 남지 않았다. 주말 이틀을 제외하면 일할 날은 5일밖에 남지 않았는데 외규장각 도서문제는 아직 사르코지 대통령의 결심을 받지 못한 채 표류 중이었다. 랑 의원과 베르제 총장이 도와준다고는 하지만 주무부처인 문화부 장관과 국립도서관의 반대를 무릅쓰고 사르코지 대통령이 우리 측의 희망하는 대로 결단을 내려줄지 마음이 점점 초조해졌다.

장-오르티즈 국장이 진전이 있으면 연락하겠다고 했다. 하지만 오전까지 기다려도 아무런 기별도 없었다. 하필이면 후진타오 중국 주석의 프랑스 국빈 방문이 11월 6일까지 예정되어 있어서 외교부와 대통령실의 관심은 온통 국빈행사에 쏠려 있었던 상황이었다. 특히 장-오르티즈 국장은 주무국장이기 때문에 말할 나위도 없었다. 전화기를 여러 차례 들었다 놓았다 하면서도 국빈행사에 바쁜 사람에게 방해가 될까 봐 먼저 전화를 걸지 못하고 마냥 그로부터의 전화를 기다리자니 답답하기 짝이 없었다.

장-오르티즈 국장은 오후 늦게 전화를 걸어왔다.

"후진타오 중국주석의 국빈 방문이 11월 6일(토) 끝나는 만큼 가능하면 그 직후에 쿠쉬네르 외교부장관이 양국 협상대표 간에 도출된 해결방안을 사르코지 대통령에게 직접 보고할 예정입니다. 늦어도 11월 8일(월)까지는 보고를 마칠 것입니다. 아마 내주 화요일 경에는 프랑스의 최종입장이 좀 더 분명해질 것 같습니다. 현재로써는 사르코지 대통령이 어떠한 결단을 내릴지 알 수 없지만, 프랑스 외교부로서는 일단 최선을 다하여 해결방안이 그대로 추진되도록 노력할 것임을 약속드립니다. 또한 사르코지 대통령이 해결방안에 대해 결단을 내릴 경우, 곧바로 박 대사와의 실무협의를 통해 사르코지 대통령의 서울 향발에 앞서 양국 협상대표 간의 합의문에 서명하는 것을 원칙적으로 추진할 것입니다. 만일 시간적으로 그러한 사전 합의문 서명이 어려울 경우, 11월 12일 한불 정상회담 시 양국 정상들이 양측 협상대표가 마련한 해결방안을 반영한 발표를 할 수 있도록 추진하자 노력하고 있습니다."

랑 의원으로부터도 전화를 받았다. 랑 의원은 당일(11월 4일) 엘리제궁에서 개최된 후진타오 주석 국빈 만찬에 참석하여 사르코지 대통령에게 직접 외규장각 도서문제에 대해 언급할 기회를 가졌다면서 자신이 사르코지 대통령에게 설명한 내용을 알려왔다.

"외규장각 도서문제는 양측 협상대표 간에 도출된 해결 방안 대로 해결되어야 하며, 동 문제 해결은 절대 '거래'가 아닌 '일방' 형식으로 이루어져야 합니다. 한국 국민들이 외규장각 도서의 역사적 문화적 상징성과 가치에 각별한 의의와 중요성을 부여하고 있으며, 외규장각 도서를 한국에 돌려주는 것은 한불 양국관계의 강화에 결정적인 역할을 할 것입니다."

이에 사르코지 대통령은 랑 의원의 의견에 이해의 뜻을 표하고 서울 정상회의 참석차 출국하기 전에 다시 만나서 협의하자고 하였다고 한다. 랑 의원은 역시 만찬에 참석한 쿠쉬네르 외교 장관과 발레리 페크레스 고등교육부 장관에게도 외규장각 도서 문제에 대해 자신의 견해를 설명하여 공감을 얻었다고 하였다.

나는 랑 의원을 향한 고마운 마음에 눈물이 날 지경이었다. 랑 의원이 약속하기는 했지만, 중국 주석을 위한 국빈 만찬 자리인 데다 랑 의원은 헤드테이블에 배치된 것도 아니므로 중국과 전혀 관련 없는 문제로 대통령에게 진언할 기회를 가질 수 있을 것이라고는 크게 기대하지 않고 있었기 때문이다. 다시 외규장각 도서문제의 해결에 서광이 비쳤다.

쿠쉬네르 외교부장관이 후진타오 중국 주석의 국빈 방문 직후에 주말 중에라도 사르코지 대통령에게 외규장각 도서문제를 보고할지도 모르고 보고 결과가 나오면 장-오르티즈 국장이 결과를 알려주기로 했기 때문에 행여 좋은 소식이 있을까 주말 내내 연락을 기다렸다. 그러나 아무런 소식도 없었다. 마음은 타는 듯 답답하고 길고 지루한 토요일이었다.

일요일에는 파리중앙장로교회에서 예배를 드리면서 외규장각 도서문제가 해결될 수 있기를 간구하였다. 이극범 담임목사께도 중보기도를 부탁드려 예배 중에 교인들과 함께 특별 기도를 드리기도 하였다. 파리 앙장로교회는 내가 1986년부터 1987년까지 파리국립행정학교에서 연수할 때부터 다니던 교회였다.

크리스천 전임 대사들 중에는 한인교회를 매주 순회하며 다니는 분도 있었지만 나는 부임 초기에 한인교회 목사 14분을 초대하여 목사님들에게 양해를 구하고 연수 시절의 추억이 남아있는 중앙장로교회를 택하였다.

나는 어렸을 때부터 친할머니의 손에 이끌려 교회를 다니기 시작했고 외교부에서는 한 때 직장 선교회 회장을 맡기도 했었다. 하지만 그동안 솔직히 무엇을 위하여 간절하게 기도를 해본 적이 없었다. 이번만은 달랐다. 외규장각 도서문제만은 부임 직전에도 온누리 교회에서 중보기도를 부탁했듯이 막바지 고비를 맞아서 기도의 힘을 빌리고 싶었다. '진인사 대천명'이라지만 세상에는 사람의 힘만으로 안 되는 것도 있다. 20년 가까이 풀지 못한 해묵은 숙제를 푸는 데 하나님의 도움을 청하는 것이 왠지 당연해 보였다.

11월 8일 월요일, 출근하자마자 나는 레비트 외교수석과의 면

담을 신청하였다. 정상회담까지 4일, 사르코지 대통령의 출국을
겨우 3일밖에 남기지 않은 시점이었다. 외규장각 도서문제가 해
결되느냐 안 되느냐는 이 3일간에 달려있었다. 본부에서는 사르
코지 대통령의 출국 전에 양국 협상대표 간 합의문의 서명을 추
진하도록 독촉하는 전문이 와 있었다.

레비트 수석과의 면담은 오후 늦게 이루어졌다. 면담에는 로
르톨라리 아주보좌관과 유복렬 참사관이 배석하였다. 나는 레비
트 수석에게 사르코지 대통령이 외규장각 도서문제 관련 보고를
받았는지 물었다.

레비트 수석은 "오늘 오전에 엘리제에서 관계 장관회의를 가
졌는데, 이번 해결 방안 추진에 찬성하는 쿠쉬네르 외교부 장관
과 이에 반대하는 미테랑 문화부 장관 간에 설전이 오갔다. 이
러한 양 부처의 입장과 한국 정부의 입장 및 한불 양국관계 등을
종합적으로 고려하여 오늘 중으로 사르코지 대통령에게 서면 보
고를 올릴 예정입니다. 그리고 사르코지 대통령이 결단을 내리
는 대로 양국 협상대표 간 합의문이 마련될 수 있도록 추진하겠
습니다."라고 하였다.

나는 레비트 외교수석의 사르코지 대통령에 대한 서면 보고가
외규장각 도서문제의 해결 방향에 결정적인 역할을 할 것임을
직감하고 우리 측의 입장을 상세하게 설명하였다.

"당초 우리 측이 프랑스 측에 제안했던 해결 방안의 기본적 틀

은 외규장각 도서의 영구대여 및 우리 문화재의 프랑스 내 전시 방안이었습니다. 우리 정부로서는 심도 있고 다각적인 검토 끝에 프랑스가 안고 있는 선례 구성 문제와 프랑스 국내법상 제약, 국내적 반발 우려 등 제반 요소들을 모두 감안하여 도출해낸 방안입니다. 그러니 제반 배경이 사르코지 대통령에게 잘 보고될 수 있도록 하여 주십시오. 양국 협상대표가 정부로부터 공히 협상 임무를 부여받아 자국 훈령에 따라 현재의 방안을 도출하는 과정에서 우리 측이 당초 제안했던 '영구'라는 표현을 포기하고 프랑스 측의 제안을 수용하기 위해 국내적으로 관계 부처의 의견을 조율하는 데 많은 어려움을 겪었습니다. 이번에 마련된 외규장각 도서문제 해결 방안은 프랑스 정부의 신뢰가 걸린 문제입니다. 참고로 말씀드리면, 외규장각 도서와 유사한 성격을 가진 일본에 있는 조선왕조 의궤와 관련 최근 일본 측이 6개월 이내에 의궤 일체를 우리 측에 인도한다고 발표한 바 있습니다. 우리나라가 일본으로부터 돌려받아야 하는 다른 문화재들도 많이 있습니다. 허나 일본 정부가 조선왕조의궤를 우선 인도하기로 한 것은 '의궤'가 우리 조선왕조의 역사에 관한 것으로서 선조의 얼이 그대로 담긴 중요한 사료라는 점 때문입니다. 이러한 의미에서 외규장각 도서는 여타 문화재와는 다른 특별한 의미를 지니는 것이며, 다른 문화재 반환의 선례 구성에도 예외가 될 수 있을 것입니다. 일본 정부의 발표는 외규장각 도서문제의 해결에 대한 우리 국민과 정부의 기대치를 더욱 높여 놓았습니다. 사르코지 대통령의 방한 계기에 이 문제가 해결되는지가 향후 한불 양국관계에 매우 중요한 시금석이 될 것입니다."

이에 대해 레비트 수석은 선례 구성 문제가 가장 큰 관건이라고 하면서 선례 구성에 관한 양국 간의 양해 사항이 합의문에 반드시 포함되어야 할 것임을 강조했다. 그리고 선례 구성에 관한 문구를 직접 제안하였다.

"이번 외규장각 도서문제 해결을 위한 한불 간의 합의는 유일한 경우에 해당하며, 그 어떠한 경우에도 양측 공히 그 어떤 측에 대해서도 선례를 구성하지 아니한다."

나는 선례 구성 문제에 대해서는 양국 간에 이미 공감대가 형성되어 있으므로 아무런 문제도 되지 않으며, 양측 협상대표 간 합의문 내에 한 조항으로 포함시키도록 하겠다고 답변하였다.

레비트 수석은 지난번 면담 시 상징적으로나마 '상호대여 방안'을 검토해 달라고 요청했던 것과는 달리 이번에는 상호대여 방안을 전혀 언급하지 않고 선례 구성의 문제만 언급했다. 이로 미루어보아 그동안 검토에 긍정적인 진전이 있었음을 짐작할 수 있었다. 면담 끝 무렵에 레비트 수석은 랑 의원에 대해 언급하는 것으로 자신의 입장 변화에 대한 설명을 대신하였다.

"10년 이상 문화부 장관을 지낸 프랑스 문화계의 거물인 자크 랑 의원이 외규장각 도서문제에 대한 한국 국민의 애착과 한불 관계에 미치는 영향 등을 이유로 동 문제의 해결 필요성을 강조하면서 한국의 대변인 역할을 자처하고 있습니다. 1993년 '상호

교류와 대여' 원칙에 합의했던 미테랑 대통령의 조카인 현 미테랑 문화부 장관과 정면으로 맞서 양국 협상대표 간 합의된 해결방안을 옹호하고 있습니다. 훌륭한 대변인을 두신 것을 축하합니다."

사르코지 대통령에게 서면 보고를 올릴 때, 랑 의원이 사르코지 대통령에게 보낸 메모도 첨부하겠다고 약속하였다. 외규장각 도서문제는 외교 분야에서 대통령에게 향하는 길목을 지키고 있는 수문장의 통행증을 받아낸 것이다.

나는 저녁 7시경 랑 의원으로부터 전화를 받았다. 쿠쉬네르 외교장관이 자신에게 전화하여 11월 7일(일), 사르코지 대통령에게 외규장각 도서문제에 관해 직접 보고를 했으며, 동 보고 시 사르코지 대통령이 긍정적인 반응을 보였다고 연락해 왔다는 것이었다. 랑 의원은 현 상태에서 확신할 수는 없지만, 사르코지 대통령이 이번에 외규장각 도서문제를 해결하는 방향으로 결단을 내릴 것이라는 직감이 든다고 하였다. 나는 레비트 수석과의 면담 사실을 전하고 랑 의원이 한국의 입장을 잘 대변해 주는 덕분에 문제가 잘 해결될 것으로 기대하고 있다고 화답하였다.

일시귀국에 대비하여 나는 11월 9일 저녁, 파리공항을 출발하는 대한항공 편을 예약해 두었었다. 시차 때문에 서울에는 11월 10일 오후에 도착할 예정이었다. 이는 11월 12일 한불 정상회담을 앞두고 본부와 사전 업무협의를 가질 하루 정도의 여유를 갖기 위해서였다. 외국 국가 원수나 총리가 우리나라를 방문하면 주재국 대사가 일시 귀국하여 정상의 일정에 동행하는 것이 관례다. 다만 G-20 정상회의처럼 다자간 정상회의의 경우에는 모든 참가국 주재 공관장이 일시 귀국하는 것이 아니고 양자간 정상회담이 별도로 개최되는 국가에 주재하는 공관장들만 특별히 참석하게 되어 있었다.

한불 양자 정상회담은 G-20 현직과 차기 의장국 간의 회담이고 외규장각 도서문제를 비롯하여 양국 간 협의할 중요한 의제가 많기 때문에 나의 일시귀국은 당연시 여겨졌다. 그런데 아무리 기다려도 본부에서 일시귀국 허가가 오지 않았다. 당연한 일시귀국이라도 공관장은 관할 국가를 이탈하기 위해서는 반드시 장관의 사전 허가를 받아야 한다는 규정이 있기 때문에 이를 어길 수는 없었다. 나는 실무자들이 착오로 깜빡 잊고 있나 싶어서 유럽국장에게 전화로 알아보았다.

유럽국장은 일시귀국을 허가하는 결재를 올렸는데 차관실에서 보류하고 있으며, 보류 이유는 자신도 모른다는 것이었다. 나는 신각수 차관에게 전화를 걸어 일시귀국을 보류하고 있는 이유가 무엇인지 물었다.

신 차관의 답변이 걸작이었다. 나의 일시귀국에 반대하는 것은 아니지만, 이번 한불 정상회담에서 외규장각 도서문제가 해결이 안 되면 그동안 협상대표를 맡아 해결될 것처럼 보고해왔던 나의 체면이 구겨질 것이고 정상회담 참석이 어색할 것 같아서 보류하고 있다고 하였다. 나의 판단에 따라 해결 전망이 있다고 생각하면 귀국해도 좋다고 하였다.

나는 체면 문제에 대한 부분은 신 차관과 생각이 달랐다. 공직자가 일을 하다 보면 되는 일도 있고 안 되는 일도 있는 법이다. 일에 최선을 다하지 않아 실패하였다면 부끄러워해야 하지만 최선의 노력을 기울였다면 하등 부끄러워할 이유가 없다는 것이 나의 지론이었다. 더구나 외규장각 도서문제는 아직 끝난 싸움이 아니었다.

사르코지 대통령이 출국하기 전에 해결이 안 된다면 서울 양자 정상회담에서라도 해결하도록 마지막까지 노력을 기울여야 하는 부분이다. 그런데 협상대표를 맡은 대사가 협상의 실패가 두렵고 부끄러워 일시 귀국을 안 한다는 것은 상상할 수도 없는 일이었다.

나는 일단 일시귀국 허가를 보내달라고 하였다. 일시귀국 일자는 내가 현지 협상 경과를 보아가면서 결정하겠지만, 허가 없이 무단으로 일시 귀국할 수는 없으니 절차를 갖추어 달라는 것이었다.

다음 날 나는 일시 귀국허가를 받았다.

"귀직이 그동안 보고해 온대로 외규장각 도서 협상이 타결될 전망이 있다고 판단하는 경우, 일시 귀국하기 바랍니다."라는 다소 이례적인 전문이었다. 본부에서는 이때까지도 외규장각 도서문제의 해결 가능성이 별로 높지 않다고 판단하고 있음을 귀국허가 문구에서 읽을 수 있었다.

쿠쉬네르 외교장관이 일요일, 사르코지 대통령에게 직접 외규장각 도서문제의 해결을 건의하였고 레비트 외교수석이 월요일에 서면 보고를 올렸기 때문에 오늘까지는 대통령실에서 좋은 소식이 오지 않을까 하루 종일 기다렸다. 하지만 서울행 항공편 출발 시간이 가까워지도록 깜깜무소식이었다.

나는 장-오르티즈 국장과 통화하여 진전 상황을 확인해보았다. 대통령실의 소식을 기다리고 있기는 장-오르티즈 국장도 나와 마찬가지였다. 그는 자신도 프랑스 정부 협상대표의 명예를 걸고 협상 타결을 위해 최선을 다하고 있고 쿠쉬네르 외교장관도 자신과 뜻을 함께하고 있으니 너무 걱정하지 말라고 위로해주었다.

내가 협상 타결 전망이 어두우면 일시 귀국하지 않을 수도 있다고 말하자 그는 깜짝 놀라면서 서울 정상회담에서 막바지 타결이 이루어질 수도 있는데 그동안 한국 정부의 협상대표를 맡아온 내가 정상 회담에 참석하지 않는다는 것은 어불성설이라며 꼭 참석해서 끝까지 노력하라고 하였다. 전투를 하다 보면 아군과 적군의 구분이 힘들어지는 순간이 있는 데 바로 이런 때가 아닌가 싶었다.

오랜 기간 힘든 협상으로 서로 엉켜 있다 보니 어느덧 아군이 되어 있었다. 물론 외규장각 도서의 반환이 돌려주는 프랑스에도, 돌려받는 한국의 국익에 도움이 된다는 논리를 가지고 협상에 임하였기 때문에 가능했던 것이다.

일시귀국 항공편을 다음 날로 하루 연기하고 퇴근하려고 하는데 레비트 외교수석으로부터 전화가 왔다. 외규장각 도서문제 관련 진전 상황을 알려달라고 비서를 통해 메시지를 넣어두었는데 그에 대한 답전이었다.

레비트 수석은 어제 나와 면담 후에 사르코지 대통령에게 서면 보고를 제출하였는데 사르코지 대통령이 금일 드골 대통령 서거 40주년 기념행사 참석 등 분주한 일정으로 인하여 아직 보고서를 읽어보지 못한 상황이라고 하면서 보고서의 내용을 설명해주었다.

대통령에게 보고한 내용을 대통령이 읽어보기도 전에 외국 대사에게 알려준다는 것은 매우 이례적인 일이었다. 정상회담을 앞두고 중요한 의제에 대해 프랑스 정부의 결정이 지연되고 있는 것에 대한 미안함의 표시라고 짐작할 뿐이었다. 어쨌든 레비트 수석의 성의가 고맙게 느껴졌다.

서면 보고에는 2개 안이 포함되어 있었다.

1안은 양국 협상대표 간 협상을 통해 도출된 '외규장각 도서의 일방적 대여 및 2015년과 2016년 〈한불 상호 교류의 해〉 행사 시 한국 문화재 전시 계기 일부 외규장각 도서 포함'을 골자로 하는 해결방안이었고 2안은 미테랑 문화부장관의 이번 해결방안에 대한 반대 입장, 쿠쉬네르 외교부장관의 찬성 입장, 랑 의원의 한국 측 지지 입장을 포함한 프랑스 정부 및 정계의 현재 주요 입장을 함께 올린 것이었다.

레비트 수석은 내일 중으로는 외규장각 도서문제에 대한 사르코지 대통령의 결단이 나올 것으로 본다고 하면서, 결과가 나오는 즉시 나에게 연락을 주겠다고 하였다. 이제는 사르코지 대통령이 1안을 택하는 것을 기다리는 수밖에 없었다. 잠 못 이루는 밤이 하루 더 연장되었다.

(1) D-2, 11월 10일 수요일

이제 정상회담에 맞추어 내가 귀국할 수 있는 항공편은 딱 두 편만 남아있었다. 오늘 저녁 출발 대한항공편과 내일 오후 이른 시간에 출발하는 에어프랑스 편이었다. 사르코지 대통령이 빨리 결단을 내려서 가급적 국적기 편으로 귀국할 수 있게 되기를 희망하였지만, 에어프랑스는 최후의 보루로 남겨두어야 했다.

아침부터 레비트 외교수석이 연락해 오기를 기다렸다. 그러나 기다리는 연락은 오전을 넘기고 퇴근 시간이 다가오도록 오지 않았다. 대한항공을 타기 위해서는 늦어도 저녁 6시에는 대사관을 출발해야 하는데 6시가 훌쩍 지나도 레비트 수석으로부터는 감감무소식이었다.

하는 수 없이 마지막으로 항공편을 다음 날 에어프랑스로 예약 변경을 하였다. 예약 변경을 하면서 마음이 매우 무거웠다. 오전까지만 해도 외규장각 도서문제가 잘 해결될 것이라는 기대에 부풀어 있었는데 이제는 왠지 불길한 생각이 들기 시작하였다. 나와 함께 대책을 숙의하던 유복렬 참사관도 매우 초조해하는 기색이었다. 나는 퇴근을 하면서 레비트 수석실에서 연락할 일이 있으면 내 휴대폰으로 해달라고 메시지를 남겨두었다.

레비트 외교수석으로부터 전화를 받은 것은 퇴근길 자동차 안에서였다. 애타게 기다리던 소식이 전화기 너머로 들려왔다.

"축하합니다. 사르코지 대통령께서 양국 협상대표 간 도출된 해결방안을 그대로 수용하기로 결단을 내렸습니다. 오늘 오후 5시에 사르코지 대통령 주재로 외규장각 도서문제에 관한 최종회의를 개최하였는데 쿠쉬네르 외교부장관과 미테랑 문화부장관과의 심도 있는 협의를 거쳐, 깊은 고심 끝에 최종적인 결단을 내렸습니다. 사르코지 대통령의 결단은 제가 예상했던 기대 수준을 넘는 것입니다. 이는 마지막까지 최선을 다한 양국 정부의 노력과 그동안 긴밀히 발전해온 한불 우호관계의 결실입니다. 사르코지 대통령의 결단에 시간이 걸린 것은 그만큼 외규장각 도서문제가 어려운 문제이며, 문화재를 내주어야 하는 프랑스로서는 거센 국내적 반발에 따른 정치적 부담을 가지고 추진해야 하는 너무나 힘든 사안이기 때문입니다."

나는 갑자기 지옥에서 천국으로 올라가는 기분이었다. 나는 사르코지 대통령의 결단에 깊은 감사를 표했다. 그리고 한불 정상회담을 앞두고 외규장각 도서문제가 해결되어 다행이며, 한불 양국 간의 미래지향적인 협력관계를 다지는 뜻깊은 자리가 될 수 있도록 함께 힘써준 레비트 수석에게도 깊이 감사드린다고 하였다.

양국 협상대표 간 합의문은 사르코지 대통령이 다음 날 서울로 출발할 예정이어서 공식 협상을 위한 시간이 없는 상황이었다. 이와 관련, 나와 레비트 수석은 일단 11월 12일 양자 정상회담 시에는 지금까지 양국 협상대표 간에 도출된 해결방안을 반영한 입장을 우선 발표하기로 하고 사르코지 대통령의 출발 전에 발표문안을 조율하기로 하였다. 양국 정상이 발표할 문안 초안은 프랑스 측이 우선 오늘 저녁 9시까지 우리 측에 보내주기로 했다.

나는 다시 대사관으로 돌아와서 본부에 긴급 보고를 하고 유복렬 참사관과 함께 정상 발표문 안을 검토하였다. 발표문은 그동안 양국 협상대표 간에 협의해온 내용을 대부분 반영하였기 때문에 큰 이견 없이 합의할 수 있었다. 본부에는 불어본과 함께 국문본을 작성하여 송부하였다.

밤늦게까지 일하면서도 즐거운 마음에 피곤하지가 않았다. 우리 외교부가 1991년, 프랑스 정부에 외규장각 도서의 반환을 공식으로 요청한 이래 20년 가까이 진행해온 반환 교섭을 드디어 마무리 짓는다 생각하니 감개무량할 따름이었다.

그날 밤 관저에 돌아와서 잠을 청했다. 마치 소풍 전날 초등학생처럼 마음이 들떠 뜬눈으로 밤을 지새우다시피 했다. 본부에서 전개될 상황은 꿈에도 상상하지 못한 채….

4. 반전에 반전을 가져온 최후의 담판

사르코지 대통령은 종전 기념일 행사에 참석한 직후 대통령 전용기 편으로 출발 예정이었다. 종전 기념일은 프랑스 정부가 매우 중시하는 행사로서 그동안 단 한 번도 프랑스 대통령이 행사에 빠진 적이 없었다.

11월 11일에 시작되는 G-20 서울 정상회의에 제대로 참석하려면 하루 전에 출발하여야 하지만 종전 기념일 행사관계로 출발을 하루 늦춘 것이었다. 내가 타고 갈 에어프랑스 항공편은 대통령 전용기와 거의 비슷한 시간에 출발하여 11월 12일 아침 8시 이전에 인천 공항에 도착 예정이었다.

샤를르 드골 공항으로 이동하는 시간. 서울에서는 외교부 차관 주재로 문화부차관과 문화재청장이 참석한 가운데 외규장각 도서문제 관련 관계부처회의가 개최되고 있었다. 다음날 한불 정상회의에서 외규장각 도서문제 관련 발표할 문안을 협의하기 위한 회의였다. 나는 회의 결과를 모른 채 항공기에 몸을 실었다.

12일 아침 인천공항에 도착하여 비행기에서 내려 휴대폰을 다시 켜자마자 기다렸다는 듯이 유복렬 참사관으로부터 전화가 걸려왔다. 유 참사관은 매우 다급한 목소리로 내가 비행 중에 있었던 일을 보고해 왔다. 거의 울먹이는 목소리였다. 나는 보고를 듣기도 전에 거의 본능적으로 뭔가 일이 잘못되어가고 있음을 느꼈다.

유 참사관의 보고내용은 충격적이었다. 차관주재 관계부처회의 결과를 반영하여 본부에서 훈령이 하달되었는데 프랑스 측과 합의한 발표문 내용 중 핵심에 해당되는 부분을 수정하도록 교섭하라는 내용이었다.

유 참사관은 협상대표인 대사가 귀국행 항공기에 탑승 중이고 사르코지 대통령과 레비트 외교 수석을 비롯한 프랑스 측 교섭 상대들도 전용기로 이동 중이어서 교섭이 어렵다고 보고하였다. 하지만 본부에서는 명령대로 시행하지 않으면 처벌될 수 있다고 강경하게 지시가 내려왔고, 유 참사관은 하는 수 없이 프레데릭 라플랑시 동북아과장에게 본부의 메시지를 전달하였다고 한다. 라플랑시 과장의 보고를 받은 로르톨라리 아주보좌관은 대통령 전용기에 설치된 특별 통신장비를 통하여 이를 레비트 외교수석에게 보고하였고 레비트 수석의 보고를 받은 사르코지 대통령은 우리 측의 발표문 수정제의에 격노하면서 다음과 같이 직접 지시하였다는 것이다.

- 한국 측이 제시한 수정 문안은 절대 수용할 수 없음.
- 프랑스는 한국 측에 아래 세 가지 방안 중 하나를 선택할 것을 제안함.
첫째, 한국 측이 기존 합의 문안을 그대로 수용하고 추진하는 방안
둘째, 정상회담에서 양국 협상대표 간에 논의된 해결방안에 기초하여
　　　조속한 시일 내 양국 간 합의가 이루어져 서명토록 추진한다는
　　　내용의 '일반적 수준의 발표'를 하는 방안
셋째, 협상 결렬 방안

로르톨라리 보좌관은 상기 대통령의 지시를 유 참사관에게 전달하면서 이렇게 말했다고 한다.

"사르코지 대통령이 프랑스 대통령으로서 10년 만의 방한이고 한국과 프랑스가 G20 정상회의 의장국을 차례로 수임하여 국제무대에서 긴밀한 협력관계가 필요한 시기에, 한불 간 깊은 우호관계를 고려하여 문화부와 국립도서관의 격렬한 반대와 정치적 부담에도 불구하고 외규장각 도서문제를 해결하겠다는 결심을 한 것입니다. 사르코지 대통령이 외교부 및 문화부 등 관계부처 장관들이 동석한 자리에서 직접 이러한 결단을 내린 것인데 한국 정부가 이에 대해 또다시 무리한 요구를 하는 데 대해 사르코지 대통령의 심기가 매우 불편해졌습니다."

당시 사르코지 대통령은 전용기를 에어버스 A319에서 장거리 주행이 가능한 A330으로 바꾸고 최첨단 통신장비를 장착하였는데 새 전용기의 첫 번째 행선지가 바로 서울이었다. 만일 최첨단

통신장비를 갖춘 새 전용기가 아니었더라면 전용기 안에서 보고를 받지도 못했을 것이고 사태를 수습할 시간적 여유도 없었을 것이었다. 만일 서울에 도착하고 나서 보고를 받았더라면, 외규장각 도서문제가 어떻게 튀었을지 아찔한 순간이었다.

우리 측이 수정을 제의한 내용은 그동안 교섭과정에서도 우리 측이 요청하였으나 프랑스 측이 선례 구성의 우려와 국내법과의 충돌을 이유로 받아들일 수 없음을 분명히 밝힌 사항이었고 그간 교섭과정에서 본부에 이미 여러 차례 보고되었기 때문에 본부에서 그러한 수정제의를 했다는 것은 협상을 깨자는 것이나 다름이 없었다.

특히 합의 문안 중에 "2015~2016년 〈한불 상호 교류의 해〉 행사의 일환으로 한국 문화재 전시회를 열어 전시 품목에 외규장각 도서의 일부를 포함시키기로 한다."는 문구를 넣었다. 이는 외규장각 도서의 소장기관인 국립도서관의 체면을 조금이나마 살려주고 반발을 무마하기 위하여 포함시킨 것인데, 우리 측의 수정안에는 외규장각 도서를 포함시킨다는 부분을 삭제하라는 지시도 포함되어 있었다. 그 간의 교섭 진행내용을 제대로 파악하고 있었다면 도저히 있을 수 없는 지시였다.

프랑스 측이 반발하는 것은 당연했다. 나는 유 참사관의 보고를 듣고 온몸에서 힘이 다 빠져나가는 것 같았다. 다 된 밥에 재를 뿌리는 무책임한 지시에 속이 부글부글 끓어올랐다.

사태를 수습하려면 신속하게 움직여야 했다. 오후 5시에 예정된 정상회담까지는 불과 9시간밖에 남지 않았다. 인천 공항 입국장에 나오자 외교부의 통신 담당관이 내가 귀국하는 동안 외규장각 도서 관련 오고 간 전문을 봉투에 밀봉하여 전달하였다.

나는 외교부에서 제공한 차량으로 공항에서 외교부로 향하면서 우선 유럽 국장에게 전화하여 본부의 상황을 파악하였다. 나는 "도대체 일을 어떻게 하는 겁니까. 앞으로 어떻게 할 작정입니까?"라고 다소 역정을 내었다. 유럽국장도 다소 당황해 하고 있었다.

차관회의에서 외교부는 그간의 교섭과정을 설명하고 양국 협상대표 간의 합의안을 반영한 발표문 안을 받아들이도록 설득했다. 하지만 문화재청장과 문화부 차관이 '5년 단위 갱신 가능 대여'에 반대 의견을 굽히지 않고, 문화재 전시품목에 외규장각 도서를 포함시키는 문구에도 반대를 하여 어쩔 수 없이 이들의 의견을 반영하여 수정 교섭지시를 낼 수밖에 없었다고 해명하는 것이었다. 그러면서 외교부는 "프랑스 측이 사실상 양자택일하라는 답변을 보내와서 차라리 결정하기에 편해졌다. 협상대표 간의 해결방안을 받아들이던지, 5년 단위 갱신 대여를 받아들이시 못한다는 문화새청의 입장에 따라 협상을 결렬시키던지, 양자 선택만이 남았는데 외교부와 문화재청이 입장을 좁히지 못하고 있기 때문에 대통령께 보고하여 결정하는 일만 남았다."는 것이었다.

나는 외교부가 관계 부처의 몽니에 밀려 무리한 교섭 지시를 한 데 대해 화가 치밀었지만, 실무 국장에게 화를 내어 봐야 득이 될 것이 없었다.

유럽 국장은 레비트 외교수석이 공항에 도착하자마자 나를 만나고 싶다는 메시지를 전해왔다고 알려주었다. 레비트 수석도 뜻밖의 상황 전개에 곤혹스러워하고 있음은 당연했다. 레비트 수석의 입장에서는 프랑스 측이 국립도서관과 주무부처인 문화부 장관의 반대를 무릅쓰고 사르코지 대통령이 정치적 결단을 내려 프랑스 국내법이 허용하는 범위 내에서 최대한의 양보를 하였는데, 이를 한국 측이 받아들이지 않는 상황을 예측하지 못했을 것이 분명했다. 나는 사태의 수습을 위해 레비트 수석을 조속히 만나야 했지만, 그 전에 외교부의 교섭 지침을 재확인할 필요가 있었다.

나는 우선 관계부처회의를 주관한 신각수 차관에게 전화하였다. 신 차관은 빨리 사무실로 와서 협의하자고 하였다. 신 차관도 프랑스 측의 단호한 반응에 다소 당황해 하는 것 같았다.

나는 이어 김성환 장관에게 전화하여 장관의 의중을 알아보았다. 외교부는 유명환 장관이 갑자기 경질되면서 나와 외교부 입부 동기생들이 장관과 차관을 맡고 있는 특이한 상황이었다. 결정적 순간에 두 동기생들이 외교부의 일, 이인자를 맡고 있는 것은 그나마 불행 중 다행이었다.

김성환 장관은 내가 그동안 이끌어낸 합의안이 현실적으로 가능한 최선의 방식이라는 것을 잘 이해해 주었다. 그리고 이 합의안을 대통령께 보고하여 재가를 받아달라는 나의 건의를 흔쾌하게 받아들였다. 레비트 수석과 만나서 정상 발표 문안과 관련하여 막바지 조율을 시도하겠지만, 프랑스 측이 받아들일 수 없는 부분에 대해서는 나에게 협상 타결의 재량권을 달라는 요청도 수락하였다.

김 장관은 직전에 외교안보수석을 할 때에도 외규장각 도서문제에 관한 나의 교섭 내용을 계속 보고받아 왔기 때문에 외규장각 도서문제에 관하여 누구보다도 잘 파악하고 있었다. 그동안 문화재청 등 관계부처의 입장을 감안하여 프랑스 측과 마지막까지 절충을 시도하였지만, 문화재청의 입장을 관철시키는 것이 불가능한 것으로 판명된 이상, 이제 외교부의 결단을 밀어붙일 시간이었다.

마음은 급한데 금요일인 데다가 아침 출근 시간과 겹쳐서 공항에서 광화문으로 향하는 길이 무척 혼잡했다. 차관 사무실에 도착하니 10시가 다 되어 가고 있었다. 차관실에는 유럽국장도 미리 와 있었다.

외규장각 도서문제 관련 정상 발표 문안에 대해서는 긴 설명이나 협의가 필요하지 않았다. 신 차관이나 유럽국장 모두 사르코지 대통령의 방한이 외규장각 도서문제 해결의 결정적 계기임을 잘 알고 있었고 그러기 위해서는 양국 협상대표 간에 도출된 안을 기본적인 틀로 하는 발표 문안을 수락해야 한다는 데 큰 이견이 없었다. 신 차관은 다만 발표문안 중 우리 국민들이 오해할 여지가 있는 부분을 가급적 조정하기를 희망하였다. 나는 레비트 수석과의 협의 시 합의의 기본적인 틀은 유지하되, 우리 국민들이 거부감을 느끼지 않도록 문안을 최대한 절충해 보겠다고 하였다.

신 차관과의 협의를 끝내자마자 나는 레비트 수석에게 전화를 하였다. 레비트 수석은 G20 정상회담장인 코엑스에서 사르코지 대통령을 수행 중이었다. 레비트 수석은 우리 측이 막바지 순간에 그동안의 협상의 틀에서 벗어나는 제안을 한데 대해 의아해하였다. 사르코지 대통령이 정치적 부담을 무릅쓰고 사실상 외규장각 도서를 돌려주기로 결단을 내리기까지 매우 어려운 과정을 거쳤던 만큼 한국 정부의 반응을 이해하기 어려워하였다.

나는 우선 레비트 수석을 안심시켰다. 내가 귀국 항공편에 있는 사이에 개최된 관계 부처 회의에서 그러한 결정이 내려졌으나, 외교부 차원에서는 양국 협상대표 간의 기본적인 합의의 틀을 존중한다는데 장·차관 선까지 양해가 이루어져 있으며, 관계 부처의 반대에도 불구하고 프랑스 측에서 사르코지 대통령이 결단을 내렸듯이 우리 측도 대통령이 결단을 내리도록 건의할 것이라고 설명하였다. 오찬 직후에 코엑스 프랑스 대표단 사무실에서 만나 외규장각 도서문제 관련 정상회담 발표문을 다시 협의하기로 하고 통화를 마쳤다.

레비트 수석은 사무실을 찾아간 나를 매우 친근하게 맞이하였다. 그동안 외규장각 도서문제로 여러 차례 레비트 수석을 만나면서 나는 외규장각 도서문제를 대여의 형식으로 처리하는데 프랑스 측만 어려움을 겪는 것이 아니고 우리 측도 관계부처와 여론을 설득하는 데 많은 어려움을 겪고 있다고 말하곤 했는데 그게 엄살이 아니고 엄연한 사실이라는 것을 실감한 모양이었다. 이제 정상회담까지 세 시간도 남지 않은 시간. 그동안 우리는 단둘이 마주 앉아 정상회담의 성공을 가름하는 마지막 줄다리기를 시작할 참이었다.

외규장각 도서문제가 한불 양국 간의 관계 발전에 유일한 장애요인이고 향후 한불 양국 간의 미래지향적인 발전을 위해서는 이번 정상회담을 계기로 이 문제를 해결하여야 한다는 데에는 이미 의기가 투합해 있었다.

미테랑 대통령이 1993년 방한할 당시에 외교부 아시아대양주국장으로서 수행했던 원로 외교관이 외교 수석이 되어 나와 외규장각 도서문제 해결을 위해 마지막 담판을 벌이는 것은 역사의 아이러니이자 나에게는 커다란 행운이었다. 나는 우리 정부가 막판에 수정 교섭을 제의한 부분 중 우선 프랑스 측이 받아들일 수 있는 부분을 타진하였다.

우리의 수정교섭 제의에 대해 사르코지 대통령이 역정을 내고 그대로 받든지 말든지 하라고 했다지만 이는 자신이 어렵게 내린 결단과 성의를 우리 정부가 그대로 받아들이지 않은 것에 대한 서운함의 발로였지 세부적으로 합의 문안을 한 글자도 수정할 수 없다는 뜻은 아니라고 믿었다.

대여의 형식을 빌리기는 하지만 사실상 반환을 하는 것으로 사르코지 대통령의 결단이 내려져 있는 만큼, 기본적인 합의의 틀을 유지하는 범위 내에서 기왕이면 한국 국민들이 흔쾌히 받아들일 수 있도록 발표 문안을 조정하자는 나의 제의를 레비트 수석도 대부분 선선히 받아 주었다. 대신 나는 프랑스 국내법을 존중하고 선례 구성의 우려를 최소화하기 위해 양측 협상대표 간에 합의한 문구는 원안대로 유지되어야 한다는 레비트 수석의 주장에 동의해 주었다.

레비트 수석은 불어본 발표문안에 합의한 후에 발표문안의 기본적인 틀에서 벗어나지 않는다면 우리 정부가 발표할 한글본은 우리 국민들이 받아들이기에 좋은 표현으로 어떻게 바꾸든지 개의치 않는다고 하였다.

양국 정상의 발표문은 외규장각 도서문제의 해결에 매우 중요한 근거가 된다. 하지만 이는 법적인 효과가 없는 정치적 선언에 해당되는 것이었다. 결국은 양국 정부 간 합의문으로 구체화되어 양국 정부대표의 정식 서명이 이루어져야 법적인 구속력을 갖게 된다.

미테랑 대통령과 김영삼 대통령 간에 "상호대여와 교류의 방식"에 의한 해결 방안을 발표하였지만, 그 후 진행된 후속 협상에서 해결책을 마련하는 데 실패한 것처럼 정상회담에서 한 발표가 반드시 정부 간 합의로 이어지는 것도 아니다. 가장 바람직한 것은 정상회담 전에 양국 정부 협상대표 간의 합의문까지 채택되어 정상회담 계기에 서명하는 것이다. 그러나 그러기에는 시간이 부족했다. 대여의 틀을 받아들이는 데 문화부와 문화재청에서 끈질기게 반대를 하고 있는 것도 걸림돌이었다.

나는 레비트 수석과 합의한 정상 발표 문안을 유럽국을 통하여 장·차관에게 보고토록 하였다. 김성환 장관이 이명박 대통령에게 발표 문안을 보고한 것은 정상회담을 불과 한 시간여 남겨둔 시점이었다. 교육문화 수석도 보고 자리에 함께하였다고 한다.

사르코지 대통령이 외규장각 도서문제 관련 결단을 내릴 때 외교부장관이 찬성하고 문화부장관이 반대하는 것과 비슷한 광경이 펼쳐졌다. 교문 수석은 대여의 방식에 반대하는 입장을 보고하였다. 외교부장관은 프랑스 국내법상 불가피하게 대여의 형식을 빌리기는 하지만, 사실상 영구반환이라는 점을 들어 찬성을 건의하였다. 이명박 대통령은 외교부의 손을 들어주었다.

이 대통령은 우리 땅에 외규장각 도서를 가져다 두면 우리 것이 되는 것이라고 하면서 반환의 형식에 대해 크게 문제 삼지 않았다고 한다. 나는 정상 발표문의 합의 사실을 레비트 수석에게 통보하였다.

5. 양국 정상회담
: 역사적 결단

2010년 11월 12일 오후 5시 15분. 그랜드인터콘 호텔에서 역사적인 한불 정상회담이 개최되었다. 한국과 프랑스가 G20의 현직과 차기 의장국인 데다가 오랫동안 양국 간 현안 문제인 외규장각 도서문제의 해결에 합의가 이루어진 터라 정상회담은 그 어느 때보다 화기애애한 분위기에서 진행되었다.

양국 대통령이 의례적인 인사말을 교환한 후에 사르코지 대통령이 먼저 외규장각 도서문제를 꺼내었다.

"한불 관계에 있어 그동안 어려운 문제가 되어온 프랑스 국립도서관 소장 외규장각 도서를 한국에 돌려줌으로써 이 문제를 해결하고자 합니다. 프랑스가 이전에 한 약속의 이행방안을 마련하기 위해 최근 양국 협상대표가 정상 간 합의문을 마련하였습니다. 이로써 한국과의 우호관계에 있어 가장 큰 장애였던 문

제를 해결하고 양국 간 협력의 새로운 장을 마련하기를 희망합
니다."

이명박 대통령이 이에 화답하였다.

"양국관계에 부담으로 작용하고 있는 외규장각 도서문제가 사
르코지 대통령의 임기 전에 발생한 일이지만, 사르코지 대통령
이 이 문제를 임기 중에 푼다는 것은 양국관계를 100%로 강화
하는 효과가 있습니다. 이는 한불 관계가 현재의 99%의 관계에
서 1%를 더하여 완전한 관계가 된다는 것을 의미합니다. 프랑스
법이 허용하는 범위 내에서 우리 국민 정서를 이해하는 문장이
들어가면 좋겠으나, 일단 돌아오면 영구히 돌아오는 것으로 군
함으로 다시 빼앗아 갈 수는 없는 일이니, 프랑스가 대여 연장을
통해 반환한다는 의미에서 영구대여로 봅니다."

사르코지 대통령은 이 대통령의 말에 동의하면서, 갱신 가능
대여 형식이 되어 다시 가져가지 않을 것이며, 어떤 선례도 구성
하지 않는 한국으로의 실질적인 반환이므로 한국 국민이 만족하
기를 바란다고 했다. 덧붙여 2015~2016년 한불 상호교류의 해
를 추진하는 것은 매우 좋은 생각이라고 말했다.

사르코지 대통령은 "지금 모든 박물관 관장들이 나에게 외국
이 소장품을 가져가도록 허용한다고 자신을 비난하고 있다."고
하면서, 이전 대통령들이 못한 것은 그만큼 어렵기 때문이라고
하였다. 그러나 자신은 한국 국민들의 마음을 사는 것이 더 중요

하다는 판단을 내렸다고 힘주어 말하였다.

　한불 정상회담은 45분 만에 종료되었지만, 역대 어떠한 양국 간의 정상회담보다 값지고 의미 있는 회담이었다. 외규장각 도서의 반환을 위한 외교 교섭을 시작한 지 19년 만에 값진 결실을 얻어낸 역사적 회담이었다.

6. 프랑스 국내의 반응

: 국립도서관 사서들의 반발

르 피가로, 르 몽드지 등 주요 프랑스 일간지와 방송들은 11월 13일(토) 서울 G20 정상회의 계기에 개최된 한불 정상회담 시 외규장각 도서문제가 드디어 해결되었다고 일제히 보도하였다.

르 피가로는 "프랑스의 한국에 대한 최고의 선물"이란 제목으로 문화면에 외규장각 의궤 사진을 게재하고 "한불 양국 간 외교 관계를 심각하게 저해해 왔던 분쟁이 끝났으며, 이번 외규장각 도서문제의 해결은 한국으로서는 '새로운 승리'라고 평가하였다. 이어 미테랑 대통령 재임 시절 문화부 장관을 역임한 자크 랑 의원은 이번 해결을 이끈 사르코지 대통령의 고귀한 행동에 대해 경의를 표하였다."고 보도하였다.

르 몽드는 "프랑스는 불협화음의 의궤 297권을 한국에 돌려주기로 하다."라는 제목으로 한불 관계를 심각하게 저해해왔던 외규장각 도서를 둘러싼 갈등이 서울 G20 정상회의를 계기로 해결되었다고 보도하였다.

"이번 합의 방안은 명칭은 달라도 '반환'에 가까우며, 프랑스 국내 박물관과 도서관 책임자들은 이 점을 크게 우려하고 있다. 외규장각 의궤를 소장하고 있는 국립도서관의 총책임자인 브루노 라신 관장은 이번 합의가 발표된 11일과 12일에 연락이 두절된 채 입장을 밝히지 않고 있으나, 관장은 그동안 '불가양의 원칙'을 굽히지 않았었다."라고 하면서 "하지만, 동 의궤들이 프랑스보다는 한국에 더 소중하다는 사실은 분명하다."고 평하였다.

프랑스 I-TV, LCI 등 뉴스 전문 방송들은 사르코지 대통령의 서울 정상회담 직후 인터뷰 내용을 생중계하면서, 외규장각 도서문제의 해결 방안으로 한불 정상 간에 합의된 내용을 보도하였다.

프랑스 언론이 비교적 중립적이고 온건한 보도를 하는 가운데 프랑스 국립도서관은 외규장각 도서문제에 관한 양국 정상 간 합의에 반대하는 성명을 발표하였다. 국립도서관의 국장급 전문 사서 12명이 공동 발기인으로 서명한 성명에서 이번 결정은 "5년 단위 갱신 대여로 포장한 사실상의 반환"으로서 공공 컬렉션 불가양의 원칙을 훼손시키는 것이며, 국립도서관과 문화부가 지속적으로 고수해온 상호 등가 반환 입장을 묵살한 것이라고 반대 입장을 공개적으로 표명하고 동조자들의 서명을 촉구하였다.

발기 서명자 명단에는 우리 국민들에게도 잘 알려진 이름이 하나 포함되어있다. 다름 아닌 모니크 코엔 명예전문 사서이다.

코엔은 1993년 미테랑 대통령의 방한 당시 현 국립도서관 부관장인 상송과 함께 외규장각 의궤를 가져왔다가 의궤 한 권의 기증에 끝까지 온몸으로 저항했던 장본인이다.

국립도서관 사서들의 반환 결정 반대 성명발표 이후에 프랑스 언론의 보도가 비판적으로 바뀌기 시작하였다. 11월 18일 자 리베라시옹Liberation지는 "한국 의궤에 대한 다소 성급한 약속" 소제목으로는 "사르코지 대통령의 갑작스러운 한국 고문서 반환 발표가 국립도서관 사서들의 분노를 자극하고 있다."였다.

제1면과 문화면 24~25면의 전면에 걸쳐 의궤사진과 함께 외규장각 도서 반환 결정을 비판하는 기사를 게재하였다. 이 기사는 외규장각 도서의 탈취 배경, 양국 간의 협상 과정, 민간 협상 대표 간 의궤 대 의궤 맞교환 합의, 문화재 불가양의 원칙, 문화재를 정치, 전략적 목적으로 사용하는 정부에 대한 비판적 시각 등을 상세히 언급하고 국립도서관의 성명을 인용하여, 사르코지 대통령의 결정을 비판했다.

"대통령의 판단은 국립도서관과 문화부의 반대에도 불구하고 내려진 것이며, 국립도서관은 지금까지 '상호등가' 또는 '상응하는 대가'를 전제로 한 반환 추진 입장을 견지해 왔으나, 한국과의 경제관계를 고려한 현 정부가 독단적으로 결정을 내렸다."고 보도하였다.

르 피가로 지는 11월 24일 자에 "한국 의궤 반환이 국립도서관 전문 사서들을 언짢게 하다."라는 제목으로 "국립도서관 직원들이 이번 사르코지 대통령의 외규장각 의궤 반환결정에 반대

하는 탄원서를 발표하였다. 현재 272명이 서명한 상태로, 사실
상 반환인 이번 결정이 여타 국가들의 반환 요청을 자극할 우려
가 있다고 주장하고 있다."고 보도하였다.

르 몽드 지도 11월 25일 자(석간으로 24일 오후 발행) "한국 의궤를
둘러싼 불편함"이라는 제목으로 1면과 문화면 전면을 할애하여
국립도서관 직원들의 반발을 상세하게 보도하였다. 보도내용에
는 284명의 직원이 탄원서에 서명하였다고 하였는데, 이는 당일
발행 조간인 르 피가로지의 서명인 수자 272명보다 12명이 증
가한 것으로서, 반나절 만에 12명이 서명에 추가로 동참한 것을
미루어 짐작할 수 있다.

한편, 파리7대학교를 주축으로 친한 프랑스 지식인들 간에 '외
규장각 도서 반환 지지협회'가 결성되었다. 이 협회는 파리7대
학교 총장인 뱅쌍 베르제 회장의 명의로 외규장각 도서문제의
해결을 축하하는 커뮤니케를 발표하였다. 이들은 커뮤니케를 통
해, 외규장각 도서의 한국 내 복귀를 위한 양국 정상 간 합의를
축하하고 프랑스 정부가 한국에 대해 큰 상징적 우의의 행동을
하였다고 평가하였다.

또한 협회는 국립도서관 직원들의 반발 움직임이 확산되자,
자크 랑 의원과 공동명의로 르 몽드 지에 "외규장각 도서문제 해
결의 의미"라는 제목으로 기고문을 게재하였다. 이 기고문은 프
랑스 언론들이 국립도서관 직원들의 반대 입장을 게재하는 일방

적인 흐름을 차단하고, 프랑스 지식인들이 전문 사서들의 반대 주장에 맞서 외규장각 도서의 반환 결정에 찬성함으로써 사르코지 대통령의 정치적 부담을 줄여주는데 큰 기여를 하였다.

이 기고문은 베르제 총장과 우리 대사관 간의 긴밀한 협의 하에 이루어졌는데, 11월 18일 자 르 몽드 지 게재에 앞서 베르제 총장이 11월 15일, 우리 대사관에 문안을 보내와서 이미 본부에도 보고된 내용이었다.

〈Le Monde〉 기고문

한국 왕실 의궤 반환, 역사적 행동

사르코지 대통령의 서울 G20 정상회의 참석차 방한 계기에, 한국과 프랑스 양국 간에 오랜 기간 지속되어온 갈등이 좋은 결말을 맺었다. 조선왕조 의궤가 한국 땅으로 돌아갈 수 있도록 하는 합의가 이루어진 것이다.

이 귀중한 의궤 컬렉션은 서울과 파리에 나누어 보관되어 있다. 300여 권에 달하는 소중한 서적들이 19세기말 프랑스 함대의 한국 침공 당시 로즈제독에 의해 강탈되었다. 현재 BNF에 소장되어 있는 이 의궤들은 한국으로서는 유일무이하고 근원적인 역사적 증거를 구성하고 있다. 왜냐하면 이 의궤들은 1392년부터 1910년에 이르기까지 조선왕조 왕실의 의전과 예식 내용을 소상히 기록하고 있기 때문이다. 이 의궤들은 당대 최고의 서예가들이 직접 세밀하게 기록한 문장과 그림으로 이루어져 있다. 이러한 서책문화재는 동서양을 막론하고 전 세계 그 어디에서도 유사한 것을 찾아볼 수 없으며, 유네스코는 이 서책문화재를 세계기록 문화유산에 등재한 바 있다. 이 의궤들은 한국 역사와 문화 정체성의 중요한 근간을 이루고 있으며 그런 의미에서 한국에게 있어 이 의궤들이 지니는 상징적 의미는 너무나 큰 것이다.

한국 국민의 정신속에 이 역사적 서책들이 지니는 중요성으로 미루어, 이 서책들은 현재 세계 도처에서 갈등의 대상이 되고 있는 여타 문화재들과는 결코 비교될 수 없는 특별한 지위를 가지고 있다. 이 경우는 전통적인 예술작품 반환문제와는 절대 비교될 수 없는 것이다.

1993년 미테랑 대통령이 그 길을 열었고 당시 프랑스 도서관전문가들의 반대에도 불구하고 1권을 한국에 돌려주었다. 미테랑 대통령은 나머지 의궤들도 한국으로 돌아올 것임을 약속한 바 있다.

파리에 보관되어 있는 이 의궤들을 5년 단위 갱신되는 대여 형식으로 반환토록 함으로써, 사르코지 대통령은 전임 대통령의 약속을 지켰을 뿐만 아니라, 한국에 대한 절대적이고 최고주권자로서의 결단 및 우의를 상징하는 행동을 몸소 취한 것이다. 최근 프랑스 내에서 한국에 대한 관심은 크게 확대되고 있으며 프랑스 대학 내 한국어학과에 등록하는 학생 수가 지속적으로 증가하는 것이 이러한 관심을 증명하고 있다. 금번 합의는 양국 외교의 큰 성공이다. 이 의궤들이 조국인 한국으로 돌아갈 수 있도록 투쟁해왔던, 한국의 친구 자격으로 이 기사에 공동 서명한 기고자들은 긍정적 해결책이 마련되어 이 오랜 갈등에 종지부를 찍게 된 것을 축하하는 바이다. 이 서명자들은 금번에 마련돼 해결책이 한국과 프랑스 간 문화적, 지적 관계를 더욱 강화시키는 중요한 계기를 마련해 줄 것으로 확신하고 있다.

Vincent Berger 파리—디드로 대학교(일명 파리7대학교) 총장
(외규장각 의궤반환지지협회장)
Jack Lang 의원
Jean — Loup Salzmann 파리13대학교 총장

〈프랑스국립도서관(BNF) 직원들의 반대 성명〉

한국의궤 관련 프랑스국립도서관 직원들의 성명문

서울 G20 정상회담 계기에 프랑스 대통령은 1867년 이래 프랑스국립도서관에 소장되어 있는 한국 의궤 297권의 '반환'을 발표했다. 한국에는 동 의궤들중 상당수 의궤들에 대한 복본이 존재한다는 사실을 상기할 필요가 있다. 금번 결정은 BNF 및 문화부의 입장에 반하여 취해진 것으로서/ BNF와 문화부는 수년 전부터 지속적으로 '상호등가' 또는 '상응하는 대가'가 있는 반환 형식(교류/상호대여/순환대여 등)의 입장을 고수해왔다. 금번에 동 입장은 묵살되었다.

금번 결정은 지금까지 이 고귀한 도서들을 보관하고 복원하고 목록을 만들어 도서연구가들이 이용할 수 있도록 하는 데 전념해온 BNF로부

터 이 도서들을 박탈하는 행위이다. BNF는 16세기 이래 수집된 수많은 외국 서적들에 대해 외국문화에서 온 문화재에 대한 존중과 이 문화재를 모든 일반인들이 이용할 수 있도록 한다는 정신에 입각해서 이러한 활동을 전개해왔다.

금번 결정은 5년 단위 갱신이라는 포장을 한 '사실상의 반환'으로 법과 상충하는 것이다. 금번 결정에 따르면 최상의 경우를 상정하더라도 도서들이 간헐적으로 프랑스로 돌아오는 정도밖에는 기대할 수 없다. 결국 금번 결정은 전세계 박물관과 도서관 등을 상대로 줄기차게 요구하고 있는 다른 나라들의 반환요구를 부추기는 결과를 야기하게 될 것이다.

금번 결정은 공공컬렉션 불가양의 원칙을 훼손시키고 문화재 정책과 관련법을 정치/경제/전략적 목적에 종속시키고 있다는 우려와 그러한 추세를 단적으로 보여주는 것이다.

바로 그러한 이유에서 아래 서명한 BNF 직원들은 금번 결정에 반대한다는 입장을 공개적으로 표명하는 바이다.

(발기 서명자 병단)
Denis Bruckrnann 전문사서, 컬렉션 국장
Thierry Delcourt 전문사서, 서지국장
Monique Cohen 명예 전문사서, 전 서지국장
Sylvie Aubenas 전문사서, 판화국장
Antoine Coron 전문사서, 희귀도서보존국장
Michel Arnandry 전문사서, 금속화폐 · 메달 · 고대국장

Laure Beaurnont-Maillet 명예 전문사서, 전 판화국장

Gerald Grunberg 전문사서, 국제관계국징

Catherine Gaziello 전문사서, 철학 · 역사 · 인문학국장

Jean Yves Sarrazin 수석 전문사서, 지도 · 도면국장

Catherine Massip 명예 전문사서, 전 음악국장

Thierry Grillet 문화보급대표

동 반대 입장에 지지하는 동조자들은 1notioncoree@yahoo.fr을 통해
서명해주기를 희망한다.

〈리베라시옹〉 11월 18일자 기사
제1면 및 24-25면 전면기사로 게재

한국 의궤에 대한 다소 성급한 약속
(Coree des manuscritspromis un peu vite)

(제1면)

한국 왕실의 의전과 장례 의식 등을 기록한 297권의 의궤들이 1867년
서울 서쪽에 위치한 강화도에서 당시 카톨릭 박해(학살)에 대한 보복
을 위해 침공했던 프랑스 함대가 퇴진하면서 약탈되었다. 18세기와 19
세기 이 왕실 의궤들 중에는 그림이 그려져 있는 것도 있으며, 한국은
35년 전부터 이 의궤 반환을 요구해왔다. G20 정상회의 계기, 지난주

금요일에 사르코지 대통령은 BNF가 소장하고 있는 이 의궤들을 한국에 반환한다고 약속했다. 한국과의 경제적 관계를 고려한 금번 결정은 BNF 전문사서들 사이에서 큰 물의를 빚고 있다.

제24-25면 문화면 의궤 그림과 함께 전면에 게재

"문화재 : 사르코지 대통령의 갑작스런 한국 고문서 반환 발표가 BNF 전문사서들의 분노를 자극하고 있다"

한국 왕실의 의전과 장례 의식 등을 기록한 297권의 의궤들이 1867년 서울 서쪽에 위치한 강화도에서 당시 카톨릭 신부 및 신도 박해(학살)에 대한 보복을 위해 침공했던 프랑스 함대가 퇴진하면서 약탈되었다. 프랑스 병사들은 퇴거하면서 왕립도서관을 불태웠다. 18-19세기 도서인 이 왕실 의궤들 중에는 그림이 그려져 있는 것도 있으며, 한국은 35년 전부터 이 의궤 반환을 요구해왔다. G20 정상회의 계기, 지난주 금요일에 사르코지 대통령은 BNF가 소장하고 있는 이 의궤들을 한국에 반환한다고 약속했다. 한국과의 경제적 관계를 고려한 금번 결정은 BNF 전문사서들 사이에서 큰 물의를 빚고 있다.

BNF의 반발은 금번 결정의 형식과 내용 모두에 해당한다. 사르코지 대통령은 평소 습관대로 신중하지 못하게 처신했다. 서울로 출발하기 몇 시간 전에 사르코지 대통령은 쿠쉬네르 외교부장관과 미테랑 문화부장관을 면담했다. 미테랑 문화부장관은 대통령에 정면으로 맞서지는 못한 채 BNF의 반대에 따른 우려를 표명했다. 이에 대해 사르코지 대통령은 1993년 "미테랑 대통령 방한 당시 했던 결정"을 이행하는 것일 뿐이라고 반박했다. 문제는 미테랑 대통령이 그때 내렸다는 소위 이 '결정'의 흔적을 본 사람이 아무도 없다는 것이다. 물론, 한창 TGV 계약 권 협상 중이었던 시기에 사회당 출신 대통령이 어이없는 상황 속에 의 궤 한 권을 독단적으로 한국에 반환했던 것은 사실이다.

〈무기한 대여〉

1993년 미테랑 대통령은 서울에서 누구의 자문도 구하지 않은 채 당 시 발라뒤르 정권(*좌우파 동거정부 시절 우파출신 총리)을 속이고, 의 궤 한 권을 한국 측에 보여만 주겠다고 하면서 가지고 오라고 명했 다. 동경을 경유하여 한국으로 가는 중이던 BNF 두 명의 전문사서들 은 언론을 통해 미테랑 대통령이 이 의궤를 사실상 한국에 주려고 한 다는 사실을 알게 되었다. 한국에 도착한 이 전문사서들은 서면 지시 없이는 의궤가 담긴 철제상자를 당시 주한대사에게 건넬 수 없다고 거 부했다. 결국 어쩔 수 없이 이 의궤상자를 건네게 된 전문사서들은 상 자열쇠는 주지 않았다. 결국 자물쇠를 부술 수밖에 없었다. 하지만 당 시 그 누구도 이 사회당 출신 대통령이 나머지 의궤들에 대해 그 어떤 약속을 하는 것도 들은 적이 없다. 늘 독단적으로 결정하고 행동하는 데 익숙한 사르코지 대통령은 문화재 유출 금지원칙을 교묘히 우회하 여, 이번에는 '반환'이 '5년 단위 갱신되는 무제한 대여'(pret sans limi terenouvelable tous les 5 ans) 형식을 취하도록 했다. 이 의궤들 중 몇 권은 5년 후 파리에서 열리는 전시회에 포함될 수 있다고는 하지만, 아무도 믿지 않는다. 이 의궤들은 다시는 BNF에 돌아오지 않을 것이다. BNF는 아직 이 의궤들의 디지털화 작업을 완전히 끝내지 못했다.

정말 희한하게도, 금번 합의발표문(declaration)에는 BNF와 한국국립중

양박물관간 합의를 공식화하기 위한 '협의'(concertations)가 있을 예정임을 언급하고 있다. 이미 12년경 전부터 비정기적인 협상이 이어지고 있음에도 불구하고 말이다.

Jacques Sallois 전 프랑스박물관장은 이미 시락 대통령으로부터 중재 임무를 부여받은 적이 있다. 한국의 저명한 학자 한상진 교수와 함께 이 두 민간대표들은 2000 년 당시 한국이 이 의궤들을 몇 권의 복본으로 소장하고 있다는 점에 착안하여 합의를 이끌어냈던 바 있다. 적색띠가 둘러져있는 의궤, 즉 어람용의궤들을 이 복본과 맞교환하는 방안이었다. BNF측은 유일본 30권을 제외한 나머지 의궤들을 계속 소장하고 이 유일본들은 동일 시대에 제작되고 동일한 가치를 지니는 의궤들과 맞교환하는 합의였다.

그러나 서울대 사학과 교수들은 국수주의 열정에 사로잡혀 순수한 반환을 요구하면서 강하게 반발했다. 그리고 정권이 교체되자 상황은 동결되었다. 그렇지만 BNF는 이 유일본 30권에 대한 디지털 작업을 진행했으며, 동 작업에는 2006년 양국 간 합의대로 한국 전문가들이 같이 참여했다.

〈불가양 원칙〉

BNF에 소장된 한국 사료는 2000여 점에 달한다. 그중에는 한국에서 가장 오래된 인쇄본 도서(*직지를 암시)도 있으며, BNF는 19세기 말부터 동 한국 사료들을 소장하기 시작했다. 프랑스인 모리스 쿠랑이 한국 최초의 서지목록을 작성했다. 동 컬렉션은 공공자산으로서 절대 양도 불가능하다. 문화계를 안심시키기 위해 정부는 "금번 합의가 유일한 특성을 지니며 어떤 경우에도 선례를 구성하지 않는다"고 표명하고 있다. 문제는 바로 이것이다. 알제리는 식민시대 탈취된 도서들의 반환을 계속 요청해왔다. 알제리인들에게 알제리는 한국과 같은 경제력을 지니지 못하고 있다는 사실을 설명해야 할 지경에 이르렀다.

문화재를 외교적 그리고 경제적 목적으로 사용한다는데 대한 우려는 아부다비 루브르박물관 분관 설립 당시부터 심각하게 제기되었다. 일부 인사들은 크리스틴 알바텔 전 문화부장관이 분명히 못박았던 "공공 컬렉션 중시" 원칙이 현 정부에서 지켜지지 않을 우려도 있다고 보고 있다. 피에르 로젠베르 전 루브르박물관장은 한국 외규장각 도서문제에 대해서는 잘 모르니만큼 그 문제는 직접 언급하지 않더라도 르네상스 시대 이후부터 시작되어 혁명기에 재확인된 바 있는 "문화재 불가양이라는 절대적 원칙"을 다시 강조했다.

또 다른 문제는 프랑스에 국한된 것이 아니라 국제적으로도 반환에 관한 분명한 정책이 없다는 것이다. 한 전문사서의 말을 인용하자면, "한국도 일본인들이 남기고간 중국 문화재를 소장하고 있다. 프랑스 박물관들은 전쟁 시에 가져온 전리품으로 가득 차 있다." 최근의 지배적인 분위기는 국수주의적 사고가 만연한다는 것이다. 그리스에 이어, 이번에는 중국이나 이집트가 1970년 유네스코 국제협약 제정 이전에 발생한 사건에 연관된 반환을 얻어내기 위해 전투를 벌일 태세에 있다는 것이다.

〈BNF 직원들에 저지 운동을 벌이다〉
한국 의궤 반환 결정은 BNF와 문화부의 의견을 묵살하고 취해진 것이다.

BNF와 문화부는 수년 전부터 지속적으로 "상호등가" 또는 "상응하는 대가"가 있는 반환형식의 입장을 고수해 왔다. 금번 결정은 지금까지 이 고귀한 도서들을 보관하고 복원하고 목록을 만들어, 도서연구가들이 이용할 수 있도록, 해온 BNF로부터 이 도서를 빼앗아버리는 행위이다. BNF는 16세기 이래 수집된 수많은 외국 서적들에 대해 외국문화에서 온 문화재에 대한 존중과 이 문화재를 모든 일반인들이 이용할 수 있도록 한다는 정신에서 입각하여 이러한 활동을 전개해 왔다. 금번 결정은 사실상 '반환'으로서, 국내법과 배치되며, 결국 전 세계 박물관과 도서관 등을 상대로 줄기차게 요구하고 있는 다른 나라들의 반환요구를 부추기는 결과를 낳게 될 것이다. 금번 결정은 공공컬렉션의 불가양의 원칙을 훼손시키고 문화재정책을 정치, 경제, 전략적 목적에 종속시키는 추세를 단적으로 보여주는 것이다.

(BNF 책임자들 및 전문사서들이 공동서명한 문서 발췌문)

〈리베라시옹 11. 18일자 기사〉

"제목 : 한국의궤 반환이
BNF 전문사서들을 언짢게 하다"

소제목 : 구체적으로 정해질 금번 '갱신대여 형식'은 프랑스가 소장하고 있는 문화재에 대한 여타 국가들의 반환요청을 자극할 우려가 있다.

사르코지 대통령이 현재 BNF에 소장되어 있는 한국 고문서를 "대여"한다고 한 약속이 동요를 일으키고 있다. 공식적으로는 "5년 단위 갱신대여"에 해당하는 만큼, 프랑스는 1867년 프랑스함대의 약탈로 취득한동 297권 의궤의 소유주로 남아 있다. 그러나 이 외교적 행위에 반대하는 BNF 전문사서들(272명 서명)은 탄원서(pétition)를 발표했다. "갱신대여라는 포장을 한 금번 결정은 사실상 반환에 해당하며, 다른 나라들의 반환요청을 자극할 우려가 있다."고 동 서명자들은 주장하고 있으며, 아울러 한국이 이 의궤들 대부분을 복본으로 가지고 았다고 강조한다.

이 의궤들 중 유일본 1권이 1993년 미테랑 대통령 방한 시 TGV 협상 계기에 전달되었다. 당시 BNF는 기정사실화된 상황에 놓여 속수무책이었다. 외교부가 금번 대여를 정당화하는데 1993년 미테랑 대통령이 했다는 합의를 내세우고 있는 상황에서, 1999-2000 민간협상대표로 중재 역할을 맡았던 Jacques Sallois는 〈리베라시옹〉지와의 인터뷰에서 프랑스의 "일체 서면 약속도 없었다."고 밝히고 있다. 현재 문화부는 명확하고 분명한 합의를 요구하고 있으며, 동 의궤들이 프랑스 땅을 떠나기에 앞서 전체가 디지털화되기를 요청하고 있다. 이러한 합의도 선례 구성을 우려한 공공박물관들을 안심시키지는 못할 것이다. 원칙적으로 공공컬렉션은 양도불가능하며, 외국으로부터 자국문화재라고 하면서 반환요청이 된 문화재들은 특별 관리되고 있다. 하지만 이집트, 그리스, 멕시코, 콜롬비아, 흑아프리카국가들은 자국의 역사를 되찾는 다는 미명하에 대리석, 묘비, 조각들의 반환을 위해 점점 더 강한 압력을 행사하고 있다.

〈르 몽드〉지 11월 25일자 외규장각 도서반환에 대한 기사 보도

제1면 제목 : 한국 의궤를 둘러싼 불편함

11월 12일 사르코지 대통령이 프랑스가 1866년 강탈했던 한국 왕실 의궤를 한국에 반환한다고 발표한 이후, 동 결정은 박물관 큐레이터들 사이에서 큰 논란의 대상이 되고 있다. BNF 책임자들은 갱신대여로 분장했다 하더라도 동 결정은 엄연히 "실질적 반환"이라고 비난하는 탄원서를 발표했다. 금번 결정은 선례를 구성하며, 공공 컬렉션 불가양의 원칙에 저촉된다. 아울러 BNF 전문사서들은 방법에 대해서도 반발하고 있다 : 대통령이 서울 G20 정상회의 계기에 의궤 반환을 공표함으로써 제대로된 프로세스를 존중하지 않았다는 것이다.

제25면 문화면 제목 : "한국 의궤가 떠나고 난 이후에 대한 우려"

소제목 : BNF 직원 대다수가 탄원서를 통해 엘리제의 결정을 비난하고 있다.

박물관이나 도서관 큐레이터들이 공공연하게 불만을 터뜨리는 것은 상당히 드문 일이다. 동 전문가들의 협회장을 맡고 있는 Christophe Vital은 "극히 드문 경우"라고 말한다. BNF 직원들의 대다수가 서명한 금번 탄원서의 경우도 전대미문의 경우이다. 현재까지 284명의 서명자들은 프랑스가 한국이 수년 전부터 반환을 요구해온 297권 의궤 문제를 해결한 방식에 크게 반발하고 있다.

11월 12일 서울 G20 정상회의에서 사르코지 대통령은 "프랑스 해군이 1866년 강화도에서 약탈해 지금까지 BNF에 소장되어온 17-18세기 한국 왕실 의궤들을 5년 단위 갱신대여 형식으로 반환한다."고 발표했다.

탄원서 서명자들은 특히 금번 결정이 자신들의 입장에 반해 취해졌다고 비난하면서 불만을 토로하고 있다. 특히, 이들은 동 대여가 "실질적 반환"으로서, 다시는 프랑스로 돌아오지 않을 것이라고 비난하고 있다.

박물관들에 따르면, 동 한국의궤 반환은 불가양의 원칙이라는 절대적 규칙을 위반하는 것이다. 공공컬렉션 목록에 등재되어 있는 모든 문화재는 공공컬렉션에서 이탈할 수 없다. 이 관습은 대혁명 시절부터 지켜져서 2002년 박물관법으로 공식화된 바 있다. "모든 박물관들은 이 원칙를 근거로 설립되었다."고 Michel Laclotte 전루브르박물관장은 말한다. "이 원칙을 훼손시키는 것은 위험하다."고 Pierre Rosenberg 전 루부르박물관장도 말한다. 이 두 명의 전루브르박물관장 모두가 한국의 경우가 염려스러운 선례를 구성한다고 입을 모으고 있다.

지금까지 프랑스는 윤리적 문제에 해당하는 인간유골만을 반환한 바 있다. 이것도 2회에 불과하다. 2002년에 일명 Hottentote 비너스라 불리는 Saaetjie Baartman 유골이 '인류박물관'을 떠나 남아공으로 갔다. 남아공은 20년 전부터 이 유골의 반환을 요청해왔다. 그리고 프랑스는 뉴질랜드 마오리 유골 15여 점을 반환했다. 이 두 경우 모두 의회가 영토 외 유출을 위해 입법하는 절차를 거쳤다. 그렇지 않은 경우, 모든 문화재 등급해제는 위원회의 승인을 거쳐야 한다. 2009년 동 위원회는 루브르박물관이 불법으로 매입했다는 사유로 이집트 벽화 5점을 이집트로 반환했다.

이 불가양의 원칙을 피하기 위해, 엘리제는 상기 언급된 방식으로 297권 의궤에 대한 장기대여 방식을 만들어냈다. 이 방식은 미테랑 문화부 장관과 협의를 거치기 전에 이미 결정되었다는 것이 문화부 관계자의 지적이다. 문화부는 대여의 "방식"에 대해서만 입장을 개진할 수 있었다. 동 사안에 정통한 관계자에 따르면, 문화부는 의궤의 '보다 신속한' 순환방식(rotation)을 기대했으나, 이 입장은 받아들여지지 않았다.

* 큐레이터협회장 Christophe Vital "우리가 물러서면, 박물관 1/3이 텅 비게 된다."

Bruno Racine BNF 관장 역시 난처한 입장에 처해 있다. 2009 년 〈르몽드〉 기사에서, Racine 관장은 반환이 아니라 "상호 대여"를 위해 노력 중이라고 말했다. 그런데 상황은 그렇지 못하다. Racine 관장은 본지의 질문에 답하기를 거부했다. 대신 Racine 관장은 BNF 직원들에게 서한을 보냈으며, 본지는 동 서한내용을 입수했다. Racine 관장은 BNF 직원들의 격분은 이해하나, 희망을 가지고 있다고 말한다. 프랑스가 의궤의 소유권을 유지한다는 것이다. 이 소유권 유지를 근거로 대여를 통해 이익을 얻을 수 있다는 것이다.

변호사이자 Corinne Hershkovitch 그리고 문화재관련 인터넷사이트 Latribunedelart.com 운영인인 Didier Rykner은 "참으로 보잘 것 없는 희망"이라고 단언한다. 이들은 문화재반환에 관한 저서를 2011년 2월에 출간할 예정이다. "사르코지 대통령이 마치 이 의궤들이 자기 것인 것처럼 단독으로 결정한 것은 어불성설이다. 이 의궤들이 프랑스의 자산임에도 불구하고, 한국과의 외교적, 상업적 교류에 맞추어 멋대로 처리한 것이다. 이 의궤들이 반환되어야 한다면, 프로세스를 존중해서, 위원회에 상정해야 한다. 이 과정에서 위선적으로 행동해서도 불법행위를 해서도 안 된다. 왜냐하면 환상을 버려야하기 때문이다 : 이 의궤들은 다시는 되돌아오지 않을 것이다"라고 이들은 말한다.

박물관계의 거센 반발을 막기 위해, 사르코지 대통령은 프랑스가 의궤를 약탈했고 미테랑 대통령이 1993년에 의궤 반환을 약속한 바 있다고 상기시켰다. "이런 식으로 물러서면 박물관 1/3이 텅 비게 될 것이다."라고 Vital 회장은 말한다.

사르코지 대통령은 상당히 새로운 그리고 논란의 여지가 있는 또 다른 논리를 제시한다. 이 도서들이 한국의 정체성에 속하며, 보편적 세계 문화재가 아니라는 것이다. 이 논리에 따르면 한 나라의 정체성에 속하는 모든 문화재는 반환되어야 하며 보편적 세계문화재에 속하는 문화재는 반환되지 않아도 된다. 이 독트린은 지난 11월 18일 〈르 몽드〉에 기고한 바 있는 Jack Lang 의원의 논리다. Lang 의원은 금번 외규장각 도서문제 해결에 있어 핵심적인 역할을 수행한 바 있다.

큐레이터들은 이 논리에 대해서도 크게 우려하고 있다. "한계를 어디에 두어야 하는가?"라고 익명을 요구한 한 박물관 책임자는 말한다. "파르테논 신전의 예를 들어보자. 이것은 그리스의 국가적 차원의 문화재이며, 동시에 보편적 세계문화재에 해당한다."

Vital 회장은 동 한국의궤 문제가 몇 년 전부터 공공컬렉션 불가양의 원칙이 상당히 위협받고 있다는 사실을 보여주는 다양한 압력, 사건, 징후들에 추가되는 사례라고 말한다. "프랑스는 판도라상자를 열고 있는 것이다. 위정자들은 박물관들이 몇 개 문화재들을 팔기를 기대하고 있다. 컬렉션의 '호흡'에 대해 이야기하는 사람도 있다. 마오리 유골 반환을 가능하게 한 법은 문화재 해제절차를 용이하게 하고도 있다." 한국, 중국, 라틴아메리카 등 급상승하는 신흥국들이나 이집트 같은 문화재 대국들이 점점 더 강하게 반환요청을 하는 시점에서 말이다.

이 한국 의궤들이 프랑스를 떠나 한국 국립중앙박물관으로 가는 데는 수개월이 걸릴 것이다. 우선 양국간 합의를 마무리 지어야 한다. BNF는 대여 방식에 대해 '철저하게' 협상을 하겠다는 각오다. 의궤들이 떠나기에 앞서 디지털화가 이루어져야 한다.

제 5 장

정상회담 후속 조치

會談後續措置

이러한 우여곡절을 거쳐 1차 이관 분 75권이
4월 13일 아시아나 항공편으로 드골 공항에
서 출발하여 4월 14일, 고국의 품에 안겼다.
이후 4번째 마지막 운송 분이 대한항공 편으
로 5월 26일 파리 공항을 출발하여 익일 인
천공항에 도착하였다. 실로 145년 만의 귀환
이었다.

1. 프랑스 국립도서관의
반발을 넘어서다

프랑스 국립도서관 직원들의 반발이 확산되고 언론의 보도가 비판적인 논조로 바뀌자 우리 정부에서도 비상이 걸렸다. 외교부는 국립도서관 직원들의 집단적인 반발과 반대 성명 발표가 한불 정상 간 합의 후속조치에 어떠한 영향을 미칠지, 다른 박물관과의 연대 반발 가능성 여부와 프랑스 국내 여론의 동향을 보고하라는 지시를 내렸다.

나는 본부 지시가 내려오기 전에 이미 장-오르티즈 국장과 국립도서관의 반발에 대한 프랑스 정부의 입장을 파악하고 정상 간 합의 후속 조치를 협의했다. 한편, 자크 랑 의원, 베르제 총장 등과도 대응 방안을 협의 중에 있었다.

장-오르티즈 국장은 11월 17일 나에게 전화하여 "외규장각 도서문제에 관해 정상 간 합의를 도출하게 된 것을 기쁘게 생각한다. 프랑스 정부로서는 대통령의 결단과 의지에 따른 합의라는 권위와 효력이 시간이 지남에 따라 조금이라도 희석이 되기 전에 가능한 조속히 실질적인 이행 방안이 마련되기를 희망한다."고 말하였다.

나는 장-오르티즈 국장의 의견에 전적으로 공감을 표시했다. "우리 국내적으로도 이번 정상 간 합의에 대해 일부 비판적인 시각이 있다. 실제로 외규장각 도서가 한국으로 돌아오기 전까지는 합의 내용과 관련한 오해나 비난이 있을 수 있기 때문에 정상 간 합의를 실질적으로 이행하기 위한 세부 사항에 대해 조속히 협의를 시작하자."고 제의하였다.

실제로 국내 일부 문화단체와 네티즌 간에는 합의의 이면에 무언가 프랑스 측에 대가를 약속했을 것이라고 근거 없는 주장을 하는가 하면, 프랑스 측이 언젠가 돌려달라고 하면 다시 돌려주어야 하는 게 아닌지 의문을 제기하기도 하였다.

장-오르티즈 국장과 나는 정상 간 합의의 이행을 위하여 양국 협상대표 간 합의문과 양국 소장 기관 간의 기술적 합의문을 조속히 채택하기로 하였다. 프랑스 국립도서관을 상대로 하는 기술적 합의문 작성 과정에서 이견이나 갈등의 소지를 최소화하기 위하여, 양국 협상대표 간 합의문에 실질적 이행계획과 관련한 세부 사항들이 최대한 포함되도록 했다. 또한 기술적 합의문도 양국 소장기관을 대신하여 프랑스 외교부와 우리 대사관이 직접 작성하기로 하였다. 합의 문안 관련 사전 실무협의는 라플랑시 동북아과장과 유복렬 참사관 간에 11월 19일부터 시작하기로 하였다.

나는 정상 간 합의를 이끌어 내는 데 핵심적인 역할을 한 레비트 외교수석, 장-오르티즈 아태국장, 자크 랑 의원, 베르제 파리 7대 학교 총장에게 각각 감사 편지를 보내고 정상 간의 합의가 결실을 볼 때까지 끝까지 지원하여 줄 것을 당부하는 것도 잊지 않았다.

11월 25일, 자크 랑 의원을 오찬에 초청하였다. 랑 의원은 외규장각 도서 반환을 위한 사르코지 대통령의 결심을 받아내는데 핵심적인 연결 고리 역할을 해주었다. 그리고 반환 협상의 중요한 고비마다 나를 도와주었고 양국 정상 간의 합의 도출에 크게 기여하였다. 나는 그동안 랑 의원의 협조에 깊은 감사를 드리고 향후 의궤가 한국 땅에 돌아오는 순간까지 지속적인 관심과 지원을 당부하였다.

국립도서관 직원들의 반발이 확산되고 있는 것과 관련 우려를 표하자, 랑 의원은 클로드 게앙Claude Gueant 대통령 비서실장에게 메시지를 보내어 국립도서관의 행태는 프랑스 문화기관 큐레이터들의 전형적인 보수적 태도로 국가 원수의 권위에 도전하는 것이니만큼, 합의의 실질적 이행을 위해 보다 적극적으로 국립도서관 측을 압박할 것을 요청하였다고 하였다. 이러한 메시지를 전달한 지 얼마 안 되어 브루노 라신Bruno Racine 국립도서관장이 랑 의원에게 전화를 걸어 상당히 격앙된 어조로 엘리제에 국립도서관을 겨냥한 비난 조의 메시지를 보낸 것에 대해 불만을 표시하였다.

"국립도서관을 책임지고 있는 국가공무원으로서 대통령이 국가 차원에서 결정한 사안에 맞설 의도가 전혀 없다. 다만, 국립도서관 직원들이 가지고 있는 불만이나 내부적 반발은 자신으로서도 어찌할 도리가 없다."

랑 의원은 장-오르티즈 국장에게도 전화하여, 협상대표 간 합의문 마련에 있어서 정확한 반환 시한을 확정하여 국립도서관 측이 나중에 이에 대한 이의를 제기하지 못하도록 할 것을 당부하였다고 하였다.

랑 의원은 외규장각 의궤는 이번에 한국으로 돌아가고 나면 항구적인 반환이 될 것이라는데 의심의 여지가 없다고 하면서 외규장각 의궤가 한국으로 돌아갈 때 자신도 동행해서 의궤들이 한국의 품에 안기는 모습을 직접 확인하고 싶다고도 하였다.

랑 의원과 오찬을 한 날 오후 라신 관장이 전화를 해왔다. 최근 프랑스 언론에 연일 보도되고 있는 국립도서관 직원들의 반발에 대해 한국 측의 우려가 있는 것으로 알고 있는데, 자신은 국립도서관을 책임지고 있는 관장으로서 양국 정상 간의 합의가 차질 없이 이행되도록 추진할 것이니 절대 염려하지 말라는 것이었다.

한불 양국 간 미래지향적인 협력관계 발전을 위하여 대통령이 직접 결단을 내린 사안인 만큼, 국가공무원으로서 대통령의 결정을 존중한다는 신념에 추호도 어긋남이 없다고 하였다. 다만 한 가지 부탁이 있다고 하였다.

"그동안 국립도서관이 소장해온 소중한 사료가 한국으로 돌아가는 것인 만큼 프랑스 서지학자들이 연구 목적으로 동 의궤들에 대한 디지털화 작업을 희망합니다."

이미 디지털화된 유일 본 30책 등 54책을 제외한 나머지 의궤를 디지털화하고자 하는 것은 자료보존과 연구 목적의 차원에서 제안하는 것이었다.

나는 정상 간 합의의 차질 없는 이행을 약속하면서 의궤의 디지털화 작업에 협조를 구하는 라신 관장이 고맙고도 측은하였다.

나는 부임 이후 외규장각 도서문제가 해결되기 전까지 국립도서관 근처에 얼씬도 하지 않고 관장도 만나지 않기로 작정했었다. 외규장각 도서문제와 관련 국립도서관의 불필요한 경계심을 불러일으키지 않고자 함이었다. 워낙 강한 장수가 버티고 있는 성은 직접 공략하기보다는 우회하여 수도를 먼저 함락시켜 저절로 무너지도록 하는 것이 병서에도 나와 있지 아니한가.

사르코지 대통령의 결단에 라신 관장이 지키는 철옹성도 속수무책이었다. 그런데 관장이 먼저 외규장각 도서 관련 정상 간 합의의 이행을 다짐하면서 어떻게 보면 사소한 부탁을 해오는 데대해 약간은 미안한 생각까지 들었다. 이제는 승자의 입장에서 자신의 임무를 충실히 수행해온 적장에 대해 아량을 베풀 차례가 되었다.

나는 "디지털화 작업에 대해 원칙적으로 반대하지는 않으나, 이는 반환 시한과 비용문제 등 종합적인 합의 이행의 일환으로 협상대표 간 회의에서 협의가 이뤄져야 할 것으로 본다. 프랑스 측 협상대표를 통해 정식으로 제의해오면 호의적으로 고려해 보겠다."고 하였다.

라신 관장은 통화를 마치면서 양국 정상 간 합의를 이행하는 데 있어 대통령으로부터 임명된 국가공무원으로서의 책임과 의무를 다하여 결코 차질이 빚어지지 않도록 할 것이라는 의지를 재차 표명하였다. 국립도서관장도 항서를 제출하였으니 이제 합의 불이행에 대한 우려는 덜게 되었다.

2. 정부 간 합의문 서명

외규장각 도서문제에 관련하여 정상 간의 합의를 이행하기 위한 첫 번째 협의 날짜는 12월 3일이었다. 당초 계획은 11월 18일부터 라프랑시 동북아 과장과 유복렬 참사관의 사전 협의를 갖고 공동으로 합의문 초안을 마련하기로 했지만, 국립도서관 직원들의 반발이 확산되면서 프랑스 정부 내에서 합의문 작성을 위한 의견 수렴이 지체되었다. 거기에다 장-오르티즈 국장이 허리 디스크로 수술을 받게 되어 예정보다 협의가 2주 정도 늦어졌다.

국립도서관의 외규장각 도서반환 반대 탄원서에 서명한 직원들의 수는 이미 500명에 육박하고 있었다. 협의가 늦게 시작된 대신에 프랑스 외교부가 그동안 문화부와 국립도서관 등 관계 부처와의 의견 수렴을 거쳐 합의문 초안을 만들어 왔기 때문에 보다 신속하고 효율적으로 협의를 진행할 수 있었다.

양국 정상 간에 외규장각 도서문제를 타결한 후 공식적으로 처음 만나는 자리여서 협상 타결을 축하할 겸 장-오르티즈 국장과 라플랑시 과장을 오찬에 초청하였다. 대사관에서는 유복렬 참사관이 동행했다.

장-오르티즈 국장은 수술 후유증으로 약간 수척해 보였다. 그래도 수술이 잘되었다며 국장은 밝은 표정을 지어 보였다. 우리는 외규장각 도서문제가 한불 정상 간에 잘 타결된 데 대해 덕담을 교환하고 가능한 한 조속히 합의를 시행하자는 데 의견을 모았다.

장-오르티즈 국장은 국립도서관 및 문화부와 힘겨운 줄다리기 협의를 진행한 결과 합의문 초안을 마련했다면서 우리 측에 동 초안을 교부하고 이에 대한 우리 측의 입장을 조속히 알려줄 것을 제의하였다.

또한 그는 "외규장각 도서 전체를 2011년 5월 31일 이전에 한국 측에 양도하는 것으로 관계부처 간에 양해가 이루어졌다. 양도에 앞서 도서에 대한 디지털화 작업을 하는데 소요 경비를 대여 절차의 일부로 간주하여 한국 정부가 부담하여 줄 것을 요청한다."고 하였다. 국립도서관은 내부 규정상 도서의 장기 대여 시 디지털화 작업을 반드시 하게 되어 있는데 외규장각 도서의 경우 사실상 반환이기 때문에 디지털화 작업이 없이는 절대로 외규장각 도서를 내어줄 수 없다는 입장이라는 것이었다.

내가 과거 유일본에 대한 디지털화 작업 시 양국이 비용을 분담했던 전례를 들어 비용 분담 가능성을 타진하자, 국장은 "경비를 분담할 경우 기술적으로 예산 심의를 위해 의회에 상정해야 하는데, 이 경우 외규장각 도서문제 자체가 도마에 올라 재검토에 들어갈 위험이 크다. 그뿐만 아니라, 상하 양원제인 의회 심의가 이루어질 경우 많은 시일이 소요되어 문제가 발생할 소지가 있다."고 하였다.

운송 방식과 운송일정에 대해서도 협의를 하였다. 프랑스 측은 12월 15일부터 디지털화 작업에 착수하여 3월 15일부터 디지털화 작업이 완료된 의궤들을 매 2주 단위로 차례로 한국 측에 양도하여 5월 31일 이전에 모든 의궤의 양도를 완료할 것을 제의하였다. 여러 번에 나누어 운반하는 것은 296권을 한 번에 운송할 경우 자칫 항공기 사고가 발생하면 귀한 의궤를 한꺼번에 유실될지도 모른다는 우려에 따른 것이라고 하였다.

나중에 대사관에서 실무적으로 확인한 바로는 '의궤를 안전하게 운송하기 위해서 방습, 방온 성능을 갖춘 상자에 한 권씩 포장해야 하는데 포장된 한 권당 부피가 거의 관의 크기와 맞먹어 296권을 한꺼번에 쌓아둘 수 있는 공간이 없다.'는 것도 분산 수송이 불가피한 이유인 것으로 밝혀졌다.

운송 보험과 관련 국립도서관은 의궤 한 권당 시장 가격을 100만 유로로 평가하고 있다고 하면서 그 가치를 보험료에 적용할 경우 보험 수가가 매우 높을 것이라고 하였다. 나는 보험 대신 우리 정부의 보증으로 대신할 것을 제의하여 프랑스 측의 양해를 받아내었다. 어차피 잘못되면 어떠한 보험으로도 대체할 수 없는 역사·문화유산인데 굳이 예산을 들일 필요가 없다는 생각이었다.

5년 단위 갱신 연장 방식과 관련하여 프랑스 측은 연장을 위해 사전 협의가 필요 없으며, 양국 외교부 간에 의례적인 공한note verbal을 교환하면 절차가 완료된다. 공한의 교환은 프랑스 국내법을 우회하기 위한 요식행위에 불과하다고 하였다. 내가 기왕이면 5년마다 공한을 교환할 것 없이 5년 단위 자동 연장 방식으로 할 것을 제의하자, 장-오르티즈 국장은 자동 연장 가능 여부를 검토하였으나 국내법에 저촉되는 것으로 결론이 내려졌다고 하면서 우리 측의 양해를 구하였다. 그러면서 연장을 요청하는 공한을 한국 측이 먼저 보내야 하는 것은 아니며, 프랑스 측이 먼저 연장을 통보하는 공한을 보내는 것도 가능하다고 하였다.

합의문의 효력과 관련하여 프랑스 측은 관계 부처의 합의 사항을 이행하는 것으로서 프랑스 국내적으로 법률보다 상위의 효력을 가진다고 설명하였다.

프랑스 측이 제시한 초안 중 눈에 걸리는 부분은 "의궤의 전시 시 국립도서관의 대여임을 명시하여야 한다."는 내용이었다. 나는 외규장각 도서를 우리 국내로 들여와 국립 중앙박물관에 전시하면서 '국립도서관 대여'라고 명시하는 것은 국민감정을 다시 한 번 부추기는 위험이 있어 수용하기 어렵다고 강력히 주장하였다. 이에 대해 라플랑시 과장은 국립도서관의 요청이 워낙 강해서 관계 부처 간 회의 시 이를 수용하여 일단 한국 측에 제안하기로 결정된 것이라며, 한국 측의 입장을 감안하여 협상대표 간 합의문에서는 우선 삭제하기로 하였다.

정부 간 합의문 작성을 위한 실무 협의는 그 후 몇 차례 더 개최되어 한 달여 만에 세부적인 문안에 합의를 이루었다. 합의문 자체는 이미 한불 양국 정상 간에 큰 틀에서의 합의가 이루어졌기 때문에 별 어려움 없이 타결되었다. 다만 297권의 외규장각 도서목록을 한글, 한자, 불어로 작성하여 합의문에 첨부하기로 하였는데, 목록을 확인하고 작성하는 데 많은 시간과 노력이 들었다.

정부 간 합의문 서명식은 2월 7일 프랑스 외교부에서 개최됐다. 합의문은 이미 1월 중순에 완료된 것이었지만, 장-오르티즈 국장이 디스크 재발로 재수술을 받게 되어 회복할 때까지 서명식이 3주가량 지연된 상태였다. 호사다마好事多魔라는 말은 이런 때를 두고 하는 말이 아니던가.

서명식에는 프랑스 측에서 브루노 라신 국립도서관장을 비롯하여 로르톨라리 대통령 아주 보좌관, 피에스키Fieschi 총리실 보좌관, 마리-크리스틴 로랑 문화부 국제협력국장 등과 협상대표단으로 참석하였던 문화부 직원들이 전원 참석했다. 우리 측에서는 대사관 직원들과 파리주재 특파원들이 참석한 가운데 이루어졌다.

국립도서관 직원들이 외규장각 도서의 반환에 반발하고 있음

정부 간 합의문에 서명하는 박흥신 대사와 폴 장-오르티즈 국장

에도 불구하고 라신 국립도서관장과 문화부 협상대표단 전원이 서명식에 참석한 것은 반가운 일이었다. 이는 프랑스 측이 이번 정부 간 합의가 지니는 위상과 권위를 분명히 함으로써 정상 간 합의를 차질 없이 시행에 옮기겠다는 의지를 암묵적으로 드러낸 것이었다. 유일한 예외는 상송 부관장이었다. 외교부에서 참석을 요청하였지만 끝내 모습을 드러내지 않았다. 합의문에는 나와 장-오르티즈 국장이 양국 정부를 대표하여 서명하였다.

나는 서명식 직후에 시행한 짤막한 인사말에서 외규장각 도서 문제의 해결을 위한 결단을 내린 사르코지 대통령에게 대한민국 국민과 정부의 이름으로 깊은 감사를 표했다. 그리고 이를 실천에 옮기기 위하여 협조해준 장-오르티즈 국장과 협상 관계자들에게도 감사의 뜻을 전하였다.

조선왕조 왕실 의궤에 관한 대한민국 정부와 프랑스공화국 정부간 합의문

대한민국 정부와

프랑스공화국 정부는

(이하 《당사자》라 한다),

2010년 11월 12일 대한민국 대통령과 프랑스공화국 대통령이 외규장각 왕실도서관 출처로 프랑스국립도서관이 소장하고 있는 조선왕조 왕실의궤 문제 해결을 위한 의지를 표명한 의향발표문에 의거하여 ;

동 왕실 의궤들이 한국 국민의 정체성의 일부이며, 한국 얼의 근원적인 요소를 형성하고 있다는 사실을 고려하여 ;

한국과 프랑스 국민들의 필요와 기대에 보다 잘 부응하고, 상호 이해증진과 우호협력관계 강화를 희망하여 ;

아래와 같이 합의한다.

제1조

프랑스 측은 외규장각 왕실도서관 출처로 별첨 목록에 명시된 조선왕조 왕실 의궤 297권 전체를 한국 측에 대여한다. 동 대여는 갱신되는 5년 단위 기간으로 한다.

제2조

동 의궤들은 한국 측 당사자에 의해 위임된 기관인 서울 소재 한국국립중앙박물관에 소장된다.

제3조
한국 측 당사자는 2015년과 2016년에 한국과 프랑스 간 상호 문화교류의 해의 틀 내에서 한국문화재를 주제로 하여 프랑스에서 개최되는 전시회 및 양국 간 교류를 위해, 금번 합의의 대상이 되는 의궤들이 가용될 수 있도록 한다.

제4조
프랑스의 한국에 대한 의궤들의 대여는 유일한 성격을 지니는 행위로서, 그 어떤 다른 상황에서도 원용될 수 없으며, 선례를 구성 하지 아니한다. 이는 문화재 반환요청 관련 당사자들을 대립되게 했던 분쟁에 최종적인 답이 된다.

동 대여는 금번 합의가 발효되는 시점부터 가능한 조속한 시일 내 효력을 지니게 된다. 의궤 이관은 디지털화 작업 후에 늦어도 2011년 5월 31일 이전에 이루어진다.

제5조
상기에서 명시된 행위의 시행 조건은 의궤 이관에 앞서 양국 정부에 의해 위임받은 양 기관인 한국국립중앙박물관과 프랑스국립도서관 간에 체결되는 약정의 대상이 된다.

동 약정은 양국내 법률과 규칙, 그리고 국제박물관협의회 (ICOM)에서 규정하고 있는 현행 국제적 관례에 부합하도록 체결된다. 동 약정은 프랑스국립도서관 전문사서들로 하여금 상기 의궤에 자유롭게 접근할 수 있도록 한다. 제3자 기관이 임시전시 목적으로 한 권 또는 여러 권 의궤들의 대여를 요청할 경우, 이는 양측의 합의에 맡긴다. 동 의궤들의 대중 전시 시에는 통 합의문을 언급한다.

제6조
대여된 각 의궤는 프랑스국립도서관 규정에 따라 디지털화작업의 대상이 된다. 각 디지털파일 1부씩이 공히 양측 기관에 전달된다.

금번 합의 이행과 관련된 비용은 한국 측 당사자가 부담한다.

제7조
금번 합의의 이행에 대한 통제 및 검사를 위해, 양 당사자는 양 해당 전문기관의 대표들로 구성되어 필요시 회합하는 고위급 실무그룹을 설치한다.

제8조
금번 합의의 해석이나 이행에 관한 모든 갈등은 양 당사자 간 협의 또는 협상을 통해 해결한다.

제9조
동 합의는 양 당사자 서명 당일 발효된다.

제10조

금번 합의는 5년 기간으로 체결한다. 동 합의는 양 당사자가 외교채널을 통해 서면 통보함으로써 5년 단위 기간으로 갱신된다.

2011년 2월 7일, 파리에서, 동등히 정본인 한국어 및 프랑스어로 각 2부씩 작성하였다.

대한민국 정부를 위하여   프랑스 정부를 위하여

외규장각 도서문제 정부 간
합의문 서명식시 대사 연설

친애하는 국장님,

귀빈여러분,

저는 한국과 프랑스의 양국 정상들께서 지난 2010년 11월 12일 의향 발표문을 통해 외규장각 도서문제 해결을 위해 표명하신 의지를 구체화시키게 되는 금번 정부간 합의문에 서명하게 된 것을 매우 기쁘게 생각합니다. 이는 양국 관계에 있어 분명 역사적인 순간임에 의심의 여지가 없습니다.

금번 합의를 통해, 양국 정부는 서로간의 우호관계를 재확인하고 미래지향적 관점에서 이를 강화시키고자 양국 대통령들께서 공동으로 내린

결정을 실행에 옮기게 되었습니다.

오래전부터 양국 관계에 장애가 되어왔던 외규장각 도서문제의 해결은 이후 양국 협력에 더욱 값진 결실을 맺도록 하는 진정한 기폭제 역할을 할 것으로 확신합니다. 뿐만 아니라 '2015-2016년 상호교류의 해' 개최를 통해, 양국 간 다양한 협력의 장을 한층 높은 수준으로 끌어올릴 수 있게 될 것입니다.

저는 이 자리에서 우리 국민들이 그토록 염원해왔던 사안에 대해 문제해결의 결단을 내림과 아울러 양국 간 우호관계의 가치를 소중하게 평가해 준 사르코지 대통령께 한국 국민과 정부의 이름으로 깊은 감사를 표하는 바입니다.

또한 이 기회를 빌려 동료이고 파트너이자 친구인 폴 장-오르티즈 국장 그리고 관계자 여러분께 그동안의 지속적인 노고와 전폭적인 지원에 대하여 깊은 감사의 마음을 전하고자 합니다.

감사합니다.

외규장각 도서
- 정부간 합의문 서명석 프랑스 측 연설문

존경하는 박흥신 대사님.

귀빈 여러분,

2010년 11월 12일 서울에서 이루어진 프랑스와 한국 양국 정상 간 의향발표문에 이어 금일 양국 정부가 서명하게 될 합의문은 한-불 관계에 있어 역사적이며 유일한 것임과 아울러 여러 가지 상징성을 함축하고 있습니다.

첫째, 이 합의문은 역사적인 성격을 가집니다. 이 합의문을 통해, 프랑스와 한국은 외규장각 출처로 프랑스국립도서관이 지금까지 소장해온 조선 왕조 왕실 의궤 문제에 대한 해결책에 관해 서로 합의하는 것입니다. 왕실 의전을 기록한 이 의궤(儀軌)들은 한국 국민들의 정체성과 역사, 얼의 일부입니다.

둘째, 이 합의문은 유일한 것입니다. 프랑스의 한국에 대한 외규장각 도서 대여는 유일하고 예외적인 특성을 지닙니다. 이는 그 어떤 다른 상황에서도 재연될 수 없으며, 결코 선례를 구성하지 않습니다.

끝으로 특히, 금번 합의는 한-불 양국 관계에 있어 매우 큰 상징성을 담고 있습니다. 프랑스의 외규장각 도서 대여는 오랜 우호와 신뢰 관계의 역사를 기반으로 한 양국 관계가 얼마나 각별한지를 보여주는 것입니다. 금번 합의는 정치, 경제, 과학, 사회 및 문화 등 제반분야에서 프랑스와 한국 간 관계의 긴밀함과 풍요로움을 보여주는 상징입니다. 양국 국민들 간 문화관계를 한층 격상시키기 위해 I 2015-2016년에는 한-불 수교 130주년을 기념하여 I 상호 문화 교류의 해를 추진할 예정입니다. 또 다른 분야에서 조만간 유럽연합과 한국 간 자유무역협정이 지난해 체결되어 금년 여름부터 시행 발효될 것인 바, 이는 양국 간 교역관계에 역동성과 심화확대를 안겨줄 중요한 원동력이 될 것입니다.

박 대사님 그리고 귀빈 여러분, 저는 우리 양국 간 우호협력관계가 앞으로 지속적으로 강화될 것이라고 확신합니다. 그러므로 오늘 이 자리에서 우리의 미래를 상징하는 합의문에 프랑스를 대표하여 서명하게 된 것을 매우 영광으로 생각합니다. 감사합니다.

3. 기관 간 약정
: 마지막 관문

외규장각 도서의 이관 작업을 위한 마지막 관문은 기관 간 약정이었다. 이는 정부 간 합의문을 실행에 옮기기 위한 기술적 합의문이지만 도서를 이관할 프랑스국립도서관과 도서를 이관 받을 국립중앙박물관 간의 합의문이기 때문에 신중하게 접근할 필요가 있었다.

기관 간 약정 협의를 위한 첫 만남은 정부 간 합의문 서명식 일주일 만인 2월 14일. 시내에 있는 한식당에서 이루어졌다. 여느 때와 마찬가지로 나와 유복렬 참사관, 장-오르티즈 국장과 라플랑시 과장이 함께하였다.

프랑스 측은 사전에 기관 간 약정 초안을 우리 측에 보내왔었다. 이는 국립도서관의 표준 약정을 기초로 한 것이었다. 프랑스 측 초안은 본부에도 보고되어 검토가 아직 진행 중이었다. 이번의 만남은 초안을 준비한 프랑스 측의 설명을 듣고 일차적인 의견을 교환함으로써 본부의 검토에도 도움을 주고자 마련한 것이었다.

나와 장-오르티즈 국장은 기관 간 약정도 프랑스 외교부와 대사관이 문안을 작성하고 문안이 확정되는 단계에서 양 기관에 이관하여 서명토록 하기로 하였다.

외교 교섭에 대한 이해 없이 직업 정신으로 똘똘 뭉친 사람들에게 합의문을 맡길 경우 자칫 감정의 충돌이 일어날 수도 있고 특히 이번 합의에 불만을 품고 있는 국립도서관 직원들에게 반발의 빌미를 제공할 수도 있기 때문이었다.

프랑스 측은 정부 간 합의문은 일반에 공개하되 기관 간 합의문은 공개하지 않을 것을 제의하였다. 기관 간 합의문은 도서의 디지털화, 도서의 포장 및 운송, 비용부담 등 세부적인 기술적, 행정적 사항을 규정하는 문서인데, 일반 대여 시의 합의문을 모델로 하고 있어 자칫 불필요한 논란을 불러일으킬 우려가 있기 때문이었다. 나는 본부와의 협의를 거쳐 기관 간 합의문도 공개하기로 했다. 비공개로 할 경우 오히려 불필요한 억측과 오해를 불러일으킬 위험이 더 크다는 생각에서였다.

장-오르티즈 국장은 실질적인 도서 이관을 위해서는 기관 간 약정이 순조롭게 진행되어야 하는데 국립도서관 직원들의 반발을 감안하면 아직 고삐를 늦출 때가 아니라고 하였다. 원래 정부 간 합의문 서명이 끝나고 나면 기관 간 약정 체결 교섭은 국립도서관이 직접 나서겠다는 의지를 표명했었다. 하지만 소유권

문제 등 직접적인 이해관계를 둘러싸고 정면으로 맞서는 입장에 있는 양국 기관 간에 교섭을 진행할 경우 그 결과가 불 보듯 한 데다 자칫 돌이킬 수 없는 사태를 유발할 우려가 크다는 판단이었다. 그는 우리 측의 양해를 구했다.

"양 기관 대신 지금까지 해온 것처럼 프랑스 외교부와 대사관이 채널이 되어 합의문을 확정해 나가되, 도서 이관을 위한 국립도서관에 최소한의 협조를 확보하기 위해서 이들이 주장하는 원칙을 어느 정도 존중해줄 필요가 있으니 양해 부탁합니다."

나는 프랑스 측 초안을 본부에서 검토한 후 우리 측의 공식 의견을 전달하겠다고 했다. 그러나 일견 프랑스 측 초안이 정상 간 합의의 배경이나, 역사적 관계를 고려하지 않고 일반적인 대여약정의 형식으로 되어 있음을 지적하고, 정상 간 합의의 정신과 정부 간 합의문에 포함된 우호협력의 정신에 입각하여 문안을 수정할 것을 요청했다.

장-오르티즈 국장은 나의 의견에 공감한다고 하며, "역으로 생각하면 기관 간 약정문안을 양국 간 우호관계라는 큰 안목에서 양국 정상 간 합의를 최대한 존중하는 방식으로 추진하라고 하면 문화재 보호 분야 NGO나 협회들이 들고 일어나 지난 2월 7일 서명한 정부 간 합의문 자체의 국내법 위반을 주장하면서 정부를 법정에 고소할 위험도 크다. 그렇기 때문에 기관 간 약정이 일반적인 대여약정에 근접하면 할수록 정부입장에서는 안심할 수 있다."는 것이었다.

그는 기왕에 대여로 포장된 반환인 만큼 대여의 형식을 철저히 갖추도록 장단을 맞추어달라는 요청이었다. '가짜 대여'이기 때문에 불필요한 꼬투리를 잡히지 않도록 '진짜 대여'의 형식을 갖추는 것이 더욱 긴요하다는 입장을 밝혔다.

이후 본부의 수정안을 접수하여 프랑스 측과 몇 차례의 수정과 재수정의 절차를 거쳐 3월 초에 기관 간 합의 문안에 대해 일부 조항을 제외하고 대체적인 합의가 이루어졌다. 이 과정에서 프랑스 측은 우리 측의 수정 요청을 대부분 수용하였다.

프랑스 국립도서관은 일부 미진한 부분은 우리 중앙박물관 측과 직접 교섭을 통해 마무리하고 서명하겠다는 의지를 강력히 표명하였다. 프랑스 외교부와 국립도서관은 당시 심각한 긴장 관계에 있었다. 외규장각 도서문제와 관련 국립도서관의 입장이 묵살된 데다 자신의 업무 소관인 기관 간 약정까지 외교부가 처리하고 있는 데 대해 노골적으로 불쾌감을 드러내고 있었다. 그런 와중에 상송 부관장은 라플랑시 과장에게 전화하여, "대통령의 결정에 따르겠으나 일은 확실히 할 것"이라고 하면서 협상의 마무리를 국립도서관에서 할 수 있도록 해달라고 요청하였다고 한다.

협상의 마무리를 외규장각 도서의 소장기관이 하겠다는 것은 마지막 자존심의 표시였다. 우리는 이를 수용하기로 하였다. 이에 따라 기관 간 약정 협상을 위한 양측 기관 간 공식회의를 3월 15일 국립도서관 회의실에서 개최하기로 했다.

프랑스 측이 우리 측에 먼저 알려온 대표단명단에는 브루노

관장을 대표단장으로 하여 국립도서관에서 상송 부관징, 그룬비그Gerald Grunberg 국제협력국장, 델라이Anne-Sophie Delhaye 고문서국 부국장과 파바렐Brigitte Favarel 문화부 도서국 서지과장, 라플랑시 외교부 동북아과장이 포함되어 있었다.

우리 측에서는 김영나 국립중앙박물관장을 대표단장으로 유복렬 참사관, 오영찬 박물관 학예연구관, 노정동 문화부 사무관 등 7명으로 대표단이 구성되었다.

나는 3월 15일 오후, 기관 간 약정 교섭이 시작되기에 앞서 라신 관장과 상송 부관장을 오찬에 초청하였다. 라신 관장뿐 아니라 상송 부관장도 오찬 초대에 응한 것은 그간 상송 부관장의 태도에 비추어 볼 때 매우 고무적이었다. 그동안 반발의 중심에 있던 상송 부관장도 이제는 더 이상의 반발이 무의미하다는 것을 깨닫고 대세에 순응하기로 마음을 정한 것이 분명했다. 나는 오찬을 하면서 기관 간 약정의 원만한 타결을 위한 이들의 협조를 당부하였다.

"이번 기관 간 약정 체결은 비단 지난해 11월 양국 정상 간 합의된 외규장각 도서문제 해결책을 시행에 옮긴다는 차원에서뿐만 아닙니다. 오랫동안 한불 양국관계 발전에 걸림돌이 되어온 장애물을 제거하고 양국이 진정으로 미래지향적인 관계를 발전시켜나가는 초석을 만든다는 큰 상징적 의미를 갖고 있는 것입니다. 오후에 개최될 약정 교섭에서 이러한 정신을 존중하는 방향으로 적극 협력하여 줄 것을 당부하는 바입니다."

기관 간 약정에 서명하는 김영나 관장과 라신 관장

    이에 라신 관장은 "이번 외규장각 도서문제의 해결방안과 관련 정치적인 관점에서 양국 정상 간 합의 및 정부 간 합의가 먼저 이루어졌고 그에 따라 실제 이행 방안을 국립도서관에 일방적으로 지시하는 방식으로 추진되어, 국립도서관 내부적으로 심한 반발이 있었으며, 허탈감도 매우 컸습니다. 그럼에도 불구하고 양국 정상 간의 대승적 차원의 정책을 결단하였다는 것을 존중하기 위해 가슴 아픈 이관 작업을 진행하고 있습니다. 기관 간 약정이 체결되는 대로 4, 5월 2개월간 4차례로 나누어 의궤를 이관할 예정입니다. 정부 간 합의문에 명시된 대로 5월 말 이전에 모든 의궤들을 이관하는 데 전혀 문제가 없을 것입니다."라고 다짐하였다.

오후에 개최된 기관 간 공식 회의에서는 큰 이견 없이 기관 간 약정 문안에 합의하였다. 김영나 관장이 전날 우리 대표단을 위해 내가 주최한 관저 만찬에서 사전 협의한 대로 상대방을 배려하는 자세로 원만하게 회의를 진행한 것이 주효하였다.

기관 간 약정의 서명식은 3월 16일 오전 국립도서관 회의실에서 개최되었다. 서명식에는 양측 교섭 대표단 외에 나도 참석하였다. 외규장각 도서이관을 위한 기관 간 약정에 김영나 관장과 라신 관장이 서명함으로써 외규장각 도서의 국내 이관을 위한 모든 실질적 이행조치가 완료되었다.

4. 운송경쟁

: 대한항공과 아시아나 항공의 대결

외규장각 도서문제의 해결을 위한 정상 간 합의가 발표된 지 얼마 되지 않아 진일남 아시아나 파리 지점장이 대사관으로 나를 찾아왔다. 외규장각 도서의 운송문제와 관련 긴히 상의할 일이 있다고 했다. 나는 유복렬 참사관과 홍종욱 국토해양관을 배석시킨 가운데 진일남 지점장을 맞이하였다.

진 지점장은 역사적인 외규장각 도서의 반환 합의에 국민의 한 사람으로서 매우 기쁘게 생각하며, 의궤가 150년 만에 고국의 품에 안기게 되는 감격스러운 현장에 아시아나 항공이 동참하기를 희망한다고 하였다. 범국민적 관심의 대상인 외규장각 도서를 고국으로 가지고 온다는 상징적 의미와 우리 정부가 이루어낸 성과에 한국 기업이 함께할 수 있다면 그 의의가 매우 클 것이라는 생각에서 운송에 필요한 소요 경비 일체를 아시아나가 부담하겠다고 제안하였다. 본사의 승인도 이미 받았다고 하였다.

나는 우리 국민들의 입장에서도 외규장각 의궤가 오랜 유랑을 마치고 귀국하는데 우리 국적기가 직접 운송해 온다면 매우 고무적일 것으로 보인다고 말하고 아시아나 항공의 무료 운송 제안에 감사의 뜻을 표명하였다. 다만 대한 항공이 복수 취항하고 있음을 감안하여 즉답을 미루고 아시아나의 제의를 본부에 보고하여 추후 결과를 알려주겠다고 하였다.

본부에서는 아시아나의 제의를 원칙적으로 수락한다고 하면서 대한항공이 추후 동참을 희망할 경우 양사가 분할 운송하는 방안도 검토할 것을 회신해 왔다. 4차례에 걸쳐 운송이 이루어지기 때문에 양 사가 2차례씩 공평하게 분담하는 방안도 가능하였다.

아시아나의 무료 운송 제안은 정상 간 합의의 이행을 위한 정부 간 합의문 교섭에 임하는 나에게 큰 원군이 되었다. 이는 외규장각 도서를 되찾는 것이 우리 국민들에게 얼마나 절실한 염원인지 프랑스 정부에 재삼 각인시키는 효과를 발휘하였다. 장-오르티즈 국장은 아시아나가 외규장각 도서의 무료운송을 책임지기로 했다고 알려주자 한국 국민의 열정에 찬탄을 금치 못하였다.

대한항공 측에서는 아무런 움직임도 보이지 않았다. 그렇다고 해서 대사관에서 먼저 대한항공의 무료운송에 참여하겠느냐고 제안하는 것도 적절치 않은 것 같아 당분간 기다려보기로 하였다. 해를 넘겨 정부 간 합의문에 서명이 이루어진 후에도 대한항공 측에서는 아무런 기미도 없었다.

대한항공은 조양호 회장이 한불 최고 경영자 클럽의 회장을 맡고 있고, 파리 지점장도 한불 상공회의소 회장을 맡고 있었다. 그런데 역사적인 외규장각 도서의 운송에서 소외되는 것은 부자연스러운 일이 아닐 수 없었다. 나는 더 이상 기다리지 못하고 2011년 2월 말 공관장 회의 참석차 일시 귀국하기에 앞서 K 대한항공 파리 지점장을 조용히 불러 귀띔해주었다.

K 본부장은 아시아나가 외규장각 도서의 무료운송을 책임지기로 했다는 말을 듣고 매우 당황하였다. 자신은 외규장각 도서 문제가 타결된 것은 알고 있었지만, 운송이 시작되면 당연히 대한항공에 문의가 올 것으로 생각하고 있었다는 것이었다. 나는 속으로 혀를 찼다.

'그동안 대한항공이 관료적이라는 말을 들어오기는 했지만, 경쟁사인 아시아나가 함께 취항하고 있는데도 대사관에서 대한항공에 먼저 문의가 올 것으로 생각하고 있었다니 이는 관료보다도 더 관료적인 발상이 아닌가.'

나는 속내를 숨기고 지금이라도 대한항공이 외규장각 도서의 무료 운송에 동참하기를 희망하면 아시아나와 두 차례씩 나누어 운송할 수 있도록 해주겠다고 하였다. 다만 첫 번째 운송은 아시아나가 먼저 무료운송을 제의한 만큼 아시아나에게 선택권을 줄 수밖에 없다고 하였다.

며칠 후 공관장회의 참석차 파리 공항에 나가자 뜻밖에도 K

본부장이 직접 나를 영접하여 기내까지 안내하였다. 공항 책임자가 따로 있기 때문에 본부장이 직접 영접하는 경우는 매우 이례적이었다. 외규장각 도서의 운송문제를 귀띔해준 것에 대한 보답인 것 같았다. 이는 추후 전개될 치열한 운송 경쟁을 예고하고 있었다.

기관 간 약정의 서명을 마친 날 김영나 대표단장이 파리 주재 특파원들을 만찬에 초청하여 약정의 내용을 설명하고 향후 외규장각 도서의 국내 이송계획을 설명하는 자리에서 운송문제에 관해 논쟁이 벌어졌다. 사실 이날은 외규장각 도서의 국내 이관을 위한 모든 절차가 무사히 완료된 것을 특파원들에게 알려주고 함께 축하하는 자리로 마련한 것인데, 운송문제에 관한 설전으로 분위기가 썰렁해졌다.

모 일간지 동 특파원이 귀중한 문화재를 운송하는데 여객기보다는 화물기로 운송하는 것이 안전하다고 하면서, 화물기를 운항하고 있는 대한항공에 모든 운송을 맡겨야 된다고 억지 주장을 폈다. 중앙 국립박물관 직원들이 과거 문화재 운송 시 여객기를 이용한 경우가 많고 여객기와 화물기가 공동으로 취항하는 경우에도 여객기를 이용한 사례가 많다고 해명을 해도 막무가내였다. 무조건 화물기를 이용해야 한다는 주장을 굽히지 않았다. 일부 특파원들도 이에 동조하였다. 나는 일부 특파원들이 노골적으로 대한항공을 지원하는 배경을 알지 못했지만, 아시아나를 운송에 참여시켜야 하는 사유를 설명하였다.

"아시아나가 먼저 무료운송을 자원했고 이를 통해 막판 교섭 과정에서 도움을 받았기 때문에 아시아나를 운송에서 배제하는 것은 도리가 아니며, 양 국적사가 두 차례씩 운송을 분담하되 무료 운송을 먼저 제의한 아시아나에 첫 번째 운송기회를 선택하도록 하는 것이 순리라고 생각한다."

그런데 내가 무심코 대한항공의 로비를 받은 모양인데…라고 말을 시작한 것이 실수였다. 이 말을 한 것은 당시 대한항공이 외규장각 도서의 운송을 맡기 위하여 요로에 로비를 하고 있다는 보고를 받은 바 있어서 일반적으로 언급한 말인데 반응이 매우 거칠었다. 뭔가 뒤에 켕기는 것이 있어서인지 모르지만 처음 화물기 이용을 주장한 특파원이 버럭 화를 내면서 대한항공으로부터 로비를 받았다는 말을 취소하라고 사과를 요구하였다.

예상치 않은 반응에 내가 어이없어 하고 있는데 유복렬 참사관이 끼어들었다. 유 참사관은 그동안 피땀 어린 노력의 결과로 외규장각 도서의 반환 교섭을 어렵게 마무리한 마당에 동 특파원이 대사와 관련 직원들의 노고를 치하하지는 못할망정 대사에게 무례한 태도를 보이는 데 대해 울분을 터트렸다.

유 참사관은 이어 아시아나의 무료 운송제의로 막바지 정부 간 합의문과 기관 간 약정 교섭에 큰 도움을 받았고 그동안 문화재 운송 시에 화물기보다 여객기를 이용한 사례가 더 많은데, 무슨 근거로 아시아나를 제외하고 대한항공을 이용해야 한다고 주장하느냐고 항변하였다. 유 참사관은 그동안 외규장각 도서문제 관련 실무를 맡아 대사관 직원 중 가장 바쁘게 지내 왔고 밤새워

일하는 일도 다반사였다. 협상이 마무리된 시점에서 체력이 거의 고갈된 상황이었다. 그동안의 교섭과 전혀 무관한 특파원이 운송문제에 사사로이 개입하는 데 대해 화가 치밀었는지 감정을 잘 주체하지 못하고 원망 섞인 말을 쏟아 붓다시피 하였다. 여성 외교관의 강한 반발에 동 특파원도 더 이상 발언을 자제하였다.

김영나 박물관장과 박물관 직원들도 예상치 못한 운송문제에 대한 논란에 당혹스러워하였다. 결국 운송문제는 그간의 문화재 운송 경험과 안전 문제, 아시아나의 무료 운송제의 등을 고려하여 신중하게 결정한다는 선에서 논란을 마쳤다. 중요한 외교 현안을 해결하자마자 해결에 아무런 기여도 없었던 자들이 전리품에 군침을 흘리는 모습에 마음이 씁쓸하였다.

외규장각 도서 이관을 위한 항공사 선정과 구체적인 운송 일정은 기관 간 약정에 따라 국립중앙박물관이 프랑스국립도서관과 직접 정하게 되어있었다. 항공사 선정과 관련 본부로부터 아무런 통보도 받지 않은 상태였다. 그런데 3월 30일 오후. 라플랑시 동북아과장이 유복렬 참사관에게 전화를 하였다.

"의궤의 이관이 4차례 모두 대한항공 화물기 편으로 이루어진다고 의궤 포장과 운송을 맡은 용역회사로부터 연락을 받았습니다. 이 같은 내용이 사실인가요? 확인 부탁드립니다."

나는 라플랑시 동북아 과장에게 이러한 내용으로 전화가 왔다는 것을 유 참사관으로부터 보고를 받고는 어이가 없었다. 그동안 아시아나와 대한항공이 두 차례씩 나누어 운송하는 것으로 보고가 되어 있었는데 중앙박물관이 대사관과 아무런 사전 협의도 없이 대한항공이 단독으로 운송하기로 결정한 배경이 무엇인지 궁금하였다.

김영나 관장이 파리 특파원들과의 간담회에서 운송문제를 둘러싼 논란을 직접 지켜보았기 때문에 대사관의 입장을 잘 아는 김 관장이 단독으로 이를 결정했을 리는 없었다. 박물관을 비롯하여 여러 경로로 확인해 보니 문화부와 청와대 관련 수석실로부터 지시를 받아 대한항공으로 결정한 것으로 밝혀졌다.

그동안 대한항공은 정부 요로와 파리주재 일부 특파원들을 대상으로 대한항공이 의궤운송을 맡아야 한다고 로비를 벌여왔는데 막상 아시아나의 무료 운송 사실을 알려준 나에게는 일언반구도 없이 진행해왔던 것이다. 내 입장에서는 괘씸한 생각이 들었다. 물에 빠진 사람을 구해주니 보따리까지 내놓으라는 격이었기 때문이다. 사실 내가 먼저 대한항공에 알려주어야 할 필요가 없음에도 불구하고 선의에서 알려준 것인데 운송을 독차지하겠다고 욕심을 부린 것이었다.

한편, 유 참사관이 아시아나 진일남 지점장을 접촉해보니 진 지점장은 이미 소식을 알고 크게 낙담하고 있었다고 한다. 아시아나는 진 지점장의 건의에 따라 무료 운송을 결정하고 의궤 운반을 위해 온습도 조절장치까지 갖춘 고가의 특별 컨테이너까지 구입해 두었는데 막판에 운송을 대한항공에 빼앗기게 되었으니, 기가 막힐 노릇이었다. 본사로부터 자칫 문책을 당할 수도 있는 처지였다.

진 지점장은 우리 정부가 약속을 저버리고 경쟁사의 로비에 밀려 대한항공에 의궤 운송을 의뢰했다고 하면서, 이를 특파원들을 통해 언론에 공개하겠다고 벼르고 있는 중이었다. 유 참사관은 진 지점장에게 언론 공개를 하지 말도록 당부하고 나에게 이를 보고해 왔다. 국적사간의 운송 경쟁의 내막이 국내 언론에 보도될 경우, 힘겨운 협상을 성공리에 마무리하고 외규장각 도서들이 한국으로 이관되는 역사적 순간임에도 가십성의 기사들이 난무하여 오점을 남길 것이 뻔하였다.

나는 청와대 관련 수석실과 관계 부처에 긴급 전문을 보내어 대한항공에 의한 단독 운송 결정을 재고할 것을 건의했다. 또한 요로에 전화하여 다 된 밥에 재를 뿌리지 않도록 할 것을 강력히 요청하였다.

본부에서도 사태의 민감성을 파악하고 즉각 시정 조치를 취하였다. 순리에 따라 첫 번째와 세 번째 운송을 아시아나가, 두 번째와 네 번째는 대한항공이 맡기로 한 것이다. 대사관이 경쟁사 어느 한쪽을 편들 수 없는 상황에서 먼저 무료 운송을 제의한 곳에 첫 번째 운송의 우선권을 주되 두 차례씩 나누어 하도록 형평을 맞추어 준 것이다.

5. 외규장각 도서의 역사적 귀환

: 145년의 유랑을 마치다

2월 7일 정부 간 합의문에 이어 3월 16일, 기관 간 약정이 체결됨에 따라 대사관과 프랑스 국립도서관과의 협의를 통하여 드디어 운송 일정이 확정되었다. 1차분을 아시아나 항공편으로 4월 13일(수) 보내는 것을 시작으로, 2차분을 4월 28일 대한항공편, 3차분을 5월 12일 아시아나항공편, 마지막 4차분은 5월 26일 대한항공편으로 운송하기로 하였다. 운송할 때마다 국립도서관의 전문 사서가 호송원으로 동행할 예정이었다.

프랑스 국립도서관에서는 이관에 앞서 외규장각 도서의 디지털화 작업을 진행 중이었다. 환수 예정인 외규장각 도서 297권 중 이미 디지털화가 되어있는 54권과 93년 미테랑 대통령이 두고 간 1권을 제외한 242권 무려 10만 5천 페이지에 달하는 방대한 분량의 작업이었다. 디지털화를 위해서는 도서의 장정을 해체하여 한 장씩 작업을 하고 다시 이를 재 상성을 해야 하기 때문에 고도의 전문성과 시간을 필요로 하는 작업이었다. 이미 12월 말부터 디지털화 작업을 시작했지만, 마지막 운송일정에 맞추어 디지털화 작업을 완료하려면 국립도서관의 적극적인 협조가 긴요하였다.

프랑스 외교부에서는 외규장각 도서가 모두 한국에 이관될 때까지 기관 간 약정에 규정된 이관절차를 존중하고 국립도서관 전문 사서들의 감정을 자극하지 않도록 한국 측의 각별한 협조를 당부하였다. 대사관으로서는 마지막 한 권까지 다 이관되는 것을 확인할 때까지 국립도서관 전문 사서들에게 합의 이행에 반발할 어떠한 빌미도 제공하지 않도록 긴장의 끈을 놓을 수 없었다.

외규장각 도서의 귀환이 가시화되고 첫 번째 운송 일자가 다가오면서 국내에서도 이를 맞이할 준비를 하고 있었다. 문화관광부가 주축이 되어 첫 번째 이관분의 귀환에 맞춘 기념행사 준비가 한창이었다. 그 가운데 외규장각의 소재지였던 강화도에서는 외규장각 도서의 귀환 시 강화도를 들러서 갈 것을 요청하였다.

강화도에서는 원래 외규장각 도서의 소장을 희망하였지만, 우리 정부가 외규장각 도서를 가장 잘 소장할 수 있는 장소로 국립중앙박물관을 이미 선정하였기 때문에 이를 관철 시키지 못한 바 있었다. 외규장각 도서의 보존을 위해서는 항온·항습 기능을 갖춘 시설이 필요하고 지속적으로 관리가 필요하다. 중앙 박물관이 이러한 조건을 충족시킬 수 있는 가장 적합한 기관이기 때문이었다. 강화도는 대신에 외규장각 도서의 첫 번째 귀환에 맞추어 기념행사를 할 것을 희망하였다.

첫 번째 운송을 위한 준비가 진행되고 있는 가운데 라플랑시 동북아 과장이 국립도서관으로부터 불만을 전달하여 왔다.

"첫 번째 이관 시 한국 문화관광부에서 준비하고 있는 기념행사가 기관 간 약정에 명시된 기술적 이관 절차를 무시한 것이기 때문에 이러한 상황에서는 의궤의 이관에 동의할 수 없다."

당시 문화관광부에서는 첫 번째 이관분이 도착하면 이를 중앙박물관에 옮기기 전에 강화도 외규장각 터를 들러 전통 제례행사를 갖는 것을 계획하고 있었다. 이는 국립도서관의 호송원이 있는 상황에서 이러한 행사를 갖는 것은 운송 책임을 맡고 있는 호송인에 대한 모독이라는 것이었다.

기관 간 약정에 따르면 호송인은 박물관에서 포장을 풀고 도서의 상태를 확인하게 되어 있는데 강화도에서 기념행사를 할 경우 이러한 의무를 제대로 수행할 수 없다는 것도 문제지만, 특히 강화도는 병인양요 관련 프랑스에 대한 부정적인 기억을 떠올리게 하는 장소로서 호송인에게 불필요한 모욕감을 불러일으킬 수 있다는 것이었다.

프랑스 외교부로서는 외규장각 도서 전체가 안전하게 한국에 귀환되고 난 이후에 한국 정부가 어떠한 행사나 전시를 하던 이의가 없으나 이관이 진행 중인 동안에는 국립도서관의 호송인을 자극할 수 있는 행사를 가급적 자제하여 줄 것을 다시 한 번 강조하였다.

대사관의 건의에 따라 문화관광부는 강화도 기념행사 계획을 취소하고 대신 중앙 국립박물관에서 주한 프랑스 대사가 참석한 가운데 기념행사를 갖기로 계획을 변경하였다. 이러한 우여곡절을 거쳐 1차 이관 분 75권이 4월 13일 아시아나 항공편으로 드골 공항에서 출발하여 4월 14일 고국의 품에 안겼다.

르 피가로지는 4월 15일 자 기사에서 〈한국 왕실 의궤, 고국으로 돌아가다〉라는 제목으로 외규장각 도서의 첫 번째 이관소식을 아래 요지로 전하였다.

145년간 망명생활을 했던 한국 왕실 의궤 총 297권 중 첫 번째 이관 대상 도서들이 4월 14일 인천공항에 도착하였다. 수십 년 전부터 한불 양국관계에 저해되어왔던 현안이 대단원의 막을 내린 것이다.

1866년 나폴레옹 3세 당시 프랑스 신부들의 처형에 대한 보복으로 강화도를 침공한 프랑스 해군함대는 조선왕조 왕실 의궤를 약탈하였다. 왕실 전통 예식들을 기록한 이 의궤들은 그 후 프랑스 국립도서관에 소장된 채 잊혀 있었다.

75권의 의궤를 맞이한 정병국 문화부 장관은 "멀고도 험난한 길이었다. 이번 외규장각 도서 귀환은 양국 간 새로운 미래를 열고자 한 양국 정상의 정치적 결단이 있었기에 가능했다."고 밝혔다.

지난해 서울 G20 정상회의 계기 한불 정상회담에서 사르코지 대통령은 한국 문화유산의 한 부분인 외규장각 도서를 5년 단위 갱신 대여형식으로 한국에 돌려주겠다고 제안하였다. 이 방식은 '문화재 불가양의 원칙'이라는 프랑스 국내법을 우회할 수 있도록 해준 것이다.

이 역사적 귀환은 프랑스의 기분을 상하지 않도록 하기 위해 비교적조용한 가운데 이루어졌으며, 이는 국립도서관을 지나치게 자극하지않으려는 배려였다. 국립도서관 전문 사서들은 대통령의 결정에 크게반발한 바 있다. 이는 다른 국가들에 대해 문화재 반환 요청을 자극하게 되는 선례가 될까 봐 우려하고 있기 때문이다.

한국 국민들은 7월 19일에 시작될 국립 중앙박물관 전시회를 통해 이'국가보물'을 마침내 보게 될 것이다. 최첨단 기술의 나라 한국에서 이의궤들은 국민 모두가 조선 왕조의 비밀에 빠져들 수 있도록 곧 인터넷을 통해서도 공개될 것이다.

이후 4번째 마지막 운송 분이 대한항공 편으로 5월 26일 파리공항을 출발하여 익일 인천공항에 도착하였다. 실로 145년 만의귀환이었다.

외규장각 의궤 반환을 둘러싼 취재진의 열기(사진제공=연합뉴스)

6. 외규장각 도서 귀환
환영식에 맞추어
파리에서 쏘아 올린 케이팝 축포

외규장각 도서가 모두 돌아오자 해결방식에 끝까지 반대하던 문화관광부와 문화재청의 입장이 180도 바뀌었다. 국내 여론이 호의적임을 의식해서인지 외규장각 도서의 귀환을 이명박 대통령 최대의 치적이라고 내세우면서 대대적인 환영행사를 준비하였다.

6월 11일 광화문과 경복궁에서 환영행사를 개최하면서 문화관광부는 프랑스에서 박병선 여사와 함께 대사관의 건의에 따라 도서의 귀환에 기여한 자크 랑 의원과 뱅상 베르제 총장을 초청하였다. 나는 외교부장관의 지시로 환영행사에 참석하였다.

김성환 장관은 관계 부처가 반환 협상 과정에서는 끝까지 훼방꾼 노릇을 하다가 일이 잘 풀리고 나자 외교부를 배제하고 마치 자신이 반환의 주역인 것처럼 잔칫상을 벌이려 하는 데 대하여 못마땅하게 생각하였다. 김 장관은 정부협상대표를 맡았던 나를

기자회견장에서(좌측부터 저자, 박병선 박사, 자크 랑 의원, 벵상 베르제 7대학 총장)

환영 행사에 참석토록 함으로써 관계부처의 생색내기에 제동을
걸고 외교부의 역할을 알림으로써 균형을 맞추고자 함이었다.

환영행사 직전에 국립 중앙박물관에서 박병선 박사, 자크 랑
의원, 베르제 총장과 내가 참석한 가운데 합동 기자회견이 개최
되었다. 나는 이 자리에서 아래 요지의 소감을 말하였다.

"지난 20년 동안 외규장각 의궤 반환을 위한 외교적 노력을
마무리 짓게 되어 개인적으로 큰 영광으로 생각합니다. 사르코
지 대통령이 지난 5월 이명박 대통령과의 정상회담에서 외규장
각 도서를 돌려주는 것은 한국 국민들의 마음을 사기 위한 것이
라고 말했습니다. 한국과의 우의, 협력의 중요성 때문에 돌려준
다는 것입니다. 국내의 반대에도 불구하고 돌려주는 것은 한국

이 프랑스의 협력파트너로서 중요해졌기 때문입니다. 우리나라를 이만큼 발전시킨 우리 국민들이 해낸 것입니다"

자크 랑 의원은 영구 반환이 안 된 이유를 이렇게 설명했다.

"영구반환을 위해서는 프랑스 국내법을 바꾸어야 하는데 수년 간의 끊임없는, 확실하지 않은 토론이 이어져야 했을 것이다. 만약 혼자 결정하라고 했다면 당연히 영구 반환했을 것이다. 그러나 혼자 결정하는 게 아니고 법을 따라야 했다. 구체적인 목적을 달성하기 위하여 실용적으로 행동하여야 한다. 개인적으로 이번 대여를 사실상의 귀환이라고 본다. 의궤가 바로 한국 땅, 원래 속했던 곳에 있다는 것이 중요하다. 중요한 것은 이제 의궤가 한국 땅에 와 있다는 것이다. 여러분의 의궤이고 역사이며, 기록이다."

베르제 총장은 법정스님의 "많이 가지고 있다는 것은 그만큼 많이 얽혀 있다는 뜻이다."는 말을 인용하면서, 이렇게 랑 의원을 거들었다.

"이번 외규장각 의궤는 반환이 아니라 갱신대여라고 걱정하는데 무엇보다 중요한 것은 서울에 있다는 것이다. 소유권은 철학적인 문제이며 의궤가 한국 서울에 있다는 것보다 훨씬 덜 중요하다."

오후에 개최된 환영식은 세종로에서 근정전까지 이르는 이봉

移封 행렬로 시작해 근정전 앞에서의 고유제告由祭와 각종 축하 공연으로 이어졌다.

이명박 대통령은 "145년 전인 1866년 힘에 의해 빼앗겼던 국가의 소중한 문화재, 세계적인 문화재가 오늘 평화스럽게 협상에 의해 돌아온 것은 매우 의미가 있다. 우리의 국력과 대한민국 국민의 열정에 의해 돌아오게 됐다. 국민 모두에게 진심으로 감사의 말씀을 드린다."고 말했다.

이제야 외규장각 도서가 반환되었다는 실감이 들면서 그간의 감회가 몰려왔다.

환영행사에 참석하면서도 나의 관심은 온통 파리에 가 있었다. 내가 일 년 가까이 추진해온 케이 팝 공연이 6월 10일과 11일, 이틀 동안 파리에서 진행될 예정이기 때문이었다. 파리는 물론 유럽 최초의 케이 팝 공연의 성공 여부는 케이 팝이 아시아를 넘어 전 세계로 진출 가능한지를 가늠하는 시금석이 될 것이었다.

나는 프랑스 부임 후 문화외교에 중점을 두고 매주 문화원장과 함께 문화관계 회의를 주재하면서 프랑스에서 일본이나 중국에 비해 덜 알려진 한국문화의 붐을 일으키기 위한 방안을 논의하곤 하였는데 케이 팝 공연은 그 방안의 일환이었다. 케이 팝 공연을 추진하기로 한 것은 세느 강변을 비롯한 파리 시내 곳곳에서 유튜브를 통해 케이 팝을 틀어놓고 그대로 따라서 춤추고 노래하는 젊은이들이 목격되었기 때문이었다. 게다가 문화원의 한글 강좌를 신청하기 위한 줄이 매번 늘어나고 있었는데 한글을 배우려는 주요 목적이 케이 팝을 제대로 하기 위한 것이란다.

공연을 한 번도 본 적이 없는 데 유튜브 등 SNS를 통하여 케이 팝이 젊은이들에게 이미 이 정도의 인기를 얻고 있다면, 공연을 통하여 한류 확산의 기폭제로 삼을 수 있을 것이라는 확신이 들었다.

문화원이 공연장 대관료를 지원하고 공연에 필요한 각종 행정적 지원을 한다는 조건으로 SM을 접촉하였지만, 처음에는 반응이 별로 신통치 않았다. 일본, 중국과 동남아에서의 공연 스케줄도 밀려있는데 케이 팝의 인기가 검증되지도 않고 공연의 성공이 보장되지도 않는 유럽에서 첫 공연을 하는 것에 대해 확신이 없었기 때문이다. 그런데 예상치 않은 곳에서 돌파구가 열렸다. 2011년 3월 일본에 대지진과 쓰나미가 일어나서 일본에서의 공연 계획이 모두 취소된 것이다. 공연 스케줄에 여유가 생기면서, 대사관의 전폭적인 지원하에 유럽문화의 중심인 파리에서 새로운 시장을 개척하는 기회를 갖는 것이 더욱 매력적으로 비추어졌다.

이후 일사천리로 공연계획이 진행되어 6월 10일 파리의 유명 공연장인 르 제니트 드 파리Le Zenith de Paris에서 공연을 갖기로 하고 예매를 시작하였다. 대사관에서는 7천 명 규모의 공연장을 얼마나 채울 수 있을지 걱정이 앞섰다. 보통 문화행사의 일환으로 공연을 할 경우 500석을 채우기도 쉽지 않은데 7,000석을 채운다는 것은 상상을 초월하는 것이기 때문이었다. 이는 기우에 불과했다.

예매를 시작한 지 한 시간도 안 되어 표가 동나고 인터넷상에 암표가 몇 배 가격으로 뛰어 나돌기 시작하였다. 케이 팝 팬들로부터 공연을 하루 더 연장해달라는 요청이 열화와 같이 쇄도하였다. 루브르 박물관에서 팬들이 모여 공연 연장을 요청하는 플래시 몹flash mob을 벌여 국내 언론의 주목을 받기도 하였다. 대사관이나 SM 측으로서는 대환영이었다. 6월 11일 하루 연장 공연 티켓도 예매 15분 만에 다 팔리고 말았다. 공연의 성공은 이미 보장된 것이나 다름없었다.

6월 8일 소녀시대, 동방신기, 샤이니, 에프엑스 등 SM가수들이 샤를르 드골 공항에 도착하자 환영 나온 많은 팬들이 한국어 플래카드와 태극기를 흔들었다. 많은 팬들이 몰려올 것을 예상치 못한 현지 경찰이 어떻게 통제해야 할지 몰라 쩔쩔맸다는 후문도 있었다.

공연 하루 전날 저녁, 출국에 앞서 최준호 문화원장과 함께 공연장을 방문했더니 공연장 주위는 리허설을 하는 아이돌을 만나보려는 팬들로 북적이고 있었다. 이들은 프랑스뿐 아니라 유럽 각국에서 왔는데 심지어 러시아나 핀란드 등 동구와 북구에서 온 팬들도 많았다. 이들 중 일부는 밤새 야영할 준비를 하고 있었다. 파리의 비싼 호텔 경비를 아끼려는 것이었다. 주로 10대 후반의 팬들이었고 입장료와 여행 경비를 마련하는 것만으로도 벅찰 것이 분명하였다.

나는 리허설을 잠시 참관하고 아이돌들을 격려하는 것으로 일

K-pop 열풍을 이끄는 소녀시대와 함께

시 귀국 일정과 겹쳐 공연에 참석하지 못하는 아쉬움을 달랬다.

  11일 아침, 한국에 도착하자 국내 언론은 파리 공연 소식으로
도배질하다시피 하였다. 프랑스 유력 신문인 르 피가로와 르 몽
드는 각각 "한류, 파리 제니트 공연장 강타하다" "한류, 유럽 진
출"이라는 제목으로 보도하였다.

  외규장각 도서 귀환 환영식 후 경회루에서 열린 리셉션에서도
화제는 돌아온 외규장각 도서가 아니라 온통 파리 공연이었다.
그동안 우리와 비슷한 용모와 문화를 가진 곳에서 한류가 각광
을 받는 것은 익히 보아왔지만, 유럽에서의 공연은 너무나 생소
했다. 더구나 문화의 전통과 긍지가 강한 유럽의 심장부에서 유

럽의 팬들이 한류에 열광하고 감격한 팬들이 실신하여 들 것에 실려 나가기까지 하는 장면을 접하고 한편으로 신기하면서도, 한편으로 우리 문화에 대한 남다른 긍지를 느끼게 해주었다. 평소에 케이 팝에 별 관심이 없었을 중년. 노년층에게도 이는 매우 신선한 충격이었다.

이 공연은 단순히 한국가수들의 첫 유럽 합동공연 이상의 의미를 남겼다. 유럽에 잠재된 케이 팝의 열기를 확인시켜준 시금석이 된 것은 물론, 유튜브 페이스북 등 SNS를 기반으로 한 디지털 미디어의 힘을 실감케 했다. 이와 함께 아시아권 진출에 주력해온 국내 음반 기획사들이 유럽과 중남미 등의 시장으로 눈을 돌리는 전기를 마련하였다.

대사관이 민간 기획사의 유럽 시장 진출에 마중물 역할을 한 것에 대해 보람을 느꼈다.

제 6 장

맺는말

外奎章閣圖書

실내에 들어가기 전에 덧신을 신고 비닐장갑을 끼는 등 갓 운송된 외규장각 도서가 훼손되지 않도록 예방조치를 하였다. 우리 일행에게 보여주기 위하여 특별히 의궤 3권을 꺼내 놓았는데 전문 사서가 자를 이용하여 조심스레 펼쳐주는 의궤를 보면서 절로 감격의 눈물이 나왔다.

〈프랑스의 은인들〉

외규장각 도서가 145년간의 유랑 끝에 돌아오게 된 것은 우리나라의 큰 경사일 뿐 아니라, 한불 양국 간의 우호협력관계에 새로운 이정표를 세워주는 일이다. 외규장각 도서 반환협상을 재개하면서 나는 프랑스가 줄곧 협상 원칙으로 견지해온 '상호 대여와 교류의 원칙'을 포기하고 대신 한국 국민들의 영원히 감사하는 마음을 받으라고 주장하였다. 한국 국민이 약탈당한 문화재를 어떠한 대가를 치르고 가져온다는 것을 받아들이지 못할 뿐 아니라, 설사 받아들인다 하더라도 그러한 해결방안은 과거 역사의 상흔을 지우고 새로운 우호 협력의 역사를 시작하는 감동을 줄 수 없기 때문이다. '문화재 불가양성'을 국내법에 규정하여 상호 교환을 제외하고는 문화재의 반환을 원천적으로 금지해온 프랑스 정부가 이러한 주장을 받아들여 대여의 형식을 빌려 사실상 일방적인 반환을 한 것은 우리나라와의 우호 협력관계를 그만큼 중요시했다는 증거이기도 하다.

외규장각 도서 소장 기관의 격렬한 반대를 무릅쓰고 과감하게 결단을 내려준 사르코지 대통령에게 우선 감사를 드린다. 사르코지 대통령은 불어로 블링블링이라는 별명처럼 불같은 성격에 동으로 뛰었다 서로 뛰었다 잠시도 가만히 있지 못하는 것으로 유명했다.

반면, 옳다고 생각하면 어려운 정책 결정도 과감하게 하는 성격이었다. 과거 대통령들이 내리지 못한 결단을 내린 것이다. 사르코지 대통령이 어려운 결단을 내리기까지에는 한국을 사랑하는 프랑스인들의 도움이 있었고 이분들의 도움이 없었다면 외규장각 도서문제는 아직도 미결로 남아있을 것이다.

가장 큰 힘이 되어주었던 분은 단연 자크 랑Jack Lang 의원이다. 그는 미테랑 대통령이 외규장각 도서를 한국 국민들에게 돌려주기를 원했다고 믿었고 외규장각 도서가 단순한 문화재가 아니고 한국의 역사와 얼을 담은 것으로서 한국 국민의 품에 안겨야 진가를 발휘할 수 있다는 우리의 논리에 공감하였다.

미테랑 대통령 아래에서 최장수 문화부 장관을 지내고 문화계에서 영향력이 지대한 사회당 의원이 우파 정권하에서 사르코지 대통령으로부터 대북정책 특사를 맡아 우리 정부와 긴밀한 협조 관계를 갖게 된 것은 우리에게 큰 행운이었다. 나는 대사로서 베풀 수 있는 최대한의 호의와 예우를 랑 의원에게 베풀면서 개인적으로도 긴밀한 친분을 맺었다. 프랑스에서는 우리와 달리 의원들에게 관용차가 제공되지 않기 때문에 관저나 대사관 행사에 초대할 때는 차량을 제공하곤 하였다.

랑 의원은 사르코지 대통령에게 외규장각 도서를 한국에 돌려주어야 한다고 설득하여 중단되었던 반환 협상의 물꼬를 트는 데 기여하였다. 사르코지 대통령으로부터 프랑스 국내법이 허용하는 범위 내에서 해결하는 방안을 마련해 보라는 언질을 받고 이를 나에게 알려주면서, 멋쩍어하는 목소리로 "내가 외규장각 문제의 해결에 발 벗고 나서는 것은 미테랑 대통령에 대한 충성심 때문입니다."라고 하던 말이 기억에 생생하다.

한국 국민들이 미테랑 대통령에게 배신감을 느끼고 있다는 나의 말이 랑 의원에게는 큰 충격 요법이 된 모양이었다. 자타가 공인하는 자신의 정치적 대부이자 정신적 지주였던 미테랑 대통령이 한국에서는 "테제베를 팔아먹기 위해 외규장각 도서를 돌려주겠다고 약속하고는 입을 싹 씻어버린 배신자"로 낙인 찍혀 있다는 것을 견디기 어렵다고 하였다.

공식 협상이 시작된 후에는 쿠쉬네르 외교부장관, 미테랑 문화부장관, 레비트 외교수석, 장-오르티즈 아시아대양주 국장 등 요로에 우리의 입장을 대변해 주었을 뿐 아니라, 협상의 고비마다 사르코지 대통령에게 우리 입장을 옹호하는 든든한 원군이 되어주었다. 특히, 프랑스 국립도서관 사서들의 반발로 협상안이 무산될 위기에 처하였을 때 르 몽드 등 영향력 있는 언론에 기고하여 여론이 반대로 흐르지 않도록 하였고, 사르코지 대통령에게 재차 건의하여 양국 정상회의 직전에 결단을 내리도록 하는 데 결정적인 역할을 하였다. 후진타오 중국 주석을 위한 국빈 만찬 자리에서 사르코지 대통령에게 만찬 분위기와 전혀 어울리지 않는 외규장각 도서문제를 거론한 것은 아직도 깊은 감동으로 남아있다.

양국 정상 간 합의가 이루어진 후 합의를 구체적으로 이행하는 과정에서도 힘이 되어주었다. 2010년 11월 12일 서울에서 열린 양국 정상회담에서 합의가 이루어진 직후 랑 의원은 한국 특파원들과의 기자회견을 자청하여 합의의 형식에 대해 직접 설명하였다. 대여의 형식에 대해 의문을 품을 수 있는 국내 언론에 대하여 대여는 프랑스 국내법을 우회하기 위한 포장에 불과하며, 사실상 영구 반환이라고 단언하였다.

프랑스 언론에 대해서도 기고와 인터뷰를 통하여 외규장각 도서의 반환은 프랑스가 마땅히 해야 할 일이며, 프랑스 문화계에서 우려하고 있는 문화재 반환의 선례가 아니라 분명하고 타당한 예외에 해당한다고 역설하였다.

랑 의원과 더불어 반환 협상에 힘을 실어준 다른 한 분은 파리 7대학교(일명 파리 디드로) 총장 뱅상 베르제이다. 파리7대학교는 프랑스에서 최초로 한국학과를 설립한 대학으로, 동양어 도서관이 따로 있어 한국 관련 서적을 많이 소장하고 한국학 연구의 선봉에 서 있는 대학이다. 한국 국제교류재단의 지원으로 본관 옥상에 한국식 정원을 조성하였는데 한국식 정원사업의 예산 지원과

2010년 12월 28일 반환 합의를 축하하기 위해 파리7대학 총장이 주최한 만찬에서
(Jack Lang 의원, Vincent berger 총장, Jean-Loup Salzmann 파리13대학 총장 등과)

마무리를 내가 문화 외교국장과 현지 대사로 있으면서 관여한 인연을 갖고 있다.

파리7대학에는 주한 프랑스대사관 문화원장을 역임한 바 있는 마틴 프로스트 교수가 있었는데 한국 근무 중 테니스선수 출신 한국인 이승근과 결혼하여 한국학에 남다른 열정을 갖고 있었다. 이승근 씨는 나의 대사 재임 기간 중 테니스, 골프 파트너이기도 하였다. 프로스트 교수의 권유로 베르제 총장은 뜻있는 프랑스 지식인들과 '외규장각 의궤 반환지지 위원회'를 결성했다. 위원 중에는 한국인 여성과 결혼한 살즈만Jean-Loup Salzmann 파리13대 총장도 포함되어 있었다. 베르제 총장은 랑 의원과도 의기투합하였다.

외규장각 도서 반환에 크게 기여한 공로로 훈장을 받고 있는 모습(사진제공=연합뉴스)

베르제 총장은 위원장 자격으로 관련 부처 장관들과 대통령실 수석 보좌관 및 문화 분야 전문가들을 수시로 만나 이들을 설득하는 작업을 했다. 또한 협상이 고비를 맞을 때마다 대사관 및 랑 의원과 호흡을 맞추어 대통령을 비롯한 요로에 편지를 보내고 언론에 기고문들을 게재하여 협상에 동력을 제공하였다.

협상이 성사된 후에는 나와 랑 의원을 주빈으로 가장 먼저 외규장각 도서 반환 축하 만찬을 개최해주기도 하였다. 2011년 5월, 이명박 대통령이 프랑스를 공식 방문했을 때에는 파리7대학교에서 명예박사 학위를 수여하고 한국식 정원(Ile de Pin; 솔섬정원)의 개원식을 갖는 등 우리나라와의 협력관계에 열정적으로 임하였다.

랑 의원과 베르제 총장은 대사관의 건의로 2011년 6월 11일, 경복궁에서 개최된 외규장각 반환 환영대회에 박병선 여사와 함께 참석하여 반환의 기쁨을 함께 나누었으며, 김성환 외교통상부 장관으로부터 수교훈장 광화장과 흥인장을 각각 수여받았다.

쁘티지라르 예술원 부회장도 숨은 은인이다. 그는 예술원 총회에 나를 초대하여 외규장각 도서의 반환 필요성에 대한 연설을 할 수 있도록 주선하여 문화계의 여론 조성에 지대한 역할을 하는 예술원 회원들에게 반환에 우호적인 여론을 조성하는 데 도움을 주었다. 그뿐만 아니라 공식 협상이 시작되자, 일단 공식 협상의 추이를 지켜보되 진척이 안 될 경우 예술원이 정부와 문화계에 반환 여론을 조성하는데 동참할 것을 약속하였다. 예술원의 지원 약속은 심리적으로 든든한 지원군의 역할을 해주었으며, 협상이 어려움을 겪을 때마다 용기를 잃지 않도록 하는 버팀목이 되었다.

정부 간 협상 라인에서 적극적인 협상 타결 의지를 가지고 최선의 노력을 기울인 대통령실 레비트 외교수석과 프랑스 정부 협상대표를 맡은 장-오르티즈 아시아대양주국장은 아무리 높이 평가하여도 지나치지 않다. 레비트 수석은 랑 의원의 건의로 프랑스 법이 허용하는 범위 내에서 해결 방안을 찾고자 하는 사르코지 대통령의 의중을 반영하여 외교부 지역 국장을 정부 협상대표로 임명하도록 건의하였다. 이는 외교적 해결방안을 도모하도록 하는데 중요한 역할이었다. 미테랑 대통령 방한 시 아시아 대양주 국장으로 수행했던 레비트 외교수석이 결국 17년 후 사르코지 대통령을 수행하여 외규장각 도서문제의 해결에 방점을 찍은 것이다.

장-오르티즈 국장은 프랑스 정부 협상대표를 맡아 나와 가장 자주 만나고 부딪치면서 정이 든 인물이다. 외규장각 도서문제 타결 후 나에게 '박 대사가 부임해서 처음 만나자마자 대뜸 외규장각 도서문제의 해결을 재임 기간 중 목표로 삼고 있다고 선언하여 이 한국대사와 앞으로 잘 지내기 어렵겠다.'고 생각했다고 실토할 만큼 초기에는 외규장각 도서문제에 매진하는 나를 껄끄럽게 생각하였다고 한다. 그러나 나와의 만남을 거듭하면서 외규장각 도서문제의 해결 필요성에 대하여 깊은 공감대를 형성하게 되었고 프랑스 국내법을 우회하여 해결하는 지혜를 함께 짜내기도 하였다.

그는 외규장각 도서의 수문장 역할을 하고 있는 상송을 매우 어려워하였다. 나와의 비공식 협의 시 상송의 은퇴 연령이 얼마 남지 않았음을 감안하여 우선 상송도 받아들일 수 있는 로테이션 방식에 의한 단계적 해결방안을 제시하고 상송이 은퇴한 후 자연스럽게 로테이션을 중단하여 최종 해결할 것을 제안하기도 하였다. 제2의 상송이 나오지 말라는 법이 없다면서 이에 반대하자, 그는 결국 일방대여에 반대하는 프랑스국립도서관을 마지막 협상 과정에서 배제하여 상송을 비롯한 국립도서관 사서들로부터 원성을 샀다.

국립도서관의 극심한 반발로 인해 대통령실이 결단을 망설일 때 협상대표로서의 명예를 걸고 초지일관 협상대표 간의 합의안을 밀어붙인 것도 장-오르티즈 국장이었다. 정상회담 합의 이후 장-오르티즈 국장은 국립도서관 직원들의 기피 대상 인물이 되어 도서관 근처에는 얼씬도 하지 말라는 핀잔을 들었다고 한다.

재미있는 것은 외규장각 도서문제 해결에 도움이 되어준 사람들이 정권 교체 이후에 모두 성공적인 길을 걷고 있다는 것이다. 2012년 5월 올랑드 대통령의 사회당 정권이 들어서면서 장-오르티즈 국장은 대통령 외교수석으로 수직 상승하였고 베르제 총장은 4년간의 총장 임기를 성공적으로 마친 후 2013년 10월 대통령 고등교육 수석으로 발탁되었다.

랑 의원은 의원직에서는 물러났지만 프랑스 유수의 연구소인 아랍연구소장에 임명되어 활동을 계속하고 있으며, 레비트 수석은 파리 정치대학교에서 후학을 양성하고 있다. 예술원에서 한 연설을 주선해준 쁘띠지라르 예술원 부회장은 예술원 회장으로 승격되었다.

외규장각 도서의 반환에 직접, 간접적으로 기여한 프랑스 인사들이 정권이 바뀐 후에도 계속 또는 더욱 대접을 받는다는 것은 프랑스 정부나 문화계에서 외규장각 문제의 해결을 긍정적으로 평가한다는 것을 의미한다.

그동안 프랑스 국립도서관 관계자들이나 문화계 인사들이 외규장각 도서의 반환에 반대했던 것은 판도라의 상자를 열지도 모른다는 두려움이었다. 그러나 외규장각 도서의 문제 해결 이후 판도라의 상자가 열리는 징후는 나타나지 않고 있다.

그런데 안타깝게도 이 원고를 탈고할 무렵 2014년 7월 31일 폴 장-오르티즈 외교수석의 서거 소식이 들려왔다. 프랑스 측 정부 협상대표로서 외규장각 도서문제의 해결에 결정적인 역할을 하고 사회당 신정부의 첫 외교수석으로 발탁되어 프랑스 외교의 선봉에 서 있던 그가 갑작스럽게 서거한 것은 안타깝기 그지없는 일이다. 격무에 시달려 지병이 도진 탓이라고 한다. 향년 57세, 아직 아까운 나이었다. 지병으로 숨지기 직전까지도 일체 이를 내색하지 않고 업무에 임하였다고 한다. 그는 비록 우리 곁을 떠났지만 외규장각 의궤의 반환 합의를 이끌어 내는 데 기여한 그의 공로는 양국 외교사에 영원히 기록될 것이다. 그의 명복을 빈다.

〈박병선 박사를 기리며〉

2009년 12월, 프랑스 부임을 얼마 앞두고 주철기 전 주프랑스 대사로부터 전화를 받았다. 주 대사는 나의 프랑스 부임을 축하하면서 한 가지 부탁을 하였다. 다름 아닌 박병선 박사에 관한 문제였다.

박병선 박사는 2005년 7월부터 주 대사의 배려로 대사관 내에 작은 사무실을 무상으로 제공받아 사용하고 있었는데 신임 대사의 부임을 계기로 사무실을 비워달라는 주프랑스 대사관의 요청이 있었다고 한다. 이에 박병선 박사가 계속 대사관 사무실을 쓸 수 있도록 주 대사에게 도움을 요청해 왔다고 하면서, 가능하면 박 여사의 희망을 배려해달라는 부탁이었다.

나는 박병선 박사가 대사관에 사무실을 두고 있다는 사실을 주 대사로부터 처음 알게 되었지만, 그 자리에서 흔쾌히 수락하였다. 박병선 박사가 누구인가? 직지가 구텐베르크의 성서보다

앞선 세계 최초의 금속활자 인쇄본임을 연구해내어 직지의 대모로 불리고 프랑스 국립도서관에서 외규장각 도서를 찾아내어 우리 정부에 이를 알림으로써 외규장각 도서 반환 교섭에 불씨를 당긴 분이 아닌가.

나는 주프랑스 대사로 부임하면서 재임 중 최우선 목표로 외규장각 도서의 반환을 염두에 두고 있던 차였다. 외규장각 도서 문제에 관해 당대 최고의 전문가를 대사관에 일부러라도 영입하지는 못할망정 이미 들어와 계신 분을 내친다는 것은 상상할 수도 없는 일이었다. 물론 당시에 대사관에서 사무실을 비워달라고 요청한 것도 이해하지 못할 일은 아니었다.

70년대에 구입한 대사관 사무실 사정이 이후 계속된 인원의 증가로 거의 포화상태에 이른 데다 2010년부터는 별도의 사무실을 운영하던 지방자치단체의 파리주재관을 대사관에 통합 운영하기로 예정되어 있어 사무실 사정이 더욱 어려워지게 되어 있기 때문이다. 또한 아무리 국가에 공헌을 하신 분이라도 공공시설을 무상으로 사용하게 하는 것은 법적으로나 행정적으로 전혀 근거가 없어 감사에서 지적될 우려도 있었다. 그러나 나의 생각에 이러한 문제는 외규장각 도서의 반환이라는 국가적인 과제 앞에서 하찮은 일에 불과하였다. 어쩌면 외규장각 도서문제의 해결을 재임 중 목표로 삼고 부임하는 내가 생각지도 못한 이유로 박병선 박사를 돕는 일로 임기를 시작하는 것이 왠지 상서로운 조짐이라는 느낌마저 들었다.

파리에 부임하여 얼마 후 대사관 3층에 있는 박병선 박사의 사무실을 찾아가 인사를 나누었다. 박병선 박사는 내가 부임할 즈음 대장암 수술을 받고 치료 중이어서 한동안 대사관 출입을 하지 않았는데 그날은 마침 박 박사가 사무실에 나왔다는 비서의 보고를 받고 찾아간 것이었다.

사무실은 비좁아 보였다. 원래 작은 사무실인 데다 양측 벽을 따라 책장이 가득 채워져 있고 박병선 박사가 쓰는 책상과 의자가 입구를 채우고 있어 더 비좁아 보이는 것 같았다. 변변치 못한 사무실을 비워달라고 했다는 사실에 더욱 미안한 생각이 들었다.

박병선 박사는 연로하신 데다 병치레를 한 직후여서 얼굴이 초췌하였다. 아담한 체구에 눈빛만은 형형하였다. 당시 '병인년 프랑스가 조선을 침노하다'는 책을 탈고 중에 있었는데, 건강을 잃고 나서도 어떠한 소명 의식이 평생 조선 근대사연구에 헌신해온 박 박사를 지탱해주고 있는 것 같았다. 책상 위 재떨이에는 담배꽁초가 수북하게 쌓여 있었다. 담배는 박 박사가 프랑스 유학 한인 여성 1호로서 타향에서 평생 독신으로 사시면서 유일한 낙으로 삼은 습관이었다.

직장암 4기 진단을 받아 항암치료를 받은 직후인데도 담배는 끊지 못한 것 같았다. 프랑스 내 공공건물은 금연이고 대사관도 예외는 아니었지만, 여사에게는 특별히 예외를 허용해 주고 있었다.

박병선 박사는 1923년 서울에서 태어났지만 알고 보니 고향은 나와 같은 전주였다. 부친 박정근 씨는 전주 금암동에서 태어나 2, 3대 국회의원과 9대 전북 도지사를 역임하신 분이었다. 박병선 여사는 명문 집안 출신으로 한국 여성 최초의 프랑스 유학생이 되었고 그 후 프랑스에 계속 남아 평생 직지와 외규장각 도서의 연구에 매진해온 것이었다.

강화도에서 불타 없어진 것으로 알았던 외규장각 도서를 다시 발견한 것은 박병선 여사가 프랑스 국립도서관의 임시 사서로 근무하던 1975년이었다. 국립도서관 베르사유 별관창고에서 찾아내고 후에 이를 '조선조의 의궤'라는 책으로 발간하면서 세상에 알려지게 되었다.

박 박사는 발견 직후 대사관에 이 사실을 알렸다고 한다. 그러나 당시 대사는 수고했다고 가끔 밥을 사주곤 하며, 정작 반환을 위한 어떠한 노력도 하지 않았다고 회고하였다. 75년 당시는 우리나라의 국력이 미약하고 프랑스를 비롯한 선진국으로부터 군사독재에 대한 지탄을 받고 있는데다가 육영수 여사가 총격으로 서거하는 등 국내외 정세가 문화재의 반환 교섭을 착수하기에 적절한 시기가 아니었다. 또한 외규장각 도서에 대한 연구가 아직 안 되어 있어 국내 언론의 관심을 끌지도 못하였다. 대사로서도 본국에 보고해 보아야 별 실익이 없다고 판단하였을 것이다.

외규장각 도서가 정부와 세간의 관심을 끌게 된 것은 그 후로 15년이 더 지난 후였다. 박병선 박사는 1989년 외규장각 의궤

이태진 교수와 함께

에 대한 해제 연구 작업을 다 마치고 출간을 추진하고 있었다. 내용은 상업성이 없어 프랑스에서 발간하기 어려우므로 한국 내 관련 기관이 이를 출판하여 주도록 노태우 대통령에게 청원하는 편지를 보냈다. 청와대에서는 이 편지를 협조공문과 함께 서울 대학교 규장각에 전달하였는데 이때 규장각 도서 관리실장이 후 에 국사 편찬 위원장을 역임한 이태진 교수였다.

이태진 교수는 책의 출간을 돕기로 한 데 더하여 서울대학교 총장 명의로 외교부에 외규장각 도서의 반환교섭을 추진하여줄 것을 요청하였다. 이에 따라 외교부는 1991년 11월, 프랑스 정 부에 최초로 외규장각 도서의 반환을 공식 요청하게 된 것이다.

외규장각 도서의 첫 번째 운송이 이루어진 후 파리의 한국식당에서
박병선 여사와 기쁨을 나누는 모습(2011. 4. 19) (사진제공 = 동아일보)

　박병선 박사는 눈을 감기 전에 외규장각 도서가 한국 땅을 밟
는 것을 보는 것이 평생의 소원이라고 하였다. 아픈 몸을 이끌고
매일 대사관 사무실에 출근하다시피 하면서 마지막이 될 저서를
집필하는 것도 간절한 소원이 있기 때문이었다. 나는 이러한 박
병선 박사의 모습을 보면서 박 여사가 살아 계시는 동안에 소원
을 이룩할 수 있도록 외규장각 도서의 반환 교섭에 박차를 가하
려는 의지를 다짐하곤 하였다.

　반환 교섭이 타결되어 첫 번째 운송이 이루어진지 며칠 후 4
월 19일, 나는 박병선 여사를 파리에 한식당에 초대하여 기쁨
을 함께 나누었다. 그는 4월 14일, 도서 1차분이 떠날 때 공항
에 가보고 싶었지만 부담이 될까봐 참았다고 하면서 감격해 하

였다.

도서 1차분이 한국으로 간 것의 감격을 얘기하면서 박 박사는 10년 넘게 도서관, 박물관 등을 뒤진 끝에 의궤를 만났던 순간의 기억을 되살렸다.

"창고에 큰 궤짝들이 널려 있고 그 속에 외규장각 의궤가 있었어요. 처음 의궤를 펼치던 순간 수백 년이 지난 책에서 묵향이 은은하게 퍼져 나오는 거예요. 온몸에 전율이 느껴졌어요. 강화도에서 프랑스로 온 지 오랜 세월이 흘렀는데도 신선한 묵향이 배어 있는 것이 놀라웠어요."

비슷한 년대의 중국 서적은 대부분 종이가 누렇게 변해 있는데 외규장각 의궤의 종이는 거의 색깔의 변화가 없고 묵향의 냄새가 배어 있다는 것은 보관 상태가 좋기도 했지만. 종이의 재질이 워낙 뛰어났기 때문이었다. 조선 왕실의 의궤는 부본이라도 저주지(닥종이로 만든 종이)를 쓰고 어람용 의궤는 그보다 상급인 초주지를 썼으며, 먹과 채색용 염료도 최상급의 천연 재료를 사용하였다.

박 박사는 이같이 말했다.

"조선시대라면 왕만 보는 그런 귀한 책 근처에 나 같은 일반인이 접근할 수나 있었겠나. 프랑스가 의궤를 잘 보관해 왔다고 하는데 이 말은 믿기 어렵다. 대장이나 도서목록 카드도 없이 방치했다가 한국의 중요한 문화재라는 걸 알고 난 뒤 신경을 쓴 것이다."

그는 또 "내가 프랑스로 온 게 1955년이니 온 지 반세기가 넘었지만 한 번도 조국을 잊어본 적이 없다. 박정희 대통령 시절 필요한 자료를 찾으러 동국대 역경원에 가려고 귀국했을 때 육영수 여사께서 직접 학교로 연락을 해주셔서 세심하게 도와주신 적도 있다."고 말했다.

이어 "이명박 대통령께서도 전화를 주셔서 "아픈 데 없느냐, 감사하다."는 말을 하셨는데 내가 그런 말 들을 자격이 있나. 할 일을 한 것뿐이다. 5월 말 마지막 도서가 갈 때는 먼발치에서라도 한 번 봤으면 좋겠다."고 희망했다.

이명박 대통령은 5월 말 4차분 운송 직전에 프랑스를 공식 방문하였는데 동포간담회 행사에 앞서 박병선 박사를 별도로 접견하고 그간의 업적을 다시 한 번 치하하였다.

나는 박병선 박사와 함께 2011년 6월 11일, 경복궁에서 개최된 외규장각 도서 귀환 환영행사에 참석하기 위하여 일시 귀국하였다. 반환 교섭에 도움을 준 자크 랑 의원과 뱅상 베르제 총장도 동행하였다.

우리 일행은 11일 오전 외규장각 도서의 새로운 주인이 된 국립 중앙박물관에서 기자회견을 한 후 외규장각 도서가 보관된 방을 방문하였다. 이 방은 온도와 습도를 항상 같은 수준으로 유지할 수 있는 최첨단 시설을 갖추고 있었다. 실내에 들어가기 전에 덧신을 신고 비닐장갑을 끼는 등 갓 운송된 외규장각 도서가 훼손되지 않도록 예방조치를 하였다. 우리 일행에게 보여주기 위하여 특별히 의궤 3권을 꺼내 놓았는데 전문 사서가 자를 이용하여 조심스레 펼쳐주는 의궤를 보면서 절로 감격의 눈물이 나왔다.

박병선 박사에게는 구면이지만 나로서는 외규장각 의궤와의 첫 만남이었다. 반환 교섭을 하는 중 상대방을 자극하지 않도록 일체 프랑스 국립도서관 근처에 가지 않은 것은 물론이고 협상이 타결되어 귀환이 완료되기 전에는 외규장각 도서에 대한 호기심을 접어두기로 했기 때문이었다. 의궤를 펼칠 때 박병선 박사의 표현처럼 묵향을 맡지는 못했지만 선명한 색채와 바래지 않은 종이가 오랜 세월을 무색하게 하고 있었다.

오후에 경복궁에서 개최된 환영식에서는 이명박 대통령 바로 옆자리에 박 박사를 모시어 예우하였다. 박 박사가 여생을 연구에 전념하며 편히 지내시도록 각계의 후원 약속도 줄을 이었다. 9월에는 외규장각 도서 반환에 기여한 공로로 박 박사에게 국민훈장 모란장이 수여되었다.

평생소원을 풀고 긴장의 끈이 풀린 것일까? 파리로 돌아온 지 얼마 안 되어 박 박사는 건강이 급격히 악화되었다. 지병이 도진 것이다. 아내는 부임 이후 박 박사의 병환이 있을 때마다 늘 했던 것처럼 박 박사가 좋아하는 반찬과 누룽지를 만들어 드렸다. 다른 식사는 못 해도 누룽지로 죽을 끓인 것은 입맛도 나고 속이 편하다고 좋아하시곤 했다. 나의 비서는 거의 매일 퇴근 후 박 박사를 간병하였다. 박 박사처럼 꽃다운 나이에 프랑스에 유학

프랑스 파리 주불 한국문화원에 차려진 고 박병선 박사의 빈소에서(사진제공=연합뉴스)

하여 노처녀로 지내온 때문인지 동병상련인 것 같았다.

11월 중순 비서로부터 병세가 심각하다는 보고를 받고 병원으로 문병을 간 나의 손을 꼭 붙잡고 박 박사는 고마움을 표시하였다. 외규장각 도서가 고국의 품에 안긴 것을 보았으니 이제 죽어도 여한이 없다고 하였다.

박병선 박사는 11월 22일 오후 10시(한국 시각으로는 11월 23일 오전 6시) 83세를 일기로 별세하였다. 외규장각 도서가 반환된 지 채 6개월도 되기 전이었다.

대사관에서는 빈소를 문화원에 마련하였다. 정부는 박병선 박사의 공적을 기려 고국에 묻히고 싶다는 고인의 희망에 따라 대전 국립현충원에 안장하였다.

권선복(도서출판 행복에너지 대표이사,
대통령직속 지역발전위원회 문화복지 전문위원)

날이 갈수록 우리 문화와 정신이 가지는 의미가 퇴색하는 것
만 같아 안타까운 현실이지만, 한편 옛것과 그 안에 담긴 얼을
지키고 세상에 널리 알리기 위해 노력하시는 분들이 계시기에
대한민국이 자랑스럽습니다. 이 책의 저자 박흥신 대사님 또한
불가능에 가까웠던 '외규장각 의궤 반환 문제'를 주프랑스 대사
재임기간 중에 해결하여 대한민국의 국격을 높이고 우리 국민
들의 가슴에 자긍심과 애국심을 불어넣어 주셨습니다.

외규장각 의궤 반환을 위한 치밀한 전략은 물론, 문화재에 대
해 그 어느 나라보다 까다롭기로 소문이 난 프랑스인들의 마음
을 사로잡은 박흥신 대사님의 열정은 앞으로 우리 외교사에 길
이 남을 귀감이라 믿어 의심치 않습니다. 많은 독자 분들이 이
책을 통해 우리 민족의 정체성과 얼에 관하여 다시 한번 생각해
보는 계기를 갖고 매일매일 행복과 긍정의 에너지가 샘솟으시
길 기원드립니다.

『긍정의 힘』 2탄 공저자를 모집합니다!

개요

1. 공동 저자: 총 36명
2. 책 전체 분량: 380쪽 내외(1인당 10쪽 내외)
3. 원고 분량: A4용지 5장(글자크기 10포인트, 줄 간격 160%)
4. 경력(프로필): 10줄 이내
5. 사진: 자료사진 3매, 사진 설명 20자 미만
6. 신청 및 원고 접수: 수시 마감
7. 출간 예정일: 연 3회

긍정, 행복, 성공에 관한 이야기를 독자들에게 전하고 나눌 수 있는 내용의 원고를 자유로운 형식으로 작성하여 제출해 주시면 행복에너지 소속 전문 작가가 독자들이 읽기 편하도록 전반적인 윤문과 교정교열을 할 예정입니다.(원고는 ksbdata@daum.net 으로 송부해 주시기 바랍니다.)

책 발행비용은 100만 원이며 저자에게 발행 즉시 100부를 증정합니다. 발행비용은 신청 시 50만 원, 편집완료 시 50만 원을 '국민은행 884-21-0024-204 도서출판 행복에너지 권선복'으로 입금해 주시면 되겠습니다.

자세한 문의는 언제든지 하단의 전화, 이메일을 통해 연락을 주시면 성실히 답변을 드리오며 원고 내용이나 책에 관해 궁금하신 분들은 도서 『긍정의 힘』을 직접 참조해 주시기 바랍니다.

도서출판 행복에너지: www.happybook.or.kr
대표이사 권선복
HP: 010-8287-6277 Tel: 0505-613-6133 E-mail: ksbdata@daum.net

하루 일자리 미학

김한성 지음 | 260쪽 | 15,000원

책 『하루 일자리 미학』은 현재 인력소개업을 하는 저자의 생생한 경험담을 바탕으로 인력소개업계가 앞으로 나아가야 할 올바른 방향은 무엇인지, 기업과 근로자 모두가 상생하는 방안은 무엇인지에 대해 제시한다. '건설인력업계 민간 부문 최초의 책'으로서 더욱 주목받고 있으며, 수많은 일용근로자들에게 삶을 알차게 가꿀 계기를 마련해주는 이정표가 되어 줄 것이다.

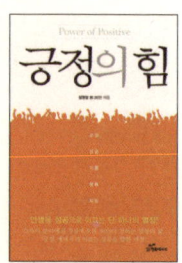

긍정의 힘

김영철 외 36인 지음 | 416쪽 | 15,000원

『긍정의 힘 – 인생을 성공으로 이끄는 단 하나의 열정』은 성공을 거머쥐기 위해 반드시 갖춰야 할 자세 '긍정'의 힘이 얼마나 위력적인지를 다양한 목소리를 통해 들려준다. 자기 자신에 대한 굳건한 믿음, 아무리 힘겨워도 웃을 수 있는 밝은 마음이야말로 이 험난한 세상을 이겨나가게 하는 가장 큰 무기다. 긍정 선생이 전하는 도전, 성공, 웃음, 행복, 희망의 이야기를 만나보자.

당신에게 포기란 어울리지 않는다

최성대 지음 | 232쪽 | 값 15,000원

여기 포기를 모르는 한 남자가 있다. 지독한 가난과 한쪽 눈 실명이라는 장애와 세상이 가져다주는 그 어떤 가혹한 시련도 그에게는 문제가 되지 않았다. 책 『당신에게 포기란 어울리지 않는다』는 자신에게 주어진 고난을 꿋꿋이 이겨내며 결국 행복한 삶을 성취한 한 인간의 이야기가 담겨 있다. 그가 전하는 가슴 따뜻한 이야기를 통해 새로이 세상에 도전할 용기를 품에 안아 보자.

소통의 유머 리더십

장광팔 · 안지현 · 이준헌 지음 | 264쪽 | 값 15,000원

『소통의 유머 리더십』은 유머를 주제로 한 자기계발서이다. 유머에 대한 전문적인 연구 등을 인용하여 신뢰성을 높였고 저자의 경험을 자연스럽게 녹아들게 하여 독자들에게 친근하게 다가서게 했다. 이 책은 리더십, 스타일, 감각, 경제 · 경영, 스트레스, 소통 등과 연계하여 참다운 유머가 무엇인지, 유머가 우리 삶에서 가는 가치는 무엇인지, 실생활에서 유머를 잘 활용하려면 어떻게 해야 하는지를 전하고 있다.

공부의 모든 것

방용찬 지음 | 서한샘 추천감수 | 304쪽 | 15,000원

30년 동안 유수의 명문 학원에서 강사와 원장으로 활동하며, 학원 교육 분야에서 일가를 이뤄온 방용찬 원장의 책 『공부의 모든 것』은 학생들이 자신의 공부법에 대한 문제점을 객관적으로 진단할 수 있도록 구성되어 있다. 교육을 매개로 저자와 한 가족과 다름없는 친분을 맺어온 학원가의 대부, 한샘학원 설립자 서한샘 박사의 감수와 적극적인 추천은 그 신뢰성을 더한다.

명세지재들을 위한 여정

강 형(康洄) 지음 | 432쪽 | 값 25,000원

이 책은 평생을 교육자로 살아온 강형 교수의 회고록이다. 1부는 오직 교육자의 길만을 걸어온 저자의 지난날의 대한 회상을 중심으로, 제자들과 함께한 그 열정의 여정에 대해 이야기한다. 2부는 저자에게 가르침을 받은 명세지재들의 옥고(玉稿)를 담고 있다. 이 책은 진정한 교육자의 길은 무엇인지 알려주고 대한민국 교육계의 미래를 위해 우리가 해야 할 일은 무엇인지에 대해 명쾌히 전하고 있다.

검사의 락

곽규택 지음 | 304쪽 | 15,000원

책 『검사의 락』은 15년의 검사 생활을 마치며 제2의 인생을 준비하는 곽규택 변호사의 '검사들의 삶, 검찰청 이야기'다. 대중에게 선보이기 위해 검사로서의 지난날을 솔직하고 담백한 필치로 정리해 오롯이 담아내고 있다. BBK 김경준 송환 작전부터 검찰총장 혼외자 의혹 사건까지 대한민국을 떠들썩하게 한 사건들의 뒷이야기를 솔직한 화법으로 풀어내고 있다.

긍정이 멘토다

김근화 외 35인 지음 | 364쪽 | 값 15,000원

여기 긍정을 통해 몸소 행복한 삶을 증명한 36인의 명사들이 있다. 각계각층의 내로라하는 대표 인물들은 이 책을 통해 '도전, 성공, 웃음, 행복, 희망'을 주제로 자신만의 '긍정론'을 펼치고 있다. 또한 책에 담긴 저자 개개인의 비전과 혜안은 동시대를 살아가는 이라면 누구나 느끼는 고민에 대한 다양한 해답을 제시한다.

한설
장한성 지음 | 372쪽 | 값 15,000원

시대를 대표하는 문인 '김승옥 소설가'가 추천하는, 장한성 공인회계사의 첫 소설!
한 번도 전문적으로 글을 배운 적 없는 저자가 백 일 만에 써낸 작품이라고는 믿기
지 않을 만큼 거침없는 전개로 독자의 시선을 사로잡는다.
"한 시대를 살아온 청년들의 고뇌와 사랑을 담았다는 것만으로도 가치 있는 소설
이다." – 김승옥(소설가)

이것을 알면 부자된다
이정암 지음 | 416쪽 | 값 25,000원

풍수대가 '운정도인 이정암'이 전하는, 학문에 근거한 '부자 되는 비결'을 담은 『이
것을 알면 부자 된다』는 일상생활 중 아파트, 주택, 일터, 사무실 등에서 출입문과
침실, 주방, 책상의 각 방위가 상생하는지 여부와 본인의 명궁을 비교하여 생기복
덕궁을 통한 왕기로써 부자가 되는 비법을 전한다. 경영자는 물론 일반인도 부자
의 꿈을 실현할 수 있는 방안을 제시한다.

사랑하는 나의 어머니
정진우 지음 | 344쪽 | 값 15,000원

101세의 일기로 떠나보낸 어머니와의 평생, 그 눈물겨우면서도 감동적인 여정! 가
정의 달 5월을 맞아, 그 이름 부르기만 해도 마음이 편해지고 힘든 이 세상에서
편히 쉬기 하는 삶을 유일한 안식처 '어머니'를 노래하다! 서울대 의과대학을 졸업
하고 현재 뉴욕에서 비뇨기과를 운영하고 있는 저자의 첫 에세이로, 독자의 마음
에 잔잔하게 퍼지는 온기를 전할 것이다.

사과나무 일기
박경국, 국가기록원 지음 | 420쪽 | 값 18,000원

"소중한 나의 삶을 오롯이 한 권의 '자서전'에 담다!"
『사과나무 일기』는 국가기록원 박경국 원장이 공무원 직무발명에 의해 특허등록
한 '인생기록 가이드북'이다. 독자 자신이 인생 전반을 간편한 방식으로 정리해 볼
수 있는 '일기장'으로서 자서전을 준비하는 노년은 물론, 인생 설계를 고민하는 청
장년층에게도 뜻깊은 선물이 될 것이다.